아흔 개의 봄

아흔 개의 봄

초판 1쇄 발행 2011년 1월 20일
초판 3쇄 발행 2012년 11월 20일

지은이   김기협
펴낸이   이영선
펴낸곳   서해문집
이 사   강영선
주 간   김선정
편집장   김문정
편 집   허 승 임경훈 김종훈 김경란 정지원
디자인   오성희 당승근 안희정
마케팅   김일신 이호석 이주리
관 리   박정래 손미경

출판등록 1989년 3월 16일 (제406-2005-000047호)
주 소   경기도 파주시 문발동 파주출판도시 498-7
전 화   (031)955-7470 | 팩스 (031)955-7469
홈페이지 www.booksea.co.kr | 이메일 shmj21@hanmail.net

ISBN 978-89-7483-456-2 03810

이 도서의 국립중앙도서관 출판시도서목록(CIP)은 e-CIP 홈페이지(http://www.nl.go.kr/ecip)와 국가자료공동목록
시스템(http://www.nl.go.kr/kolisnet)에서 이용하실 수 있습니다.(CIP제어번호: CIP2011000035)

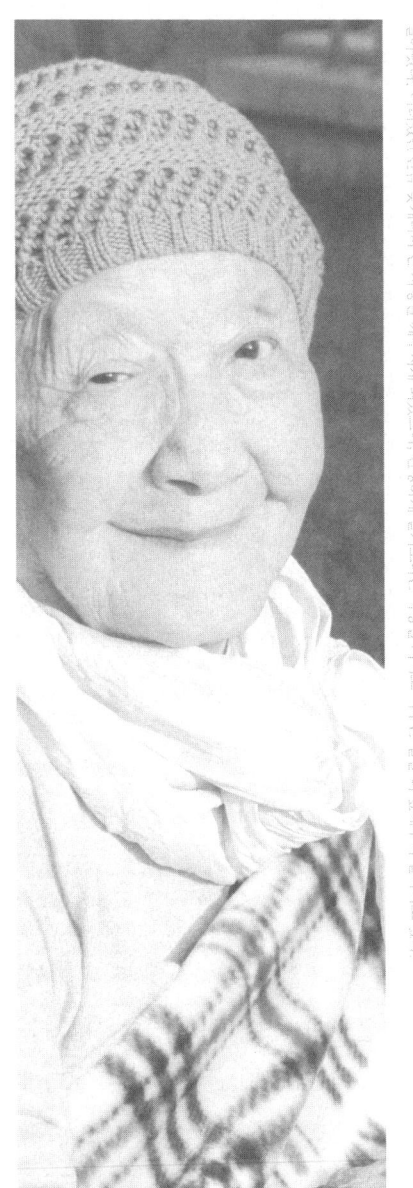

역사학자 김기협의 시병일기

아흔 개의 봄

"어머니의 몸집만 아직 남아 있던 누이 앞에서 내가 인정할 의지를 확고히 발휘할 수 있었던 것은 의사 사람들 덕분이었다. 좋은 사람들. 좋은 사람들 곁에 있을 것이다. 좋은 사람들을 보다도 싫고 보다 번거로워질 수 있다. 그러나 번거움의 값이 치러질 수 있으니, 진정하게 감사한다. 사랑을 지키고 키우는 일을 더 열심히 해야겠다 싶다."

서해문집

엄마 찾아 60년

어렸을 때 우리 또래가 많이 읽은 동화책 가운데 《소공자》, 《소공녀》와 함께 《엄마 찾아 3만 리》란 제목이 가물가물 떠오른다. 2년 동안 어머니를 살피며 쓴 글을 다시 훑어보며 이것이 나의 '엄마 찾기'였다는 생각이 든다.

동화의 내용이 잘 생각나지 않지만, '찾기'의 의미가 나랑 달랐던 것 같다. 그 동화에서 '엄마'는 주인공의 인식과 관계없이 존재하는 구체적 대상이었다. 내가 찾은 '엄마'는 엄밀히 말해서 나와 그분과의 관계다. 그분과의 관계가 내게 어떤 의미를 가진 것이며 가질 수 있는 것인지 깨우치는 것, 그것이 이 글쓰기를 시작할 때 나 스스로도 의식하지 못했던 글쓰기의 목적이었다.

동화에서 주인공이 극복해야 할 문제는 물리적 단절이었다. 내 '엄마 찾기'의 과제는 심리적 거리를 뛰어넘는 것이었다. 수십 년 동안 그분의 훌륭한 점보다 그분의 모순과 위선을 더 많이 생각하며 살아왔다. 세상에서 가장 가까운 분을 편안한 눈길로 바라보지 못하며 살아오려니 나 자신을 좋게 볼 수도 없고, 세상을 좋게 볼 수도 없었다.

내 '엄마 찾기'는 요컨대 '화해'의 과정이었다. 그분과의 화해가 세상과의 화해, 나 자신과의 화해를 위한 길을 열어주었다. 5년 전만 해도 나는 세상과의 교섭을 최소한으로 줄이려고 애를 쓰며 살고 있었다. 나 자신에게 편안한 생활을 허락하고 싶지 않았다. 어머니를 이 세상에 도움이 안 되는 하나의 '괴물'로 보니까, 나 자신도 그 괴물이 만들어낸 또 하나의 괴물일 수밖에. 나는 무명(無明)에 빠져서 살고 있었다.

2007년 6월 어머니가 쓰러지신 후 모시는 것을 보며 주변에서는 나를 대단한 효자로 여긴다. 처음에는 몹시 어색했다. 그분 마음에 나만큼 괴로움을 많이 끼쳐드린 사람이 따로 없을 것 같은데. 자유로요양병원에 모셔놓고 매일 찾아뵈며 지내면서도 마음의 거리가 바로 없어진 것이 아니었다. 자식으로서 도리 때문에 살펴드리는 것이지, 사랑하고 아끼는 마음이 우러나서 그러는 것이 아니라고 스스로 생각했다.

2008년 봄, 몹시 쇠약해지셔서 7월에 일산 시내 현대요양병원에 옮겨 모셔놓고 지내는 동안 내 마음에 뚜렷한 변화가 일어났다. 튜브피딩으로 연명하며 의식도 미약한 채로 무기력하게 누워 계신 모습을 보며 내 마음을 얽매고 있던 시비지심이 사그라진 것이다. 그러다가 11월 들어 회복의 기미를 보이기 시작하시자 그저 기쁜 마음뿐이었다. 그래서 '시병일기'를 쓰기 시작하게 되었다.

쓰기 시작하면서도 이 글쓰기의 의미가 어떻게 자라날지 별 생각이 없었다. 기능적인 목적으로 쓰기 시작한 것이다. 미국의 형에게 한 달에 한 번 정도씩 메일로 용태를 알려주고 있었는데, 회복이 시작되시니까 메일이 잦아졌다. 용태가 좋아지시니까 마음이 기쁘고, 같은 기쁨을 형에게도 일으켜주고 싶었던 것이다. 그러고 보면 나도 본성은 착한 사람이다.

형에게 메일이 잦아지다 보니 욕심이 더 났다. 형 외에도 어머니 소식을 가끔씩 전화나 메일로 전해드리던 분들이 있었다. 따로 글을 써서 여러 분께 메일에 첨부해서 보내기 시작한 것이 '시병일기'의 출발이었다.

어머니 회복이 상상 외로 순조로웠고, 그 반가운 소식에 내 기쁜 마음을 얹어서 보내드리니까 받는 분들이 모두 대환영이었다. 읽는 분들이 다들 좋아하시니까 더 많은 분들에게 읽히고 싶었다. 그래서 참여하고 있던 동호회 게시판에도 내 근황 삼아 올리기 시작했더니 어머니를 모르는 사람들까지도 감동을 느낀다는 분들이 있었다. 이 글이 쌓이면 책으로 낼 수도 있지 않을까 하는 생각이 그때부터 들기 시작했다.

'시병일기'를 시작하고 7개월이 지나 요양원으로 옮기실 무렵에는 이 글쓰기가 기능적 목적을 한참 넘어서서 하나의 중요한 작업이 되어 있었다. 아니, '작업'이라기보다 내 '생활'의 핵심적 부분으로 자라나 내 '존재'를 뒷받침하는 요소가 되어 있었다.

'작업'이라 함은 활동의 수단이라는 뜻이다. 그 전의 내 글쓰기는 그런 의미에서 작업이었다. 내 생각을 펴기 위해, 그리고 생활비를 벌기 위해 하는 일이었고, 많이 읽히지 않거나 돈이 안 된다면 그만둘 수 있는 일이었다. 그런데 이 일은…… 어머니 관찰을 빙자하여 나 자신을 총체적으로, 그리고 심층적으로 관찰하는 일이 되어 있었다.

그래서 계속해서 썼다. 병원에 매일 가 뵐 때의 '시병일기'에 비해 열흘이나 보름마다 가 뵙는 요양원 '방문기'에는 어머니 모습의 묘사보다 내 생각을 더 많이 담게 되었다. 일반적 수필의 성격에 가까워진 것이다. 블로그에도 올려놓고 〈불광〉에도 연재하면서 독자들과의 접촉면도 넓어졌다. 요양원으로 옮겨 모신 지 반년이 지나자 책으로 낼 수 있겠다는 자신감이 어느 정도 굳어졌다.

자신감을 키우는 데 〈불광〉의 인연이 역할이 컸다. 퇴직 후 어머니의 가장 큰 대외 활동이 그 잡지의 수필 연재였다. 10여 년 연재를 묶어 수필집도 두 책 내셨다. 《두메산골 앉은뱅이의 기원》과 《여든 살의 연꽃 한 송이》. 편집장 남동화 보살님이 요양원 방문기 연재를 청한 것은 어머니의 흔적을 아끼는 마음에서였을 것이다. 모든 일에 기억이 희미하신 어머니도 이 잡지 기억만은 분명하신 듯, 내 글이 실린 것을 볼 때마다 무척 좋아하셨다.

지난 봄 책 낼 자신감이 아직 확실치 않을 때 서해문집과 마주쳤다. 〈프레시안〉의 연재 칼럼 '김기협의 페리스코프'를 책으로 묶어 낼 생각이 없었는데 서해문집에서 책으로 만들고 싶다고 했다. 그 결과 생각지 못했던 기쁨을 얻었다.

그 책 머리말에서 어머니와의 관계 변화가 내 생활과 일에 변화를 가져온 곡절을 적었다. 그 책에 담긴 2009년의 글 중에 전과 달리 한 인간으로서 내 모습을 솔직히 드러낸 것이 꽤 있기에 떠오른 생각이었다. 어머니와의 화해가 세상과의 화해, 나 자신과의 화해를 불러왔다는 생각이었다.

'시병일기'도 자기네가 내고 싶다는 서해문집의 제안에 바로 응했다. 자신감이 아직 확실치 않은데도 응했던 것은 돈이 급하게 필요한 사정 때문이기도 했지만, 그 회사와의 '좋은 인연'에 대한 믿음 덕분이었다. 낼 생각도 없던 책을 만들어 바라지 않았던 기쁨을 선물한 출판사니까. 내가 자신감이 모자라도 그 좋은 인연이 때워줄 수 있을 것 같았다.

그리고서 8개월, 지금 책을 낼 수 있게 된 것은 서해문집 여러분 덕분이다. 내가 '망국 100년', '해방일기' 작업을 벅차게 벌여놓고 쩔쩔매고 있는 동안 편집을 맡은 송수남 님과 디자인을 맡은 황경성 님이 내 대신 책의 방향을 잡아주었고, 김선정 주간과 김홍식 사장을 비롯한 다른 분들도 열렬한 응원으로 부족한 내 자신감을 메워주었다. 고맙다.

그 동안 생각만 해온 일 하나를 일전에 결행했다. 의정부지방법원 고양지원에 '친생자관계존부확인의 소'를 제출한 것이다. 어머니가 원고고 내가 피고다.

1950년 2월 내가 태어날 때까지 아버지와 어머니는 결혼신고를 하지 못하고 있었다. 아버지가 전처와의 이혼 수속을 밟지 않은 상태였다. 제적등본을 보면 1950년 3월 19일에 두 분이 이혼 소속을 밟았고, 그 이튿날 어머니가 결혼신고와 함께 아버지 호적에 입적했다.

형들과 나는 아버지와 전처 사이에서 출생한 것으로 신고되어 있었다. 유복자로 태어난 동생만이 어머니 소생으로 나타나 있다. 어머니는 호적상 우리 3형제의 '계모'로 되어 있는 것이다. 이제 어머니 이름으로 제출한 소는 나를 가리키며 "저 녀석이 내가 낳은 내 아들이라는 사실을 확인해주시오." 하는 취지이고, 내 이름으로는 "그 말씀이 옳으니 확인해드리세요." 하는 취지의 '청구인락서'를 붙여서 제출했다. 내 '엄마 찾기' 작업이 법률적 의미까지 갖추게 된 것이다.

나는 어려서부터 형식에 얽매이지 말고 본질을 중시하라는 가르침을 어머니에게 받으며 자라났다. 호적이 사실과 다르게 되어 있다는 사실을 일찍부터 알고 있으면서도 바로잡기 위해 애쓸 필요를 느끼지 않고 살아왔다.

그런데 이제 생각이 달라졌다. 형식도 본질 못지않게 중요한 것으로 생각하게 된 것이다. 무엇이 본질인가를 내 주관으로 판단하는 것이니, 본질에 대한 집착은 내 주관에 대한 집착이 되기 쉽다. 독선과 독단으로 나아가는 '근본주의자'의 길이 되기 쉽다. 본질을 중시하되, 그 때문에 형식을 소홀히 해서는 안 될 것이다.

어머니가 이 일에 대해 어떻게 생각하실지는 여쭤보지 않았다. 그러나 반대하지 않으실 것을 믿기 때문에 소를 제출한 것이다. 몇 해 전 같으면 반대하셨을 것 같다. "기왕 그렇게 되어 있는 것을 억지로 손댈 필요가 뭐 있느냐? 우리가 서로를 어미로 인정하고 아들로 인정하는 본질만 지키면 되는 것이지." 하고. 그러나 지금은 알아듣게 말씀드리면 "그것 참 고맙구나." 흐뭇한 웃음을 지으실 것이다.

내가 5년 전까지는 불효자였는가? 지금은 효자가 되어 있는가? 뒤의 질문에는 논란의 여지가 있어도 앞의 질문에는 논란의 여지가 전혀 없다고 생각해왔다. 내가 불효자가 아니라면 세상에 불효자가 있을 수 있겠는가, 하는 생각이었다. 나는 오랫동안 진심으로 어머니를 미워했었다. 그런데 근래 들어 이 질문을 다시 생각해보게 된다.

나는 지금 어머니를 몹시 좋아하고 아낀다. 내 능력이 모자라 효자 노릇을 충분히 못하는 점은 있을지라도, 내 '본심(本心)'은 효자의 마음이 분명하다. 그런데 '본심'이란 것이 바뀔 수 있는 것인가? 어째서 그 '본심'이 미움의 형태로 나타날 수 있었던 것일까? 그렇게 따지다 보니 어머니에 대한 내 생각과 감정이 바로 어머니의 당신 자신에 대한 생각과 감정을 투영한 것이 아니었는가 하는 생각이 든다. 어머니도 당신 자신이 미웠던 것이다. 하루 종일, 1년 내내 자신을 미워하는 마음에만 빠져서 살아오신 것은 아니라도, 스스로를 납득하지 못하는 측면이 있었다. 그런 면을 놓고 당신 자신을 벌하기 위해 자식들 중 마음이 어두운 놈을 골라 채찍을 맡기신 것이다. 나는 어머니가 선택하신 형리(刑吏)였다.

괴이한 생각이다. 그러나 한 번 떠올리고 보니 다르게 볼 수가 없다. 나를 형리로 선택한 사실을 당신 스스로 의식 못 하셨을지도 모른다. 그러나 어머니께 자책의 마음이 있었고, 내 혓바닥이 그 고통을 더욱 예리하게 하는 채찍 노릇을 한 것은 사실이다.

이 미움으로 어머니도 나도 많은 고통을 겪었다. 지금 어머니에 대한 내 사랑이 실체를 가진 것은 함께 겪은 고통이 깔려 있는 바탕 덕분이다. 그리고 보면 나 자신을 불효자로 생각하던 시절에도 내 마음은 어머니 마음과 굳게 맺어져 있었던 것이다. 어떤 고통 속에서도 어머니를 버리지 못했다는 점에서 그때도 나는 효자였다. 적어도 지금보다 덜하지 않은 효자였다.

모르는 분들에게 읽어달라고 책으로 내면서 이것 하나만은 꼭 강조하고 싶다. 가까운 사람끼리는 즐거움만이 아니라 괴로움도 함께 나눈다는 사실. 운명이 주는 괴로움은 아끼는 사람과의 관계를 통해 가장 통렬하게 느껴지는 것이다. 그래서 운명에 대한 원망이 아끼는 사람에 대한 원망으로 모습을 바꿔서 나타나기 쉬운 것이다. 어떤 고통 앞에서도 주어진 인연을 등지지 않는 것, 그것이 인간으로서 나 자신을 지키는 길이다.

어머니가 힘든 운명 앞에서도 쓰러지지 않고 오늘의 편안함에 이르도록 자식들보다도 더 큰 도움을 드린 여러분께 이 책을 바친다. 본문 중에도 나타난 친구, 제자, 친척 분들, 그리고 누구보다도 22년 전 돌아가신 큰고모님께 사무치게 고마움을 느낀다.

2011. 1. 김기협

차례

엄마 찾아 60년_김기협

1 / 찬란한 순간 15

2 / 아흔 개의 봄을 생각하다 93

3 / 꽃은 어디에 피어도 예쁜 거예요 219

4 / 이젠 노래나 부르고 살겠어 251

5 / 햇볕을, 바람을, 꽃을, 풀잎을, 319

모자간의 내면적 오디세이_강인숙/영인문학관 관장 410
다음 생애에 다시 만나고 싶은 사람_남지심/소설가 413
기억이 사라진 자리에서, 선생님!_이문숙/제자, 목사 417

1
/
찬란한
순간

08.
11.
24.

며칠 전부터 정신이 많이 맑아지신 것 같다. 영양 상태, 혈액 순환 등 건강의 기반 조건이 안정되신 덕분인 것 같다. 그러나 큰 회복을 바랄 일은 아니라고 마음을 다잡는다. 두 달 되었나? MRI 뇌 촬영을 한 후 닥터 한도 "뇌가 쪼그라드신다"는 표현으로, 뇌 세포의 신진대사가 거의 막힌 본격적 노쇠 현상이니 이제 더 다른 검사를 해드릴 필요도 없을 것이라고, 체념을 권했었다.

그래도 좋아지신 상태가 1주일 가까이 유지되니 반갑지 않을 수 없다. 지난 서너 달 동안 사람 못 알아보시는 것은 물론, 주변 상황을 어렴풋이나마 인식하는 상태를 반 시간도 유지하지 못하시던 분이 눈알을 또록또록 움직이시고, 주변의 배려를 느낄 때는 입술을 오므려 웃음도 띠신다.

간병인 여사분들이 어머니를 진심으로 귀여워들 하는 것 같아 참 다행이다. 내가 곁에 모시고 있을 때는 긴장이 되지 않는지 입을 떼어 말씀하시는 일이 별로 없는데, 틈나는 여사분이 있으면 곁에 와서 어머니를 얼러 입을 떼시게 만들어드린다. 모시고 지내는 시간이 나보다 길어서 그렇기도 하겠지만 어머니 주의를 불러일으키는 재간들이 참 좋다. 내가 없을 때도 저런 식으로 적당한 자극을 드리려고 애써주리라 생각되어 참 고맙다.

늙으면 애기가 된다더니, 여사님들 앞에서 어머니는 온갖 애기 노릇을 다 하신다. 내가 없을 때 재미있는 반응 보이신 것을 여사님들은 녹화방송도 해준다. 요새만큼 회복되시기 전 언젠가, 식사 준비를 해드리면서 "할머니, 지금 식사가 아침이에요, 점심이에요, 저녁이에요?" 말을 걸었더니, 눈을 모처럼 똑바로 뜨시고는 "지금 나를 시험 치는 거냐?" 호통을 치시더라고, 몇 번째 리플레이를 해주면서도 하염없이 재미있어들 한다. 역시 박사 할머니가 다르시다고.

정신이 맑아지시니 걱정되는 면도 있다. 모시고 앉았을 때 눈길이 마주치거나 이마에 뽀뽀를 해드리는 등 조그만 자극이 있을 때, 얼굴을 찡그려 울상이 되시고는 눈물까지 흘리시는 일이 자주 있다. 한 번 그런 상황에서 마침 곁에 김 여사가 있어 물어보았다. 내가 없을 때도 저런 표정을 지으시는 일이 자주 있냐고. 그렇지 않다고 한다. 그렇다면 역시 육체적 고통이 아니라 심리적 고통을 느끼시는 것일 게다. 내 얼굴을 보며 지나간 일의 어떤 대목이 떠올라 회한에 빠지시는 것이겠지. 힘들고 고통스럽게 살아오신 일생을 마무리하는 자리에 누워서도 마음의 고통을 벗어나지 못하시다니…….

그러나 이것도 마음을 다잡아 생각한다. 기나긴 고해를 떠나시는 마당에 회한을 반추할 시간을 가지시는 것도 당신의 일생을 더욱 충실하게 만드는 기회가 아니겠는가. 몸의 고통이 적어서 마음의 고통에 몰두하실 수 있는 것이 그분의 복이라 생각하려 애쓴다.

08.
11.
26.

네 시간 반. 1년 남짓 병원에 모셔놓고 지내던 중, 한 번 가서 모시고 있는 시간으로 어제 신기록을 세운 게 아닌가 싶다. 며칠 전부터 용태가 썩 좋아지셨지만, 그저께와도 비교가 안 되게 정신이 초롱초롱해 보이셨다. 바짝 좋아지신 것이 반갑기도 하고, 어떤 변화가 있으신 것인지 궁금하기도 하여 길게 앉아 있게 되었다.

내가 가기 전에는 글까지 읽으셨다고 한다. 천수경과 금강경이 든 독경집을 놓아두고, 피곤한 기색을 보이실 때 읽어드리면 편안히 휴식으로 빠져드시는 것 같아 얼마씩 읽어드리곤 하는데, 좋아하시는 것 같으니까 여사님들도 틈날 때 읽어드린단다. 그런데 그날은 한 분이 읽어드리는데 달라는 듯이 손을 내미시기에 눈앞에 펼쳐드렸더니 얼마간 소리 내어 읽으시더라는 것이다.

그런데 내가 모시고 있으면 그런 재간을 잘 안 보여주신다. 여사님들이 안타까워, "아까 하시던 말씀 아드님께도 해드리세요." 하고 조르면 어쩌다 한 마디 입을 떼실 때도 있지만 대개는 웃기만 하신다. 나는 너무 긴장시켜드리는 것이 조심스러워 별로 채근하지 않는다. 내가 곁에 있을 때 재간을 아끼시는 것이 마음이 편안하시기 때문일 거라고 생각한다. 그래도 그날은 여사님들 듣기 좋으라고 짐짓 "어머니, 이제 아들보다 여사님들이 더 좋으신가봐요." 했더니 어머니도 웃음 지으시고 여사님들도 좋은 기색이다.

8시 넘어 병원을 떠나 집으로 돌아오다 생각하니, 세상 참 좋아졌다 싶다. 1년 남짓 병원에 매일 가 뵙는 것을 아는 이들은 나를 대단한 효자 취급한다. 내 편리한 시간 골라 가서 형편 되는 대로 앉았다가 돌아오곤 하는 것이 나처럼 직장도 안 다니는 사람에겐 힘들 일이 아무것 없다. 노환 든 분들을 집에서 모시던 시절을 생각하면, 이건 일도 아니다.

지난 여름까지 1년 남짓 계시던 병원이나, 네 달째 계시는 지금 병원이나, 집에서 모시는 것보다 훨씬 든든하고 편안하다. 의술이 좋아지고 말고와 관계없이, 조직과 제도의 문제다. 특히 자식인 우리보다도 더 믿음직한 간병인들의 보살핌을 받는 것이 노인에게 좋은 일이다. 우리가 여느 보호자들보다 자주 가고, 또 아내와 동향이기 때문에 여사님들이 더 마음을 써주는 면도 있기는 하지만, 다른 노인들 살펴드리는 태도를 봐도 저보다 더 잘 살펴드릴 자식이 어디 있을까 싶다.

오늘은 두 시간가량 모시고 있는 동안 말씀이 한 마디도 없으셨다. 한참 동안 나를 쳐다보지도 않고 생각에 잠기신 것 같아 손을 잡은 채 책을 펼쳐 읽고 있다가, 얼핏 쳐다보니 얼굴이 울상이시다. 그래서 책을 치워놓고 "어머니, 저는 책보다 어머니가 더 좋아요." 엉구럭을 떠니 금세 풀리셨다. 책한테 샘을 내시는 건가? 그렇다면 용태가 대단히 좋아지신 거다. 튜브피딩이 끝나 편안해 보이실 때 인사 드리고 나오려니 무표정하게 쳐다보시는데, 박 여사가 "아드님 가시는데 빠이빠이 해야죠." 하고 얼러드리니 손을 살랑살랑 흔들며 웃음이 가득하시다. 사랑해요, 어머니.

08.
11.
28.

어제는 일이 많은 데다 먼 곳에 다녀올 일도 있어 아내 혼자 어머니를 뵙고 왔다. 밤에 집에 들어오니 아내가 뵙고 온 얘기를 꺼내면서부터 싱글벙글이다. 며느리를 알아보시더라는 것이다.

이상하게 며느리를 못 알아보신다. 몇 달 전 기운과 정신이 푹 떨어지시기 전에도 아내가 "어머님, 저 누군지 아시겠어요?" 하면 능청스럽게 "알~지" 대답하시는데, 누군지 똑바로 말씀해달라고 조르면 "제~자" 하시곤 했다. 며칠 전에도 그랬다. 나이 있는 여성 방문객은 으레 제자려니 하시는가보다. 그리고 나올 때마다 아내는 "저는 알아보시지도 못하는 사람인데, 뭐하러 오겠어요? 이제 안 올래요." 짐짓 앙탈이다. 그러다가 모처럼 알아봐 주셨다고 저렇게 좋아한다.

작년 초여름 쓰러지시기 전에도 벌써 몇 해째 기억력 감퇴가 심하셨다. 그중에도 며느리 못 알아보시는 일이 두드러졌다. 3년 전인가? 계시는 절에 찾아갈 때, 점심시간에 겨우 대어 갈 형편이라, 미리 전화드려 큰절(갑사) 입구의 단골 식당(수정식당)으로 내려와 계시도록 청했다. 조금 여유를 두고 도착해 보니 안 와 계셔서, 암자(대자암)로 전화해보니 우리랑 약속은 까맣게 잊으시고 이제 공양하러 가실 참이란다.

기다리시라고 말씀드리고 그날은 할 수 없이 차를 몰고 모시러 올라갔다. 모시고 내려와 식당 가까이 왔을 때 산책하며 기다리던 아내와 마주쳐 차 밖에서 인사를 드렸다. 그런 후 아내는 식당으로 걸어 돌아가고 나는 차를 주차장으로 몰고 들어가려는데, 어머니께서 물으신다. "저 아주머니 인상이 참 좋구나. 너 아는 분이냐?" 기가 막히지만 대답할 수밖에. "네, 좀 아는 분이에요."

셋째 아들(나)을 알아보기는 잘 알아보신다. 거의 인사불성으로 정신이 몽롱하실 때도 간병인이 "이분 누구세요?" 하면 응대를 못하시다가 "아드님이에요?" 하면 한시름 놓았다는 표정이 되어 끄덕끄덕하신다. 그런데 알아는 보시면서도 크게 반가운 기색은 아니시다. 어려서부터 형제들 중에 고지식한 편이었던 내가 영 재미없는 녀석으로 도장 찍혀버린 것일까?

쓰러지실 때까지도 기회만 있으면 내 어릴 적 일이라고 싫증도 안 내고 되풀이하시던 얘기가 두 가지 있다. 하나는 내가 말 배우는 것이 늦어 걱정을 좀 했는데, 어느 날 혼자 웅얼웅얼하고 있어서 가만 들으니 구구단을 외우고 있더라고. 믿거나 말거나지만 수학적인 머리만 있고 언어적인 머리는 없는, 되게 재미없는 녀석이라고 믿어오신 증거 같다.

또 하나, 초등학교 때 운동장에서 선생님 세 분이 함께 오시는데 마주치자 그 자리에 서서 머리를 세 차례 꾸벅거리더라고. 가정방문 오신 선생님께 들었다며 내 머리가 허예질 때까지 그 얘기를 입에 달고 지내신 것은 내 고지식함을 사랑하신 뜻도 물론 있겠지만, 융통성 없는 녀석이라고 딱해하는 마음도 있으셨을 것 같다.

융통성 없는 성미 때문에 어머니를 필요 이상 걱정 끼치고 괴롭혀드린 일이 많다. 이 글을 쓰면서 미국의 형에게도 메일에 담아 보냈더니 형이 답장에 이렇게 썼다. "너랑 어머니 사이가 잘 풀리는구나. 네게도 축하하고 어머니께도 축하드린다."

정말 그런 것 같다. 그분이 힘 있으실 때는 제일 악착스럽게 대들던 내가 힘 떨어지신 뒤로는 이렇게 착실하게 당번을 서게 되다니. 역시 나는 고지식한 놈인가보다. 생긴 대로 놀아야지.

08.
11.
30.

어제 낮에 대덕화 보살님이 다녀간 이야기를 간병인 여사님들께 들었다. 이름을 남기지 않았어도 몇 마디 들으니 그분이 틀림없다. 어머니와 인연이 참 공교로운 보살님이다. 작년 6월 하순 설현 거사가 기사 노릇을 해주어 암자로 찾아뵐 때 모시고 앉아 있는 것을 본 분이다. 어머니가 태안사 떠나신 뒤에 그 절에 다니다가 어머니 이야기를 듣고 뵙고 싶어 찾아왔다고 들었다.

어머니는 늦게 절 살림에 드셨지만, 〈불광〉에 싣던 수필을 좋아하는 이도 많고 청화 큰스님 깍듯이 모시던 자세를 흠모하는 이들도 많아서 외진 데 계셔도 찾아오는 분들이 꽤 있었다. 그런데 그날 본 두 분 보살님, 대덕화 님과 그 올케 되는 성진행 보살님은 잠깐 봐도 어머니 대하는 태도가 은근하고도 편안해서 각별히 고맙게 느껴졌다.

서울로 돌아온 이튿날 오후에 어머니가 쓰러지셨다는 전화를 받았다. 공주 어느 병원에 모셔놓았는데 큰 병원으로 곧 옮겨 모셔야 할 상황이라고 했다. 몇 차례 통화로 상황을 파악해보니 당장 위급하신 것은 아니지만 병원 신세는 크게 져야 할 형편인지라, 일산백병원으로 모셔 오게 했다.

절 살림을 계속하시기 힘들겠다 생각해서 이런저런 궁리를 하고 있던 차였다. 암자에서 큰절까지 포행도 힘들 만큼 기력이 떨어지신 것은 최근의 일이지만, 그보다도 기억력 감퇴가 큰 문제가 되어 있었다. 그날 일산으로 모셔 오도록 결정을 내린 데는 절 생활 끝내실 계기일 것 같다는 판단도 작용했다. 백병원에서 며칠

간 검사를 받으신 후 보아두었던 파주의 요양병원에 모셔 인생의 마무리 단계에 순조롭게 접어들었으니, 그날 쓰러지신 일에는 다행스러운 면도 있었던 셈이다. 백병원에 모신 이튿날 대덕화 보살님이 찾아왔다. 쓰러지실 당시 상황도 설명해 주었다. 두 분 보살님이 공주 시내로 모시고 나와 점심 대접을 한 후 걸어가는 도중에 갑자기 벌러덩 쓰러져서 머리에서 피가 날 만큼 바닥에 짓찧으셨다는 것이다. 퇴행성 치매가 이미 한참 진행되고 있었으니 언제 어디서라도 깜빡하실 수 있는 상황이었던 것 같은데, 당시 곁에 있던 분들은 얼마나 놀랐겠는가.

요양병원에 계시는 17개월 동안 대덕화 님은 한 달에 한두 번씩 꾸준히 뵈러 왔다. 딸 하나 있는 것이 딸 노릇 못하는데, 대덕화 님이 정말 딸 노릇 해드리는 셈이다. 튜브피딩을 시작한 반년 전까지, 어머니의 마지막 음식 호강은 그분 덕분이었다. 공이 드는 음식을 어쩌면 그렇게 알뜰하게 마련해 오는지, 번번이 놀랄 뿐이었다. 대개는 내가 없을 때 다녀가기 때문에 다녀간 이야기만 곁의 여사님들께 듣는데, 몇 주일 전 한번은 어머니를 뵙고 싶어 하는 스님이 나도 보고 싶어 하신다는 연락을 해와서 시간을 정해 만났다. 기력이 영 안 좋으실 때였는데, 그래도 알아보시는 기색이 있으니 얼마나 좋아하던지. 어제 왔을 때는 정신이 훨씬 더 맑으신 것을 보았을 테니, 얼마나 기뻐했을까 생각하며 나도 마음이 흐뭇하다. 고맙습니다, 대덕화 보살님.

08.
12.
01.

회복을 크게 바랄 계제는 아니라도 용태가 좋아지니 지내기도 편해 보이고 생각도 임의로우신 것 같아서 마음에 좋다. 팔도 거의 굳어지시는 것 아닌가 걱정했는데 이제 꽤 잘 움직이신다. 너무 잘 움직여서서 코에 꽂은 피딩 튜브를 두 번이나 잡아 빼시는 바람에, 일 저지른 오른팔 손목이 얼굴까지 가지 못하고 아래쪽에서만 놀도록 묶어놓고, 누가 살펴드릴 수 있을 때만 풀어드리는 것이 한 가지 안타까운 일이다.

워낙 자유를 좋아하고 억압을 싫어하는 분이시라 이렇게 행동이 제약된 상태를 견뎌내시는 것이 처음에는 신기로웠다. 그런데 몇 달째 누워만 계시는 데 답답증을 보이지 않으시는 것을 보며 이런저런 생각을 하게 된다. 거동 못하게 되신 지는 반년가량 되었고, 그때까지만 해도 IV 주사를 꽂아놓으면 성가셔하셔서 무의식중에라도 잡아 뽑으시기 때문에 발이나 다리에만 놓도록 했다. 그러던 것이 이제 오랜만에 정신이 많이 드시면서는 갑갑한 기색을 거의 안 보이신다. 지금 상황을 하나의 단계로 자연스럽게 받아들이시는 것 같다.

오늘은 미국의 큰형에게서 온 전화를 꽤 자상하게 받으시더라고 김 여사가 신이 나서 설명해준다. 세 분 간병인 가운데 성격이 씩씩하면서도 침착한 김 여사가 팀장 격이다. 형이 김 여사 핸드폰으로 전화를 치면 어머니께 쫓아가 바꿔드린다. 전에는 쥐고 귀에 대어드려야 했지만, 요새는 어머니가 손에 쥐고 받으시는 데도 곁에 붙어 서서 대답 잘하시라고 응원도 해드리고, 내가 나중에 가면 녹화

중계도 해준다. 김 여사 형편이 안 될 때는 박 여사 번호를 치도록 알려놓았다. 체수가 작은 박 여사는 성품이 자상하고 장난기가 좀 있어 보인다. 막내인 작은 김 여사는 무슨 일이 있다던가 1주일째 보이지 않는데, 대신하고 있는 거구의 여사님도 벌써 어머니를 많이 아껴드리는 기색이다.

김 여사가 형의 전화 얘기 끝에 "작은아드님한테도 얘기 좀 하세요." 하니까 "내가 얘기를……" 하고 잘 알아듣지는 못했지만 여러 마디 말씀을 하셨다. 그러나 그 뒤론 내가 있는 동안 다시 말씀이 없으셨다. 대신 많이 웃으셨다. 반응이 꽤 활달하신 것을 보고 내가 이런저런 예전 일 생각나는 대로 말씀드리니 대목대목에서 웃음을 지으시는 것이 거의 다 알아듣는 기색이시다.

집에 돌아와 어머니 걱정해드리는 몇 분께 전화를 드렸다. 사람도 잘 못 알아보시는데 찾아와 봐야 마음만 아플 것을, 부담감을 드리기만 할 것 같아 용태를 알리는 전화도 하기가 힘들었다. 지금 상태 같으시면 찾아오는 분들도 편하게 뵐 수 있을 것이다.

끝으로 작은형에게 전화했다. 네 달 전 병원 옮겨드릴 때 전화로 의논이라도 하고 싶었는데 끝내 잡히지 않았고, 녹음을 몇 번씩 해놓아도 여태 연락 한 번 없었다. 근래 들어서는 나도 다시 전화하려 애쓰지 않고 지냈다. 마음이 삐치기도 하고, 본인이 무슨 사정이 있다면 괜히 덧드릴 필요 없겠다는 생각도 해서였다. 그런데 저만큼 정신 돌리신 것을 보여주고 싶은 마음이 들고 보니, 진짜 이 사람 웬

일인가 걱정도 들어 오랜만에 전화를 돌리게 되었다.

전화벨이 몇 번 울리고 또 꽝인가 생각하는데 전화를 받는다. 목소리도 멀쩡하다. 근황을 알리니 며칠 후에 와 뵙겠다고 한다. 목요일 어떻겠냐 하기에 그날은 내가 다른 데 일이 있어서 그날 오면 "닭 대신 꿩"이 되겠다고 했더니 "닭 대신 꿩?" 한 차례 천진스럽게 웃고는 꿩이랑 닭이랑 함께 보시도록 금요일에 오겠다고 한다.

08.
12.
03.

어머니와 간병인들 사이의 관계가 심상치 않다. 너무 가까워 보인다. 내가 말씀을 걸면 무슨 바람이 지나가나? 하는 식으로 천천히 눈길이 옮겨 오시는데, 어느 여사님이든 말씀을 걸면 즉각 눈길이 꽂히신다. 그리고 무슨 말인지 확실히 알아들으려 애쓰는 기색이 역력하시다. 내가 드리는 말씀은 알아들이면 좋고 아니면 말고, 하는 기색이신데.

어찌 생각하면 그럴 만한 일이기도 하다. 그분들과는 하루 24시간 함께 지내시는 것이 벌써 네 달을 채워가고 있다. 모든 수발을 그분들이 다 해드린다. 나야 명색이 아들이지, 기저귀 한 번 갈아드리는 일이 있는가? 그분들에게 정도 들고 의지도 되시는 것이 이상한 일일 수가 없다.

간병인 복은 참 좋으시다. 작년 7월 파주 탄현면의 자유로요양병원에 들어가실 때부터 능력이나 품성이나 믿음이 가는 여사님을 만났다. 심양 출신의 장 여사, 작은 체수에 선한 눈매가 지금도 생각난다. 며칠 안 있어 새 병실로 옮기면서 장 여사 손길에서 떨어지셨지만, 장 여사는 틈틈이 들여다보며 어머니를 아껴드렸다.

그 뒤로 몇 번 간병인이 바뀌었고, 바뀔 때마다 "이렇게 믿음직한 분을 잃으면 어쩌나?" 걱정에 휩싸였지만, 이상하게도 바뀔 때마다 더 믿음직한 분과 마주치게 되었다. 그 병원에서 맨 끝에 돌봐드린 조 여사는 화룡에서 온 분으로 나랑 동갑인데, 그분에게는 정말 깊은 경의까지 느꼈다. 사람이 똑똑한 데다 정도 깊고, 게다가 행실까지 아주 반듯한 분이다. 내가 없을 때 찾아온 분이 용돈 얼마라도 드리고 가면 내게 꼭 금액까지 밝혀서 알려주곤 했다. 지금도 한 달에 한 번쯤 문안 전화를 드리면 무척 반가워한다. 그렇게 반가워할 거면서도 이쪽으로 전화는 안 한다. 객지에 나와 약한 입장인 사람이 연락을 취하면 뭔가 바라서 그러는 것처럼 보일 것을 꺼리는 그 마음속이 훤히 들여다보인다.

정말 조 여사 손길에서 어머니를 떼어놓고 싶지 않았다. 그러나 어머니 용태가 안 좋으시니 그 병원에 계속 계셔도 중환자실로 옮기셔야 할 형편이 되어 병원을 바꿀 결단을 내렸다. 애초에 그 병원을 고른 첫째 이유가 임진강 바라보는 한적한 위치라서 도시 생활을 싫어하시는 어머니 입맛에 맞을 것 같다는 점이었는데, 거동도 못하시게 되니 그 이유가 사라졌다. 시설을 비롯해 기능적 조건이 나은 시내의 병원으로 옮겨 모실 생각을 하고 일산 시내 병원들을 둘러본 결과 탄현역 앞의 현대재활요양병원을 골랐다.

자유로병원에서 13개월 계시는 동안 그만하면 편안하고 즐겁게 지내셨다. 정말 거기서는 대접도 VIP 대접을 받으셨다. 그곳 직원들은 어머니 경력에 외경심을 품기도 했고, 외진 곳의 병원에 우리가 워낙 부지런히 다니니 안면이 받혀서도 각별히 대해드리게 되었다. 게다가 간병인들까지 모두 남 같지 않게들 살펴드린 것은 아내 덕분이다. 수십 명 간병인 중에 한 사람 빼고는 모두 조선족이었는데, 같은 조선족인 내 아내의 시어머님이 어찌 남 같겠는가. 직원 중에도 고마운 분들이 많지만, 그중에도 살림꾼 노 실장은 다음 주 책 나오는 대로 한 권 갖다 주러 가봐야겠다. 1년 넘게 그곳에 계실 수 있었던 데는 그분의 도움이 컸다. 그분 아버님도 그곳에 입원해 계셔서 동병상련의 마음을 나도 가지지 않을 수 없었다. 그 아버님이 얼마 전 돌아가셨는데, 인사도 제대로 못해 마음이 미안하다. 병원을 옮길 때, 우리가 떠나는 것이 서운하면서도 지금 상태에서는 옮기시는 편이 좋다고 격려해주고, 옮길 병원의 살림꾼 안 실장에게도 각별한 배려를 부탁해줬다.

자유로병원까지 집에서 차로 30분 걸렸다. 5분도 안 걸리는 지금 병원을 다니면서 생각하면 그 먼 데를 어떻게 매일 다녔을까 싶다. 그러나 그때는 멀다는 생각 하나 없이 즐거운 마음으로 다녔다. 정말로 즐거웠다. 나 자신에게 못된 구석이 보통 사람들보다 많다고 스스로 생각하지만, 보호를 필요로 하시는 어머니 보호해드리는 자세에는 못된 점 다 치워놓고 괜찮은 면만 나타난다. 원장님에서 간병인, 그리고 낯이 익은 환자분들까지 내 얼굴만 보면 괜히 좋아들 하는 분위기로 여러 달 지내다 보니 진짜로 내 품성까지 많이 순화된 것 같다. 고맙습니다, 어머님.

08.
12.
06.

.

작은형이 어머니를 뵈러 왔다. 11시쯤 집으로 왔다. 병원 옮기신 지 네 달이 되는데, 아직 어딘지도 몰라 데려다 달라고 내게 오다니, 저런 인간이 내 아들 아닌 게 천만다행이다. (하긴, 내 아들놈도 할머니 병원 옮기신 후 아직 와 뵙지 않고 있다. 으, 기막혀~ 그러나 그놈은 강의와 박사 과정을 막 함께 시작해서 똥오줌 못 가리는 형편을 아니까.)

형을 '날건달' 같다고 얘기하곤 하는데, 좋게 얘기하면 신선 같은 사람이다. (내가 생각하는 신선이란 것이 바로 날건달 같은 거니까.) 우리 3형제의 기질이 서로 다른 것을 동양사상의 세 갈래에 그럴싸하게 맞춰보기도 했다. 큰형은 유가 선비다. 어떤 충격 앞에서도 과격한 반응을 보이지 않고, 큰 성취를 드러나게 추구하지 않고 조금씩 조금씩 꾸준히 쌓아나간다. 나로 말하자면 불교 성향이라고 스스로 생각하는데, 내 머리 내가 깎는 짓을 길게 할 건 아니고, 작은형은 도가 성향으로 본다. 세상의 울타리 밖에서 살기를 좋아한다는 말이다. 불성실하게 살려고 일부러 애쓰는 사람 같다.

작은형과 나는 한 학기 상관으로 교수직을 그만두었다. 형은 자기가 먼저 그만둘 생각을 하고 있었는데 내가 불법추월했다고 불평했지만, 그만둔 이유에는 차이가 많다. 나는 공부 좀 제대로 하고 싶어서 그만둔 것인데, 형은 공부가 싫어서 그만둔 것이었다. 그런데 묘한 일은, 공부 계속하는 나는 여태 학교를 멀리하고 지내고 있는데, 형은 몇 해 안 있어 다른 학교에 들어간 것이다. 공부 안 해도 된다는 조건으로.

둘이 모시고 앉아 있다가 어머니가 노곤해하시는 것을 보고 물러나와 아내가 일하는 식당으로 가서 늦은 점심을 했다. 그러지 않으면 근 반년 만에 와서 수숙간에 얼굴도 못 보고 지나칠 판이다.

큰형과 나는 모습을 외탁하면서 성질은 아버지를 닮은 반면, 작은형은 아버지 모습을 닮고 성질은 어머니를 닮았다는 얘기를 많이 들으며 자랐다. 어머니와 작은형의 가장 큰 공통분모는 '정열'이다. 모자간에 대판 싸우는 것을 나이 서른 넘을 때까지 보았는데, 시정잡배도 따라오기 힘든 수준이었.

작은형 혼자 성질만으로 그런 싸움이 되지 않는다고 생각한다. 손뼉도 마주 쳐야 소리가 나지 않는가? 어머니께서는 이런저런 책임감 때문에 본성을 드러내고 살기 힘드셨지만, 그런 식의 싸움을 즐기는 성질을 가지신 것이 아닌가, 형과의 격렬한 충돌 속에서 카타르시스도 느끼고 존재감도 느끼신 것이 아닌가 하는 생각이 드는 것이다.

겉으로 보기에 착하고 성실하고 효성스러운 큰형이나 내가 해드리지 못하는 몫을 작은형이 해드리는 것이 있다고 그래서 생각하게 된다. 그러나 하늘을 봐야 별을 따지, 한 달에 한 번이라도 와 뵈면 뭐가 덧나나?

08.
12.
08.

아내가 두 번 출근하는 날이다. 아내는 많은 조선족 여성들과 마찬가지로 식당에서 '주방시다' 일을 한다. 열두 시간 근무에 월 3일 휴식으로 2년간 해오다가 어머니를 가까이 모시면서 계속할 수 없게 되었는데, 마침 여섯 시간 일하는 자리가 가까운 데 있어서 옮겨 시작한 지 1년이 되었다. 그런데 전에 일하던 닭갈비 집에서 일손 아쉬울 때 일에 익은 아내가 도와주기를 원해서 "돈에 눈이 뒤집혔구먼." 하는 내 비아냥에도 아랑곳없이 형편 되는 대로 그 집에도 다녔다.
자전거로 일 다니는데, 워낙 강추위라 저녁 출근은 내가 차로 모셔드렸다. 온 세상이 눈이다. 조심조심 차를 몰아 후곡단지에 아내를 내려놓은 뒤 병원으로 갔다. 현대식 빌딩 8층의 병실에서 밖에 뭐가 오는지 어두운 밤에 알아볼 수도 없지만, 그럴싸하게 느껴서 그런지 다른 날보다 아늑하고 호젓한 느낌이었다.
통 말씀이 없고 주의를 잘 돌리려 하지 않으신다. 오늘따라 통 말씀이 없으셨다고 여사님들도 보고한다. 그러나 표정이 어느 날 못지않게 편안하신 것을 보면 신체 조건이 나빠서 그러신 것 같지는 않다. 뭔가 깊고 긴 생각에 빠져 계신 것 같다. 이따금 입가의 웃음이 깊어지곤 한다. 간혹 울상으로 찡그려지기도 하지만, 웃음이 더 많으시다. 무슨 생각에 잠기신 것일까, 곁에 앉아 나도 생각에 잠긴다.
그분의 평생에서 편안하고 즐거운 때가 언제였을까? 아버지와 함께하신 7년? 즐겁기는 하셨겠지만 그리 편안하지는 않으셨을 것 같다. 1942년 경성제대 강의실

에서 만난 두 분이 1944년 충청도 봉양에서 피난살이 분위기로 살림을 시작하서
서부터 1951년 부산의 피난살이 중에 아버지가 세상 떠나시기까지, 그 기억이
즐거움만으로 떠오르지는 않으실 것 같다.

그 시절 두 분 생활의 일부가 《역사 앞에서》로 세상에 알려져 있다. 그 일기를 어머니께서 내게 넘겨주신 것이 1987년 말의 일이었다. 5년 후 책으로 내기에 이르렀지만, 그 시점에서 내게 넘겨주신 까닭, 아니 그 시점까지 혼자 꿍쳐두고 계셨던 까닭을 놓고 이런저런 생각을 한다. 어머니 말씀은 반공독재 상황에서 자식들에게 짐이 될까봐 혼자 지켜오셨다는 것이다. 그 전해에 퇴직하셨고, 그 해에 군사정권의 종식을 보았으니 말이 되기는 한다. 그러나 아들들 대가리가 굵을 만큼 굵은 뒤까지 혼자 지키고 계셨다는 것은 그런 이유만으로는 석연하지 않다.

너무나 아깝게 떠나보낸 분의 내밀한 기억에 대한 독점욕도 은근히 작용했을 수 있을 것 같다. 그리고 돌아가신 분을 완벽한 인격자로 받들고 당신께서 그분을 알뜰하게 모셨다는 '신화'를 지키기 위해, 굴곡이 없을 수 없는 일상을 드러내고 싶지 않으셨을 수도 있다. 어느 쪽도 단정해서 말할 수는 없는 것이지만, 7년간의 결혼 생활이 어머니에게 즐거움 못지않게 괴로움의 기억이기도 하리라는 것은 일기를 혼자 지켜오신 36년의 세월에서 알아볼 수 있는 것이다.

자식들을 모두 대학에 진학시킨 후 어느 날 어머니께서 자식들을 모아놓고 하신 말씀이 아직도 귓전에 생생하다. "내가 너희를 혼자 키우느라 내 본성을 감추고

두 분의 사이가 실제 어떤 것이었을까?
아버지의 일기와 어머니의 회고가 모두 '아름다운 사랑'을 보여주지만,
어떤 인간관계에도 없을 수 없는 굴곡의 기미가 여기저기 나타나기도 한다.

20년간 지내왔다. 이제 너희가 다 컸으니 나는 이제 점잖고 엄숙한 시늉을 그만두고 편안하게 살련다. 행여 지금까지와 다른 내 모습을 본다 해서 놀라지 말거라. 변하는 것이 아니라 본색을 드러내는 것뿐일 테니."

그리고는 이태 뒤 학교를 휴직하고 일본에서 1년, 유럽에서 1년 지내셨다. 그때가 어머니께 최고로 편안하고 즐거운 시기가 아니었을지. 이메일은 물론, 국제전화도 어렵던 시절이었다. 한 달에 한두 번 엽서로 모니터링이 되면 얼마나 되었겠는가? 어머니의 일생 가운데 내게 가장 큰 공백으로 남아 있는 시기다. 공백으로 남아 있으니 즐거운 시기였을 수도 있다고 희망적으로 생각하는 것이다.

그런 희망적인 생각을 뒷받침해주는 것은 어머니의 그 시기와 연상되어 떠오르는 한 친구분의 존재다. 김초열 여사님. 이화여전 시절 친구인 김 여사님은 어릴 때 우리 눈에 어머니와 대조적으로 화려하고 발랄한 분이셨다. 그 부군께서 당시 주 모로코 대사로 계셔서 어머니가 유럽 가는 길에 그곳부터 들러 모처럼 즐거운 시간을 가지셨던 일은 당시에도 엽서로 알려주셨다. 후에 생각하면, 모로코 체류만이 아니라 유럽에서 즐겁고 편안하게 지내는 노하우를 김 여사님께 많이 전수받으셨을 것 같다.

본성과 본색을 드러내는 것이 행복의 조건일까? 어머니는 그런 생각에 많이 매달리셨다. 아버지 돌아가신 후뿐만 아니라 결혼 생활 7년 동안에도 본성과 본색을 억눌러야 한다는 피해의식을 가지셨던 것이 아닐까 싶다. 그러나 자식들을 성

"이제 너희가 다 컸으니 나는 이제 점잖고 엄숙한 시늉을 그만두고
편안하게 살련다. 놀라지 말거라. 변하는 것이 아니라
본색을 드러내는 것뿐일 테니."

년까지 키워내셨다 해서 본성과 본색을 되찾는 조건이 되지 못한다는 사실을 그 후 긴 세월 동안 절감하셨을 것 같다. 퇴직하면서 이제 학문과 교육을 돌아보지도 않겠다고 선언하실 때도 본성과 본색에 대한 그리움을 놓지 않고 계셨을 것이다. 그러나 절 생활 하시면서도 탐구심에서 벗어나지 못하셨고, 수필 쓰시면서도 교육의 의미를 손에서 놓지 못하셨다.

그렇게 생각하면 지금 희미해진 의식으로 병상에 누워 계시는 것이 평생 누리지 못하신 호강일 수도 있다. 무슨 생각에 잠기시는 것인지 속속들이 살펴볼 길은 없다. 그러나 아쉬움이 많으셨던 평생을 어떤 식으로든 반추하실 수 있다는 것은 그 아쉬움을 풀지는 못하더라도 그로 인한 아픔을 다독일 수 있는 기회려니 생각한다. 그래서 생각에 잠기실 만한 건강 조건을 유지하시는 것이 기쁘다.

08.
12.
10.

큰형에게 일기를 계속 메일로 보내주고 있다. 그것을 보며 형도 이런저런 생각을 떠올리는 모양이다. 오늘 받은 메일에는 이런 얘기가 있다.

"어머니가 어느 시점에서 그때까지처럼 점잖은 시늉을 그만두겠다고 선언하신 일은 내가 모르는 일이거나 기억하지 못하는 일이다. 그런 말씀을 하실 때 어떤 마음이셨는지 내가 이해할 수 없는 일이거니와, 같은 상황에 있다면 나는 그런 식의 선언을 할 것 같지 않다. 내가 하고 싶은 일을 할 뿐이지, 누구에게(특히 자식들에게) 그렇게 이야기할 것 같지 않다.
그런 말씀을 하셨지만, 그리고 자기 결점을 인정하셨지만, 어머니는 향상을 위한 노력을 그만두신 일이 없었다. 사실에 있어서 만년에는 생활 전체를 그 목적에 바치셨다. 그 노력이 성공을 거두었는지는 차치하고, 그 치열하신 노력 자체가 나로서는 따라갈 수 없는 것이다. 둘째도 못 따라가지. 너는 할 수 있을 것 같지만.
인간적으로 보면, 어머니는 화가 많이 나실 때 다른 이들보다 당신 약점을 쉽게 드러내시는 편이다. 타고나신(또는 습관이나 교육을 통해 만들어진) 성품은 약하신 편이라고 나는 생각한다. 그러나 다른 한편으로, 그런 약점을 극복하려는 의지가 더할 수 없이 강하신 분으로 생각된다. 그런 의미에서 그분의 일생은 하나의 성공이라고 나는 본다.

그 시점에서 어머니가 유럽에 가신 이유에 대해서는 별로 생각해본 적이 없다. 학술적인 필요라고만 생각했다. 그러나 막내 문제가 나타나기 시작할 때 왜 서둘러 귀국하지 않으셨는지는 잘 이해가 되지 않았다. 네가 다른 시각을 내놓는 것을 보니 더 잘 설명이 되는 것 같기도 하다.

D 박사와의 재혼을 내가 어떻게 생각하는지 물으신 일이 있다. 가정이 있는 분이었다. 내가 대학 다닐 때였던가, 기억이 확실하지 않다. 나는 반대한다는 말씀을 드렸고, 그것으로 얘기는 끝났다. 그러나 내게는 아직도 미안한 마음이 남아 있다. 기존의 가정을 파괴하는 것이 비도덕적이라는 이유만으로 내가 반대했던 것일까? 정확하게 어떤 이유였는지조차 지금 내 기억에는 흐릿하다. 그러나 이제 와서 분명히 생각되는 것은 내가 그분의 행동만이 아니라 생각에까지도 가혹한 제약을 가했다는 사실이다. 그분이 원하시는 것을 나는 허락하지 않았다. 도덕적이건, 아니건.

어머니의 선언이란 것이 내게 대한 구속감으로부터의 독립 선언이었을지도 모르겠다. 아니, 전적으로 내 책임이란 말이 아니다. 그건 과대망상이겠지. 그 당시에 내가 어머께 좀 더 도움이 되는 인간이었으면 하는 아쉬움이 있을 뿐이다."

누워 계신 분을 놓고 아들들은 이런 얘기를 주고받고 있다. 그것도 주변에선 효자로 꼽아주는 아들놈들이. 그리고 그중 한 놈은 그분이 들으면 난처해하실 수도 있는 얘기를 이렇게 기록으로 정리까지 하고 있다. 무서운 세상이다.

큰형과 나는 생각을 함께하는 것이 여러 가지 있다. 인간은 능력보다 노력에 의해 평가된다는 점. 약점을 감추기보다 끌어안음으로써 사랑이 이뤄진다는 생각. 우리는 어머니를 자랑스럽게 생각한다. 그러나 결함이 없으신 분이라서 자랑스러운 것이 아니라 있는 그대로 자랑스러운 것이니, 다른 이들의 어버이 자랑과 비교해서 더하고 덜할 수 있는 것이 아니다. 모르던 사실을 알게 된다고 해서 늘어나거나 줄어들 수 있는 자랑도 아니다.

이런 생각에서 내가 형보다 더 과격한 면도 있는 것 같아 조심스럽다. 아버지의 직접 기억을 형은 꽤 가졌고 나는 전혀 가지지 못한 데서 오는 차이일 것도 같다. 추상화된 존재로만 아버지를 느끼며 자라나 내 인생의 고민을 가지게 된 후에야 그분의 실제 모습을 마음속에 키우게 된 곡절 속에서 '현실 속의 인간'에 대한 강한 집착을 키우게 된 것이 아닐지.

간호사나 간병인들은 내가 어떤 착잡한 마음을 뱃속에 담고 어머니를 바라보는지 알 길이 없다. 매일 찾아와 편안하시기 비는 나를 깨끗한 마음의 효자로만 본다. 효자라니. 지난 10여 년간 행적을 되돌아볼 때 어색하기 짝이 없는 말이다. 그러나 3년 전 귀국해 약해지신 그분 모습을 보고 출국을 포기한 이래의 내 자세를 돌아보면 차츰 어색한 느낌이 줄어든다. 전통적 의미의 선량한 효자는 아니지만 너무나 복잡해진 현대 세계가 만들어낸 '신종' 효자일지 모르겠다.

오늘은 무거운 생각에 많이 잠겨 있었다. 작년 가을 기력이 아직 괜찮으실 때 어머니의 유머 감각을 보여준 일 하나를 기분전환 삼아 떠올려본다. 식사를 도와드리려고 곁에 서 있는 내 배를 물끄러미 쳐다보다가 물으신다.

"너도 식사했냐?"

"아직 안 했습니다, 어머님."

"그런데 왜 그렇게 배가 부르냐?"

양옆의 환자분들이 킥킥 웃는다. 면구스럽기도 해서 능청을 떨었다.

"어머니, 이 배가 효자배란 거예요. 어머니께서 잘 드시면 제가 안 먹어도 저절로 불러진답니다."

알았다는 듯 식사로 주의를 되돌리시던 어머니가 혼잣말처럼 한 마디 툭 던지신다.

"효자배? 내 보기엔 꼭 똥배 같구만."

08.
12.
12.

그저께 사진첩을 어머니 곁에 갖다 두었다. 큰형이 지난 봄 뵈러 올 때 만들어 온 것이다. 형네 가족사진 절반쯤, 그리고 나머지가 아버지 돌아가시기 전에 찍은 가족사진부터 시작해 자식들과 찍은 사진, 어머니 독사진 등으로 모두 20여 장을 보시기 좋도록 확대해서 묶은 것이다. 병원 옮기실 때 사진 살펴보실 정신도 없을 정도로 의식이 혼미하셨기 때문에 집에 갖다 두었었는데, 간병인들이 사진이라도 보시면 좋겠다고 일깨워주어서 갖다 놓은 것이다.

어제 저녁에 가니 여사님들이 나를 보자마자 웃으며 "어머니께서 온 날 사진만 들여다보고 계세요." 한다. 보니, 침대 꼭대기 쪽 벽에 붙여놓았던 사물함을 얼굴 곁에까지 당겨 내어놓고 그 위에 사진첩을 세워놓았는데, 어머니는 고개를 옆으로 하고 누워 하염없이 2년 전 가족사진을 들여다보고 계시다. 내가 사진첩 위로 얼굴을 보이며 인사드리자 힐끗 눈길을 돌려 쳐다보시고는 1초도 안 되어 사진으로 눈길을 되돌리신다.

사진첩 뒤에 앉아서 이것저것 사진을 바꿔서 보여드리니 열심히 쳐다보시다가 손을 내미신다. 사진첩을 들어 손에 쥐시도록 잡아드렸더니 사진을 넘기려고 손을 움직이려 애를 쓰신다. 사진 하나하나에 따라 생각이 옮겨 다니시는 것을 느낄 수 있다. 한참 사진을 보시다가 노곤하신지 눈을 뜬 채로 잠이 드셨다.

오늘 아침 큰형 메일에서 읽은 옛날 얘기에서 사진 들여다보시던 어머니 모습을 다시 떠올린다.

"내가 경기중학 입학시험을 친 1957년, 전쟁 후의 혼란에서 아직 벗어나지 못한 시점에서 어느 정도면 그 학교에 합격할 만한 수준인지도 파악하기 힘든 상황이었다. 담임 선생님이 '너 정도 실력이면 될 거야.' 해주신 말씀 외에는 자신감을 가질 근거가 아무것도 없었다.

발표 날, 학교 담에 붙이는 방을 보러 어머니와 함께 집을 나설 때 어머니께서 말씀하셨다. '나는 네가 붙어도 기쁠 것이고, 떨어져도 기쁠 것이다. 네가 붙으면 우리 가족에게 당연히 기쁜 일이 될 것이고, 떨어진다면 너보다 실력 있는 학생이 네 또래에 5백 명이나 있다는 사실을 알 수 있지 않겠느냐? 너만 해도 충분히 똑똑하고 실력 있는 학생인데, 더 훌륭한 학생이 5백 명이나 있다면 이 나라의 장래를 위해 얼마나 좋은 일이겠느냐?

당시의 각박한 상황에서 그런 관점을 떠올릴 수 있었던 사람이 세상에 몇이나 되었겠니? 그때 어머니에게 품은 존경심을 그 이후 잃어버린 일이 없었다."

경기중학. 지금 돌이켜 생각하면 어머니께 큰 위로와 격려를 드린 존재였다. 청상으로 혼자되신 분께 아들들 저고리에 붙은 그 마름모 명찰이 얼마나 큰 마법의 힘을 드렸을까? 그 명찰이 나온 사진도 하나 사진첩에 끼워 드려야겠다.

정말 대단한 집착이셨다. 그러나 큰형의 회고에 보이는 것처럼 그 집착을 뛰어넘어 관조하는 자세를 가지시려는 극기의 노력이 그 집착과 짝을 이뤘다. 작은형은 경기중학에 떨어졌는데, 그때 연줄을 통해 학교로 찾아가 답안지까지 확인한 뒤에야 불합격에 승복하신 극성에서 그 집착을 확인할 수 있다. 한편 내 중학 진학 때는 극기의 측면이 뚜렷하셨다.

1962년에는 초등학교에서 어느 정도 하면 어느 학교에 갈 만할지 웬만큼 예측이 가능할 때였는데, 근근이 경기중학을 바라볼 만하다고 생각하고 있던 내게 청천벽력이 떨어졌다. 군사정부에서 체력시험을 큰 비중으로 넣게 한 조치였다. 나는 체력시험에 영 젬병이었다. 게다가 학과시험도 공동출제로 해 변별력이 떨어질 전망이었으므로 엄청난 타격이었다.

체력시험을 포함하면 예상 커트라인을 아슬아슬하게 바라볼 상황에서 어머니는 빨리 결단을 내리셨다. 모험을 하기보다 집 가까운 보성중학에 지원하라는 것이었다. 지금 생각하면 큰형의 회고와 일맥상통하는 일이었다. 아들을 경기 보냈으면 하는 강한 바람을 가지고 계시면서, 그 바람이 아들에게 좌절의 경험을 너무 일찍 가져다줄 위험 앞에서는 아예 접어버리려는 것이었다.

욕망을 극복하려는 강박을 보며 어머니가 성악설을 신봉하신 것이 아닌가 생각하기도 했다. 그러나 자식들이 자기 능력만이 아니라 품성에 대해서도 자신감을 가지도록 꾸준히 북돋워주신 것을 생각하면 꼭 그렇게만 볼 수도 없다. 지금 생각하면 젊은 시절에 너무나 극심한 사회 혼란을 겪고 개인적으로도 큰 불행을 당하신 시대적 조건이 어머니의 의식을 짓누른 결과가 아니었나 싶다. 원래의 낙천적 성선설이 거듭된 고난과 역경 속에서 억눌리셨지만, 자식들만은 성선설의 밝은 세상에서 살기를 바라신 것이 아니었는지……。

지금 생각하면 중학교 진학을 놓고 그처럼 극심한 희비가 엇갈린 사실 자체가 그 시대의 참상을 말해주는 것이다. 당장 우리 어머니부터, 아버지를 잃은 불행이 아니었다면 자식들의 진학에 그토록 절박하게 매달리지 않으셨을 것이 분명하다. 전국 학동들을 한 줄에 세우던 그 시절에 비하면 우리 사회에 여유가 많이 생겼음에도 불구하고 아직까지 대학 입시에 참혹한 경쟁의 양상이 여전한 것이 안타깝다.

내친 김에 진학 얘기를 마무리하자면, 나는 경기중학에 지원해서 합격했다. 지원 직전에 입시 요강이 바뀌어 체력시험에 약간의 기본점수를 주도록 하는 호재를 보고 용기를 낸 결과였다. 나중에는 내가 형편없는 불효자 노릇을 많이 하게 되지만, 당시에는 이 합격 때문에 내가 효자 아닌가 하는 착각에 빠지기도 했다. 중년의 방황을 넘어 효자 착각으로 돌아온 이제, 어머니의 의식을 짓누르던 괴물들을 이 사회에서 몰아내도록 힘쓰는 것이 어머니 위해드리는 일이리라 생각해본다.

08.
12.
15.

요즘 어머니 표정은 크게 나눠 세 갈래다. 제일 많이 보이시는 것은 눈을 뜨고 계셔도 정신이 몽롱하신 듯 멍한 표정. 이따금 뭔가 불편하신 듯 찌푸린 표정, 조금 더하실 때는 완전히 울상으로 찡그려지고 눈물까지 흘리신다. 그리고 입꼬리가 귓가에 걸릴 듯이 쭈욱 올라가는 웃음. 최근에 정신이 좋아지고 편안해지시면서 찌푸린 표정보다 웃음이 훨씬 많아지고 종류도 늘어났다. 늘어난 종류 중에는 피식하는 실소도 있다.

오늘 모시고 앉아 있는 동안 새 환자가 한 분 들어오셨다. 새 환자의 보호자인 (나와 비슷한 연배로 보이는) 아주머니가 지나가는 길에 내게 말을 걸고, 몇 마디 말 끝에 "참 효자시네요~" 인사치레 말씀을 했다. 좀 겸연쩍어서 어머니를 보고 "이분께서 저를 효자라시네요, 어머니. 어떻게 생각하세요?" 했더니 대뜸 피식! 웃으시는 것이 아닌가!

김 여사의 재미있는 보고가 있었다. 여사님들이 피딩을 준비해드릴 때마다 아침인가 점심인가 저녁인가 말씀하시게 하는데, 아까 점심때 또 채근하니까, "'점심'이란 말 하기 싫어." 하시더라고. 그 말을 듣고 어머니께 "잘하셨어요, 어머니. 고분고분 시키는 말씀만 하지 말고 호통도 치고 그러세요." 했더니 순간에 입 끝이 귓가로 달려가신다. 이야기 알아들으시는 수준이 며칠 전과도 비교할 수 없게 회복되셨다. 유머 감각도 되살아나시는 것 같다. 조금 더 나아지시면 내 '똥배'를 다시 들먹이실 수도 있겠다 싶다.

여사님들이 드리는 자극에 예민하신 것에 비하면 내가 드리는 말씀에는 주의도 빨리 모이지 않고 잘 알아듣지도 못하시는 편인데, 오늘은 내 말씀도 잘 알아들으시고 반응도 활발하시다. 내 말씀에 대한 대답 말씀은 그동안 어쩌다 나와도 늘 한 단어로 끝났는데, 오늘은 세 단어 문장이 있었다. 그런데 그게 무슨 말씀이었는지 지금 생각이 안 난다. 지금 알고 있는 것도 이렇게 적어놓지 않으면 얼마나 남길 수 있을지. 설마 전염성 치매는 아니겠지?

새로 나온 책을 우선 어머니 가까운 분들께 발송하는데, 이화여전 동기 동창이 두 분이셨다. 영문과 계시던 이혜숙 선생님과 이대 살림을 맡으시던 이윤재 선생님. 어머니 쓰러지시기 한두 달 전 우리 집에 다니러 오셨을 때 두 분을 점심에 청해 오랜만에 깔깔대며 즐거운 시간들을 가지셨는데, 그런 자리를 다시 바랄 수도 없게 되었다.

이윤재 선생님께 보내는 책에는 헌사로 "동녕 형을 부러워하며"라고 써넣었다. 그 아드님, 우리 큰형보다 한 살 밑인 김동녕 선배(예스24 회장)는 큰형 못지않게 모범생에 효자다. 이 선생님께 전화드릴 때 정정하신 것을 치하드리느라고 "저는 동녕 형이 부러워요~" 하곤 하는데, 사실 어머니가 요새만큼 몸과 마음이 편안하시기만 하다면 동녕 형도 별로 부럽지 않다.

3년 전 어머니를 두고 그냥 갈 수 없어 한국에 주저앉은 뒤 대개 철마다 한 번씩 우리 집에 다니러 오셨고, 그럴 때는 친척이나 친구분들 보실 기회를 만들어드리려고 내 딴에 애를 썼다. 기억력 감퇴만이 아니라 기력도 많이 쇠하셔서, 한나절 어디 다녀오시면 이튿날 꼼짝도 못 하시는 지경이기 때문에 나들이 계획을 세심하게 세워야 했다.

쓰러지시기 전에 모시고 가 만날 기회를 드린 분으로 이정희 선생님과 윤정옥 선생님 생각이 얼른 난다. 어머니보다 한 살 아래인 이정희 선생님은 늦게(아마 환갑들 지나신 뒤에?) 서로 만나고도 허물없이 가깝게 된 분이다. 어머니가 소녀기를 지내신 함경도 출신이시라서, 그리고 거침없는 성격이시라서 쉽게 가까워지신 것 같다.

신군부 초기에 어디 잡혀 들어가셨을 때의 일화가 그분의 거침없는 성격을 보여 준다. 심문을 앞두고 담당자에게 이런 모두발언을 하셨다고. "미리 말해두는데, 날 빨갱이라고 뒤집어씌울 생각은 하들 말어. 난 공산당이 싫어서 고향 두고 온 사람이야. 그리고 조직 활동 뒤집어씌울 생각도 하지 마. 난 단 두 사람 조직도 못해서 평생 혼자 산 사람이야."

영문과 윤정옥 선생님과 사회학과 이효재 선생님은 어머니와 마음이 통하는 동료로 다년간 3자매처럼 지낸 분들이다. 체수에 따라 어머니가 중저, 이 선생님이 대저, 윤 선생님이 소저로 통했다. 퇴직 전에 정신대대책협의회가 만들어졌다면 어머니도 함께하셨기 쉽다.

다정다감하신 윤 선생님은 어머니가 이정희 선생님 댁에 다니러 가신다는 말씀

이혜숙 선생님과 함께.

이윤재 선생님과 함께(위).
윤정옥, 이효재, 이정희 선생님과 함께(아래).

을 듣고 그리 달려오셨다. 이효재 선생님은 진해에 은거하고 거동도 불편하셔서 전화로 인사 올릴 수밖에 없는 것이 아쉽지만, 요새 내가 낸 책과 글을 무척 반가워하고 가끔 전화로 격려해주시는 것이 큰 힘이 된다.

어울리는 친구를 보면 그 사람을 알 수 있다는 말이 있다. 어머니 친구분들이 어머니 아껴드리는 것을 보며, 나도 어머니 못지않게 훌륭한 사람이 되려면 애쓸 것이 많다는 생각을 한다.

08.
12.
19.

5시 반쯤 병실에 들어서니 눈을 꼭 감고 계신다. 주무시면서 저절로 감긴 것이 아니라 의식적으로 꼭 감고 계신 것 같다. 소리 내지 않고 곁에 서 있자니 2, 3분 후 김 여사가 다가와 내게 인사하는 소리를 듣고 눈을 뜨신다. 역시 잠에서 천천히 깨어나시는 기색이 아니고 눈을 뜨자마자 또렷한 시선으로 나를 쳐다보신다. 김 여사의 자랑스러운 보고가 꽤 길었다. 형의 전화를 받자마자 "어~ 기봉이냐?"로 시작해서, 여러 번 "그래."를 하시다가, "그래, 그러마."로 끝내시더라는 얘기. 전화로 이름 불러대시는 건 정말 큰 발전이다. 그리고 낮에 튜브피딩을 위해 윗몸을 일으켜 세워놓았을 때 고개를 이쪽저쪽으로 돌려 방 안팎을 둘러보시는 것도 여기 와서 처음이셨다고 김 여사가 좋아한다.

김 여사가 어머니께 "큰아드님 전화에는 이름도 부르셨는데, 지금 작은아드님 온 것 보시고는 뭐라 그러셨어요?" 하니 못 들은 척 무표정하시다. 내가 "말씀하셨어요. '잘 왔다' 하고." 그랬더니 무심결에 빙긋 웃음이 떠오르신다. 에라~ 내친 김에, "'너 참 잘 왔다.' 그러셨던가요?" 하니까 눈길을 내게 돌리며 웃음이 커지신다.

의식이 계속 더 맑아지시고 있는 것 같다. 내가 들어올 때 눈을 감고 계신 것도 그냥 떠오르는 생각에 의식을 맡기는 것을 넘어 뭔가 생각을 집중하신 것이 아닌가 생각된다. 걱정되는 생각이 들기 시작한다. 의식이 더 분명해지시면 꼼짝도 못하고 누워 있는 지금 상황을 괴롭게 느끼시지나 않을지.

그리고 나에 대해 혹 불편한 생각을 떠올리시는 것이나 아닐까 불안한 마음도 든다. 간병인들 상대로는 천진난만한 어린아이 태를 스스럼없이 내시던 분이 내 앞에서는 표정도 말씀도 모두 아끼신다. 익숙하신 정도의 차이려니, 생각하려 해도 자꾸 마음이 걸리는 것은 내 자격지심일까?

큰형을 너무 어릴 때부터 지나치게 존중해준 것이 미안하다는 말씀을 어머니께서 하신 일이 있다. 가장 역할로 부담을 주셨다는 것이다. 큰형이 어려서부터 신중하고 온건한 성격을 키운 데는 그 까닭이 있었을 것이다. 비판할 만한 일이 있어도 "내게 비판할 자격이 있는가?" 하며, 험한 말 할 일을 극구 피하는 자세가 일찍부터 몸에 밴 것 같다.

나는 가치관에 있어서 큰형과 많이 겹치지만, 그런 조심스러운 자세가 없다. 집안에서건 집 밖에서건 입으로 죄를 짓는 데 거리낌이 없다. 한편 작은형은 워낙 신선 같은 분인지라 자기 자신도 비판할 줄 모르는데, 누구를 비판하겠는가? 귀찮아서도 못한다. 형제 중에 '비판' 실적은 내 독차지다. 어머니께 싫은 말씀 드린 것, 형 둘이 합쳐도 내가 한 것의 10분의 1을 못 따라올 것이다.

이모님이 같이 앉았을 때 어머니께서 농담에 뼈를 넣어 말씀하신 일도 있다. "저놈은 아무래도 김 서방(아버지를 가리킴) 귀신이 씌인 놈 같애. 너무 잘난 양반 만나 그 앞에서 숨도 제대로 못 쉬고 살았더니, 이 늘그막에 와서는 저놈 눈치 보며 살게 되었어."

그 말씀을 들으며 움찔했다. 21년 전 그분의 일기를 넘겨받은 후 내 머릿속에는 그분 생각이 늘 머물러 있다. 일에서건 생활에서건 조금만 긴장할 일이 닥치면 그분을 기준으로 생각하게 된다. 어머니께 대하는 태도에도 그분의 존재가 작용했다면 정말 귀신 씌었다는 말씀이 틀린 것이 아니다.

꼼짝 못하고 누우신 분께서 내 얼굴을 보며 57년 전에 혼자 먼저 떠나신 분을 떠올리시는 것이 아닐까 하는 생각을 하면 마음이 착잡하지 않을 수 없다. 큰형이 보는 것처럼 어머니는 두 개의 뚜렷이 다른 측면을 가진 분이다. 통상적인 말로 감성적 측면과 이성적 측면이라 할까? 내가 어머니 인생에서 이성적 측면을 대표하는 위치를 넘어서지 못하는 것이 안타깝다.

08.
12.
22.

새로운 재간을 개발하셨다. 웃으면서 동시에 눈물을 흘리시는 것이다. 울상으로 찡그리고 눈물을 흘리실 때 줄줄 흐르다시피 하는 것에 비해, 흐뭇한 웃음 속에 지그시 감은 눈가에 비치는 눈물은 하품 끝에 번져 나오는 눈물과 비슷한 것이 아닌가 미심쩍었다. 그런데 어제 저녁에는 하품의 눈물과는 다른 웃음의 눈물이란 확인을 할 수 있었다. 그러고 보면 찡그리고 우시는 본격적 울음은 며칠 전부터 아주 드물게 되었다.

그저께 갔을 때는 잠깐만 뵙고 나왔다. 요새 감기 걸린 환자가 여러 분이라, 보호자 방문을 최소화하도록 권하고 있다는 간호사의 안내를 듣고, 잠깐만 뵙고는 금방 돌아섰다. 그렇게 얼른 다녀가면 반응이 어떠실까 한번 살피고 싶은 마음도 들었다.

대신 어제는 마스크를 가져가 쓰고 오래 모시고 앉아 있었다. 간병인 여사님들이 신이 나 있었다. 말씀이 수다(?) 수준을 향해 늘어나고 계시다는 것이다. 사진첩을 보여드리며 "이분이 누구예요?" 하면 "다 알면서 그건 왜 물어?", "왜 그렇게 다 알려고 하는 거야?" 하는 반응이 수시로 튀어나오신다고 한다. 불경 읽어 드리는 데 열심인 주 여사는 소리 내어 읽으신 분량이 기록을 깨뜨리셨다고 흥분한다.

한 달 전 합류한 신참인 주 여사(아마 40대 후반)의 역할이 늘어나고 있다. 김 여사와 박 여사는 54세 동갑인데, 연길시 공원가 가두판사처(동사무소 내지 구청)에서 퇴직했다는 주 여사는 공무원 출신답게 처신이 능란한(그곳 말로는 '해박하다'고 한다.) 인상일 뿐 아니라 봉사 정신도 투철한 것 같다. 언니들이 가르쳐주고 시키는 것을 넘어 자기가 할 수 있는 일을 하려고 열심이고, 언니들도 그런 주 여사를 미덥고 곱게 보는 눈치다.

한 열흘 전부터 주 여사의 가르침에 따라 어머니 등 밑으로 손을 넣어 어깨와 등 주물러드리는 일을 시작했다. 열세 분 환자 중에 그렇게 해드릴 필요가 있는 분이 어머니 포함해 네 분이라고 주 여사가 말한다. 주 여사의 합류로 인해 발전을 본 서비스다. 김 여사와 박 여사도 그런 일을 더러 하기는 했지만, 그리 적극적이지는 않았던 것 같다.

매일 자기가 최소한 두 차례는 꼭 해드리고 있는데, 보호자가 더 해드리면 더 좋을 거라는 주 여사의 말을 듣고 시작했는데, 이것이 참 효과 만점의 접촉 방법이다. 내 얼굴을 보면 자동적으로 떠오르시는 것 같은 어머니의 긴장감이 쉽게 풀어지고 편안한 웃음이 깔린다. 눈을 지그시 감으실 때가 많고, 그런 상황에서 '웃음 속의 눈물'도 확인했다. 내 얼굴을 하염없이 쳐다보실 때도 있는데, 그럴 때의 눈길은 아들을 바라보는 어머니의 눈길이 아니다. 나한테 씌워져 있는 아버지 귀신을 바라보시는 것 같다.

두 분의 사이가 실제로 어떤 것이었을까? 아버지의 일기와 어머니의 회고가 모두 '아름다운 사랑'을 보여주지만, 어떤 인간관계에도 없을 수 없는 굴곡의 기미

내 얼굴을 하염없이 쳐다보실 때의 어머니 눈길은
아들을 바라보는 어머니의 눈길이 아니다.
그 눈길 속에 아버지 모습을 겹쳐 떠올리는 것 아닐까.

가 여기저기 나타나기도 한다. 요즘 내 얼굴을 (아마도 아버지를 떠올리며) 바라보는 어머니의 표정에서 이유 모를 불편함을 느낄 때, 표현과 실제 사이의 거리가 어떤 것인지 궁금한 생각이 북받친다.

어렸을 때 학교에 제출하려고 떼어놓은 호적초본을 보면 어머니 이름이 모르는 이름이었다. 처음에는 어머니가 이런 이름도 쓰신 건가? 했다가(같은 이씨였으니까) 차츰 사정을 알게 되었다. 어머니는 아버지의 두 번째 아내였으며, 아버지 돌아가시기 얼마 전까지 입적을 못하고 계셨다는 사정을.

우리가 자라나는 동안 고종사촌 형님 몇 분이 마치 숙부들처럼 우리를 살펴주셨다. 아버지가 네 분 고모님 밑의 외아들이었으며, 몇 살 차이 안 나는 생질들을 자상하게 돌봐주셨기 때문에 그분 돌아가신 후 그 형님들이 비상한 사명감을 가지고 외숙모를 받들며 외사촌들을 아껴준 것이었다. 어머니의 호적상 위치에 대해 우리가 의문을 가지게 되자 그 형님들은 어머니가 아버지의 진짜 아내였다는 사실을 극구 증언해주었을 뿐 아니라, 있는 아내를 버리고 새 아내를 취한 일을 (당시에는 아버지의 본처가 살아 계셨다.) 해명하기 위해 본처 그분께 건강상의 문제가 있었다는 설명도 해주었다.

어른이 된 후 이복형제들과도 만나고 아버지 본처의 친정 친척들과도 다소의 접촉을 가지게 되면서 형님들의 설명이 사실이라는 것은 확인할 수 있었다. 그러나 중혼이라는 사정이 당시 두 분께 어쩔 수 없이 적지 않은 압박감을 드린 사실은 여러 각도에서 알아볼 수 있는 것이다.

아버지의 실체적 모습을 어느 정도 확실히 파악한 지금 내가 보기에 아버지가 어머니를 맞아들인 것은 본처보다 더 예쁘고 똑똑한 사람을 얻어 당신들끼리 오글복짝 행복하게 살려는 뜻이 아니었다. 사회를 위해 더 큰 공헌을 하기 위한 길로서 택한 정략(?) 결혼이었고, 어머니에게도 평범한 지어미로서의 행복보다 당신의 재주와 능력을 잘 펼쳐나갈 길을 찾으신 것이었으리라 생각된다. 그런 취지의 말씀을 어머니께 여러 번 들은 기억이 있다.

어머니도 그런 취지를 이성적으로는 승인하셨겠지만, 그에 대한 인식이 아버지처럼 투철하실 수는 없었을 것 같다. 행복보다 도덕을 앞세워야 할 절박한 사정은 아버지 때문이지, 어머니 때문에 생긴 것이 아니지 않은가? 명분을 무시해서는 안 되지만 명분에 매몰되어서도 안 되겠다는 생각이 이런저런 고비에 어머니께는 드셨을 것 같다.

예컨대 1946년 아버지가 당시 최고의 직장으로 꼽히던 금융조합을 때려치우고 학문을 위해 서울대 조교로 들어가실 때는(금융조합의 정치적 분위기가 악화되는 바람에 갑자기 떠날 생각을 하고, 연구실에 앉아 계실 수 있는 조건만을 위해 학교로 급히 옮겼다가 이듬해에 조교수로 취임하셨다.) 좋은 낯으로 참아주실 수 있었을지 몰라도, 1951년 생존의 조건이 막막한 피난살이 중에 전사편찬위원회 일 그만두실 때는 기가 좀 막히셨을 것이다.

그렇다. 아버지의 기억에 착잡한 면이 어머니께는 있으실 것이다. 7년의 결혼 생활 동안 아버지의 도덕적 엄격성이 그런 면으로 보통 넘는 어머니께도 '정말 해도 해도 너무한다.'는 생각을 더러 일으켜드렸을 것이다. 초년에 겪을 만큼 겪어내면 살아가면서 차츰 풀려갈 것을 은근히 바라고 계셨을 텐데, 초년고생만 잔뜩 시켜놓고 훌쩍 떠나버리셨으니…….

내 얼굴을 물끄러미 바라보며 무표정을 가장하려 드시는 것처럼까지 보이는 어머니의 착잡한 눈길이 어깨를 주물러드리는 동안 스르르 감기고 두어 방울 눈물이 번져 나오는 것을 보며 콧시울이 시큰하다. 그 눈길 속에 아버지 모습을 겹쳐 떠올리는 것이 내 망상일지도 모른다. 그러나 내 마음속에서라도 두 분의 기억이 편안하게 어울릴 수 있는 길이라면 망상 속을 한없이 헤매고 싶다.

08.
12.
31.

병실에 들어서며 건너다보이는 어머니 얼굴이 뜻밖에 훤해 보이신다. 어쩐 영문인지 얼른 알아차리지 못하고 있는데, 문간에서 마주친 간호사가 반갑게 붙잡고 말해준다. "어머님께서 오늘부터 튜브피딩을 중단하고 미음을 드시기 시작했어요." 그렇다. 코에 꽂아놓았던 튜브가 사라진 것이다.
간병인들도 너도 나도 밝은 얼굴로 축하를 해주는데, 경위를 파악한즉 사고를 치신 것이다. 튜브를 잡아 빼지 못하시도록 손이 얼굴까지 닿지 못할 정도로 침대 난간으로부터 묶어놓는데, 여사님들이 마음 아파서 너무 느슨하게 묶었던지, 밤중에 튜브를 뽑아버리신 것이다. 아침에 튜브를 도로 꽂아드리기 전에 원장님이 살펴보고는 미음을 드려보라고 지시했고, 드려보니 괜찮게 잡수셔서 이제부터 입으로 식사를 하시게 된 것이다.
모시고 앉았더니 오늘은 불경집에 관심을 모으신다. 읽어드리지 않고 앞에 펼쳐 보여드리고 있으니까 한참 들여다보시다가 책장을 넘기시려는 듯 손가락에 침을 바르고 손을 뻗치신다. 그럴 때마다 넘겨드리고 이따금씩 읽어드리기도 하는데 한 시간을 지루한 줄 모르고 들여다보신다.
그런데 이상하게 여사님들이 오늘은 이쪽을 많이 들여다보지 않고 저쪽 끝 내실에서 짐을 꾸리는 듯 어수선하다. 하도 이상해서 가보니 김 여사, 박 여사가 평상복을 입고 있다. 김 여사가 다른 병실로 옮길 것 같다는 말을 일전에 들었지만, 이해할 수 없는 광경이다. "다른 병실로 가시는데 옷까지 갈아입으세요?" 했더니,

"그럴까 하다가 아주 다른 병원으로 가기로 했어요." 한다. 충격을 감추며 박 여사에게 "박 여사님은 배웅 나가세요?" 했더니 "저도 갑니다." 하는 것이 아닌가! 어머니 곁에 돌아와 앉아 있다가 생각하니 시간이 6시가 넘었는데, 한국 교통에도 익숙지 않은 분들이 차편이라도 있는가 싶은 생각이 들어 다시 가 물어보니 약 한 시간 뒤의 경의선 기차로 서울역까지 일단 갈 참이라고 한다. 조금 있다가 내가 나갈 때 대화역까지 모셔드리면 어떻겠냐 물어보니 반색을 한다.

출발하면서 보니 김 여사는 짐이 혼자 주체하기 벅찰 정도로 많고, 또 가는 곳이 부평이라서 대중교통으로는 너무 멀다. 서울 시내로 가는 박 여사를 대화역에서 내려주고 부평 삼산동의 아파트 현관까지 모셔 조카딸에게 인계하고 돌아왔다. 김 여사에게는 특히 고마운 생각이 큰데, 조금이나마 보답이 되어 다행이다. 내가 돈을 안 가지고 나간 탓에 고속도로 통행료를 내게 한 것(그리고 돌아오는 통행료를 뜯어 온 것)이 조금 마음에 걸리기는 하지만.

새해 코앞에 어머니가 식생활을 되찾으신 것이 기쁘고, 여기 이르도록 두 분이 살펴드린 것이 고마우면서도 두 분이 떠나니 마음이 허전하다. 식생활을 시작하시면서 무엇을 얼마만큼 잡수시는 것이 좋을지 그분들이 살펴드릴 수 있으면 참 믿음직할 텐데. 주 여사라도 남았으니 다행인데, 그분도 근래 부군 건강이 매우 안 좋아 귀국 생각을 하고 있다니 걱정스럽다. 내일부터는 병원 근무 시간을 늘려야겠다.

기쁨과 고마움의 뿌리, 향긋하고 달콤한 첫 숟갈을 입에 무신 그 순간이
그분의 인생에서 손꼽히는 '찬란한 순간'의 하나가 아닐지.

09.
01.
02.

당분간 점심때와 저녁때는 식사를 거들러 다니기로 마음먹었다. 입맛이 어떻게 돌아오시는지 정확하게 파악할 필요가 있고, 떠먹여 드리는 일이 더해진 것이 간병인들에게 좀 미안하기도 하다. 그이들이야 돈 받고 하는 일이라 하겠지만, 그것은 인간관계의 한 측면일 뿐이다. 보호자도 보일 만큼 성의를 보여놓아야 그이들도 자기네 하는 일이 돈 때문에 마지못해 하는 일이 아니라 인간으로서 인간을 잘해주는 일이라는 자긍심을 조금이라도 더 가지지 않겠는가.

오늘은 점심때 다녀왔다가 저녁때 퇴근한 아내와 함께 다시 갔다. 연시 하나 속을 긁어서 가져갔다. 드려도 괜찮다는 것을 간호사에게 확인한 후 아내가 한 숟갈 넣어드리니 입에 무신 채로 온갖 오묘한 표정이 얼굴 위에 춤을 춘다. 어찌 안 그렇겠는가. 근 1년 만에 '향락용' 음식을 입에 무셨으니. 충격적인 즐거움 속에 천천히 삼키신 후 입을 떼신다. "야, 너무 달다."

"안 드시는 것이 좋겠어요, 어머님?" 여쭈니 대꾸가 절창이시다. "그렇다고 안 먹을 까닭까지야 없지." 두어 숟갈 잡수셨을 때 주 여사가 응원하러 저쪽에서 건너오는데, 발치까지 왔을 때 어머니가 주 여사를 눈을 똥그랗게 뜨고 쳐다보며 일갈하신다. "너 이거 뺏어 먹으러 오는 거지!" 주 여사가 웃으며 "네, 저도 좀 주세요." 하니까 장난스럽게 "안 줄 거야."

절정의 즐거움 속에 기분이 최고로 고양되신 듯, 아내에게, 내게, 간병인에게, 틈만 나면 장난을 거신다. 주책과 수다에 인생의 가치를 둔다면 완전히 전성기를 되찾으실 기세다. 향긋하고 달콤한 첫 숟갈을 입에 무신 그 순간이 그분의 인생에서 손꼽히는 '찬란한 순간'의 하나가 아닐지.

잠시 뒤에 나온 미음 식사는 상대적으로 맥이 빠지는 것이었지만 그래도 안티클라이맥스까지 가지는 않았다. 점심때까지 한 숟갈 한 숟갈에 보이시던 열정은 가셨지만, 착실히 받아 드시고, 3분의 1쯤 남았을 때 "그만 드시겠어요?" 하니 고개를 끄덕이신다.

고양 상태가 꽤 지속된 결과인 듯, 식사 후에는 곧 노곤한 기색을 보이신다. 앞으로는 활동과 휴식의 구분이 뚜렷해지실 것 같은데, 활동 욕구를 어떻게 소화시켜 드릴지가 큰 과제가 되겠다.

09.
01.
06.

저녁 드신 후 주 여사가 틈을 내 어머니 흥을 돋워드리러 곁에 왔다. "선생님, 아까 함께 부른 노래를 아드님 앞에서 또 부릅시다." (일전에 주 여사가 지나가며 손을 흔들자 어머니가 마주 손을 흔드시기에 짐짓 "어머니, 저분 누구세요?" 했더니 점잖게 "저 사람? 학생이야." 대답하신 일이 있는데, 그 후 주 여사는 어머니를 "선생님"으로도 부른다.) 어머니는 노래 얘기가 내 앞에서 나오면 뭔가 저지른 아이가 선생님 앞에서 시치미 떼는 것처럼 딴전을 피우려는 기색이시다. 주 여사가 〈아리랑〉을 앞서 부르며 재촉하는 표정으로 쳐다보니 거기 끌려서 입을 우물우물하다가 드디어 노랫소리를 흘려내기 시작하신다. 큰 소리는 아니지만 노래는 노래다.

주 여사가 "아까처럼 큰 소리로 부르시지 않고…… 아드님이랑은 큰 소리로 같이 부르세요." 인계해주고 간 뒤에 내가 "어머니, 어머니 노래를 들어서 너무 기뻐요. 저랑도 불러주세요." 엉구럭을 떨고 "푸른 하늘 은하수"를 나직이 시작하니까 순간 별꼴 다 보겠다는 표정을 얼굴에 떠올리시다가 한두 소절 지나가는 동안 풀리면서 웅얼웅얼 따라 부르기 시작하신다.

다른 레퍼토리 얘기는 들은 바 없고, 웅얼웅얼 시작하신 것을 더 키워드리고 싶어서 〈아리랑〉으로 돌아갔는데, 이번에는 눈을 똥그랗게 뜨고 내 입만 쳐다보실 뿐, 따라 할 기색을 안 보이신다. 그런데 노래를 끝내니 정색을 하고 물으시는 것이 아닌가? "어째 너는 노래까지 그렇게 잘하냐?"

"어머니, 제가 원래 노래를 잘하잖아요. 모르셨어요?" 했더니 눈을 치켜뜨고 고개를 외로 꼬신다. 그래서 "사실은 제가 전엔 노래를 참 못 불렀죠?" 하니까 석연한 표정이 되어 고개를 마구 끄덕이신다. 그럼 그렇지, 내가 내 아들을 몰랐을 수가 있나, 하는 눈치로. 아무튼 나라는 아들놈은 말보다 구구셈을 먼저 배우고 노래를 비롯한 정서면은 형편없이 빈약한 채 따지거나 좋아하는 재미없는 녀석으로 찍혀도 단단히 찍혀 있다는 사실을 거듭거듭 확인하고 있다.

표정이 다양해지고 활발해지셨다. 어제, 오늘 사이엔 특히 기막혀하거나 어처구니없어하는 표정이 뚜렷하게 나타난다. 말씀하시는 데도 직설적으로 하지 않고 은근히 꼬는 먹물 티가 수시로 살아난다. 연시 첫 입을 무신 뒤에 너무 달아서 못 드시겠냐는 물음에 "그렇다고 안 먹을 까닭까지야 없지~" 하는 식이다.

점심때 내가 들어섰을 때 마침 간병인들이 모두 어머니를 둘러싸고 있었다. 주 여사가 나를 가리키며 "누가 오셨네요. 누군지 아시겠어요?" 하니 나를 힐끗 쳐다보시고는 별일 아니란 듯이 "나 아는 사람이야." 하신다. "좋아하는 분이세요?" 재차 물으니 "뭐, 그렇다고 할 수 있지." 시들하게 대답하신다. 주 여사가 다시 "이분이 세상에서 제일 좋아하시는 분 아녜요?" 하니 너무 엄중한 질문이라 확인이 필요하다는 듯 이쪽으로 고개를 돌려 내 얼굴이 시야에 들어왔을 때의 그 표정! 실망스러운 놀라움에서 피식, 어이없는 실소로 이어지는 (고개를 다시 저쪽으로 돌리시는 동안) 그 확연한 표정의 굴곡을 두 눈으로 보고도 아들 노릇 하겠다고 점심 저녁으로 쫓아다니는 내가 참 속없는 놈이란 생각이 마음 한 구석에 남는다.

모시고 있을 때 나를 쳐다보시는 표정이 몇 개의 모드로 뚜렷이 갈라진다. 의식이 크게 회복되시기 전에 많이 그러셨던 것처럼 다소 굳은 표정으로 뚫어져라 바라보실 때는 내 얼굴을 통해 다른 존재(김 서방일지?)를 응시하며 생각에 잠기시는 것 같다.

어떤 때는 입가에 흐뭇한 미소를 푸짐하게 띠고 눈에도 웃음을 담아 쳐다보시는데, 생각이 이쪽저쪽으로 활발하게 움직이시는 것을 느낄 수 있지만 입을 떼어 말씀하시지는 않는다.

요즘 회복에 따라 늘어나는 모드는 무심한 눈길이 조금의 거리낌도 없이 지나쳐 다니시는데, 나도 학생의 하나로 인식하시는 것 같은 기분이다. 그럴 때 말씀을 걸면 반응도 활발하시고 나와의 관계를 비롯해 상황 인식도 현실에 쉽게 접근하신다.

오늘 적다 보니 주 여사의 언행에 기록이 집중되는 감이 있는데, 지금 병실에서 그분의 역할이 중심이 되어 있다. 심양 출신의 장 여사와 흑룡강성 출신의 강 여사는 주 여사(55세)보다 두어 살씩 연상이지만, 주 여사가 전입고참일 뿐 아니라 성격과 능력에서도 앞장서는 위치인 것 같다.

김, 박 두 분 여사님이 떠난 후 방 환경이 좋아진 느낌을 받고 있었는데, 어제 저녁 아내가 혼자 병원에 갔다가 주 여사에게 들은 얘기를 나중에 해줘서 상황을 이해할 수 있었다. 김 여사가 뭐랄까, 보스 기질이 있는 이라서 병실 관리 기준을 다소 독단적으로 해온 모양이다. 일도 잘하고 말도 잘하니 책임을 계속 맡기고는 있으면서도 청결 기준 등 여러 문제에 병원 당국의 불만이 쌓여온 결과가 이번 이동에 이어진 것이라고. 두 분 떠난 후 주 여사가 주동이 되어 빨래, 청소, 목욕 등 적당적당히 해오던 일을 한 차례 바짝 해놓았다고 하는데, 방의 냄새부터 확실히 달라졌다.

주 여사의 인품과 능력에 대해서는 나도 떠난 두 분보다 한두 수 위라고 평가해왔지만, 아내의 신뢰는 더 확고하다. 연변 말로 '해박하다'는 것이다. 경우가 바르다는 뜻과 일이 되게 할 줄 안다는 뜻을 합친 정도로 생각할 수 있는 말일까? 새로 온 두 분은 비교적 기질이 약한 분들 같은데, 며칠 안 되는 동안 안정된 근무 자세를 이끌어낸 것도 주 여사의 역량 아니겠나 하는 생각이 든다.

09.
01.
10.

식사를 시작하신 후 1주일 남짓 비상 근무 체제를 유지했다. 점심과 저녁 두 끼는 병원에 가서 떠먹여 드리고 가능한 한 관찰을 면밀하게 한 것이다. 내가 사정이 있을 때는 아내가 당번을 서주었다.

입맛을 비롯해 변화의 기미를 세밀하게 살필 필요도 있었고, 또 마침 간병인 두 분이 바뀐 사정도 있었다. 그분들이 아직 익숙지 못해 행여 소홀한 점이 있을까 하는 염려도 있고, 또 보호자의 정성을 과시할 필요도 있다. 아무리 월급 타며 하는 일이라도 보호자가 열심인 것을 보면 일에 대한 느낌이 조금은 다를 수 있지 않겠는가.

새로 온 두 분 다 하루하루 더더욱 믿음직하게 보인다. 사람의 습관이란 게 참 무섭기도 하고 우습기도 한 것이다. 막 바뀌었을 때는 어떻게 해도 떠난 두 분만큼 미덥게 되지 않을 것 같았다. 그런데 며칠 지나는 동안 그분들이 익숙해지고 자신감이 늘어난 면도 있겠지만, 앞서의 분들과는 다르면서도 그에 못지않은 신뢰감이 자라난다. 너무 가볍지 않나 보이던 심양 출신 장 여사는 그 부드러운 면이 갈수록 돋보이고, 좀 어둡지 않나 보이던 흑룡강 출신 강 여사는 그 침착성에 탄복하게 된다. 아니 정말, 처음엔 주 여사 하나밖에 믿을 사람 없는 것 같았는데, 이제 두 분이 주 여사보다 별로 덜 미덥지 않다.

어머니는 기력과 의식을 계속 회복하고 계신 것으로 보인다. 그에 따라 기분이 자주 바뀌시는 것 같다. 어떤 날은 침울한 생각에 빠진 것처럼 표정 변화도, 말씀도 별로 없으실 때가 있는가 하면, 어떤 때는 장난기가 철철 넘치신다. 여사님들이 드리는 자극에 대한 반응도 그런 기분 차이에 따라 틀의 차이를 보이는 것 같다. 며칠 전까지만 해도 반응 패턴이 거의 일정하시던 것과 크게 다른 모습이다.

오늘 점심때는 각별히 안정감 있는 모습이셨다. 기분이 좋으면서도 들뜨지는 않은 모습. 내가 얼굴을 보여드리니 깜짝 놀란 표정으로 "어, 너 여태 여기 있었니?" 하신다. 어제 저녁 보셨을 때와 시간 간격을 뚜렷이 느끼지 못하시는 것 같다.

내가 아양을 떨었다. "어머니, 집에 다녀왔어요. 제가 일 때문에 몸은 여기 늘 있지 못해도 마음은 여기 있어요~" 했더니 잠깐 어리둥절한 표정을 짓다가 "네가 참 효자로구나." 하신다. 또렷한 말씀을 저만치서 들은 주 여사가 쳐다보며 "와~ 오늘은 인정받으셨네요. 축하드려요~" 하고 응원해준다.

배를 갈아 새로 가져온 것을 식전에 몇 숟갈 권해드렸다. 첫 숟갈 입에 무시고는 예의 오묘한 표정을 짓고 계시다가 천천히 삼키고는 탄성을 올리신다. "햐~ 기가 맥히는구나~" 한 숟갈 더 넣어드리면서 "어머니, 기가 또 맥히십니까?" 했더니 얼결에 따라서 "햐~ 기가 또 맥힌다." 또 한 숟갈 넣어드리고 "어머니, 기가 자꾸자꾸 맥히십니까?" 했더니 이번에는 "햐~ 기가……" 하다가 뭔가 이상한지 얼버무리신다.

일전부터 주 여사가 미음을 죽으로 바꿔 드려도 괜찮을 것 같다고 의견을 주었지만, 웬만하면 미음으로 길게 하시는 편이 좋겠다고 했다. 미음으로 영양 공급은 충분한 것 같다. 식당에서 반찬을 믹서로 갈아 내보내 주는데, 보통 세 가지 중 두 가지는 미음에 섞어드릴 만하다. 그리고 집에서 고기 삶아서 믹서로 간 것을 가져가 냉장고에 넣어두고 상황에 따라 한두 숟갈씩 보태서 먹여드린다. 과일은 연시 큼직한 것 두 개를 사흘 동안에 먹어치우신 후, 배 간 것으로 바꿨다. 더러 두유나 율무차도 권해드릴 수 있다. 얼마 동안 이런 식으로 해서 기력을 바짝 회복시켜드린 후에 틀니 넣어드릴지는 천천히 결정하려 한다.

일기를 쓰기 시작한 것부터 회복 조짐을 보이시는 데 힘입은 일이었거니와, 그동안 꾸준하신 회복이 생각할수록 놀랍다. 나 자신도 이렇게 적으면서 살펴드리는 시각을 더 잘 정리할 수 있고, 또 이 글을 읽는 분들이 어머니 사정을 소상히 이해하며 더 효과적으로 염력을 일으켜주시는 덕분이 아닐까 하는 생각도 든다. 회복이 뚜렷한 고비를 훌쩍 넘으신 것을 뵈며 모니터링해주는 분들께 감사드린다.

09.
01.
11.

오늘 점심때는 장난기가 대단하셨다. 식전에 갈아놓은 배를 드리는데, 무척 맛있어하시는 것을 두 숟갈만 드리고 치워놓았다. 식후에 드리는 것이 더 좋겠다는 장 여사 훈수에 따른 것이었다. 좀 삐지셨는지, 내 얼굴도 안 쳐다보고 내 말씀도 못 들은 척하신다. 그래서 나도 모르는 척, 사진첩을 꺼내 식탁 위에 올려놓고 들여다보는 시늉을 하면서 반대쪽 면을 어머니에게 보이게 하니, 눈길이 사진에 꽂히신다.

몇 장 보여드리다가 아버지 돌아가시기 전에 다섯 식구가 함께 찍은 사진을 어머니 앞에 펼쳐놓고 있는데, 주 여사가 곁에 와 아버지를 짚으면서 이분이 누구시냐고 묻자 "나 아는 사람이야~" 하신다. 애매할 때 많이 하시는 수작이시라 그런가보다 하고 있는데, 덧붙이신다. "대단히 잘 아는 사람이야~" 삐딱하게 대답할 수 있는 일을 왜 똑바로 대답하나, 먹물 티 내시는 거다. 흥이 나서 또 덧붙이신다. "아주 가까운 관계의 사람이지." 나를 가리키며 "저 사람하고보다도 더 가까운 관계야~" 0촌과 1촌의 차이까지도 명확하게 인식하시는 것이다.

흥에 너무나 겨우신지, 이제 나까지 집적거리신다. "이 사람 너하고는 어떤 관계냐? 너도 잘 아는 사람 아니냐?" "그럼요, 어머니. 어머니랑 가까운 관계라면 당연히 저랑도 가까운 관계죠." 그리고 한두 차례 오간 뒤에 (그 내용은 벌써 잊어버렸다. 아깝다.) 내가 엄살을 떨었다. "어머니, 지금 저를 놀리시는 거 아니세요?" 그러자 대뜸 나오시는 대답이 "그래, 내가 너를 좀 놀렸다. 좀 놀리면 안 되

1951년 봄의 다섯 가족.
왼쪽부터 아버지 故 김성칠, 둘째형 기목, 큰형 기봉,
어머니 이남덕 품에 안긴 기협.

냐?" 그리고는 기가 막혀 하는 내게 덧붙이신다. "내가 너를 놀리지 않으면 네가 너무 심심하지 않겠니?"

한 달 전까지 "아침," "점심" 외마디소리 겨우 따라 하시던 분 맞나? 요새 식사 후에는 식곤중인지 노곤한 기색을 보이시는데, 오늘은 그런 상태에서 말문이 터져 퇴직 전 학교 시절 이야기를 길게 하셨다. 노곤한 상태에서 생각 닿는 대로 말씀이 오락가락하니 정확히 이해하기 힘들었지만 하나의 갈피를 따라 이어지고 있다는 것은 분명히 알 수 있었다.

적당히 대꾸를 넣어가며 부추겨드리니 사설이 5분가량 계속되셨다. 끝에 "학생들 편에 서겠나, 학교 편에 서겠나, 참 어정쩡한 입장이었지." 하는 말씀에 내 추임새가 좀 오버했나보다. "네, 어머니. 인간이란 게 원래 어정쩡한 존재잖아요." 그랬더니 재미난 얘기 들었다는 듯이 "어? 그게 무슨 뜻이냐?" 하고 따라 나오시면서 회상으로부터 빠져나오시고 말았다.

어머니의 반응이 활발하지 않으실 때는 그 모습을 보며 이런저런 생각을 내 멋대로 떠올릴 수 있었는데, 지금처럼 재미있게 노실 때는 그 노시는 모습을 그려내기 바빠 딴 생각 할 겨를이 없다. 할 수 없지, 모처럼 보여주시는 활기찬 모습이 어느 정도 안정된 단계에 이르러 당연한 것으로 받아들이게 되면 또 딴 생각도 할 수 있게 되겠지. 그런데 요새처럼 회복이 좋으셔서는 불원간 "너 요새 쓰고 있는 게 뭐냐? 가져와 봐라." 하고 검열에 나서시지나 않을까 걱정까지 든다.

09.
01.
12.

의식이 많이 또렷해지셨지만, '착란' 현상은 사라지지 않는다. 나랑 편안하게 말씀하시다가 생각을 다른 방향으로 한 차례 돌리실 때, 불쑥 정중한 경어체가 나오곤 하신다. '내 아들'이 순간적으로 '누군가'로 바뀌는 것이다. 기억의 집합이 여러 개 덩어리로 쪼개져 있으신 것 같다. 한 덩어리 안에 머물러 계시는 동안에는 보통 사람과 별 차이 없는 사고력을 유지하시다가 다른 덩어리로 넘어가실 때는 인식과 사고가 모두 단층을 일으키는…….
오늘은 점심 식사 나오기에 앞서 시간 여유가 많이 있었는데, 그동안 금강경을 아주 즐겁게 들으셨다. 어떤 날은 펼쳐드리면 입 안으로 읽으시는 듯 입술을 달싹거리시기도 하고, 엊그제는 "금강경 읽어드릴까요?" 하는데 "책을 꼭 읽어야 하니?" 하고 딱하다는 듯이 말씀하기도 하셨다. 그런데 오늘은 펼쳐드리고 "손수 읽으시겠어요?" 했더니 "네가 읽어다고." 하신다.
나는 절에 꽤 다녔지만, 금강경을 일삼아 읽은 것은 어머니를 병원에 모셔놓은 뒤의 일이다. 1년가량 꾸준히 읽으니 내용이 많이 익숙해져서 현토 한문 읽는 식으로 소리 내어 읽는 것이 내 기분에 썩 괜찮다. 절에서 독경하는 방식과는 전혀 다른 식이다.
오늘은 내가 읽는 동안 펼쳐드린 경문과 내 얼굴을 번갈아 쳐다보면서 고개를 끄덕이는 등 만족한 기색을 보이며 기분 좋게 들으신다. 더러 나지막하게 "잘 읽는군." 평도 하신다. 잘 들어주시는 바람에 신이 나서 꽤 여러 장을 읽고 더 계속할까 어쩔까 잠깐 쉬며 눈치를 살피는데 어머니께서 머리를 크게 끄덕이며 탄복했다는 듯이 말씀하신다. "젊은 사람이 썩 잘 읽는군." 그리고 "요새 참……" 하고 말을 흐리신다. 요새 젊은 사람들에게 기대하시는 수준과 다르다는 말씀인 듯. 내가 "어머니, 제 나이가 몇인지 아세요?" 했더니 별걸 다 묻는다는 듯이 "니 나이? 서른 좀 넘었잖니?" 그래서 "어머니, 제가 서른만 넘은 게 아니라 마흔도 넘었어요." 했더니 눈이 둥그레져서 "그래?" 하신다. 내가 이어 "마흔만 넘은 게 아니라 쉰도 넘었어요." 하니까 고개까지 쳐드시며 "뭐? 그럴 리가!" 하신다. "어머니, 제 나이가 이제 육십이에요, 육십." 소리를 듣고는 완전히 어안이 벙벙해서 말씀도 나오지 않으시는 형색이시다. 이건 장난으로 그러시는 게 아니다. 진짜 놀라신 거다.

일전부터 병실을 떠나기 전에 "어머니, 이마에다가 뽀뽀 좀 해드려도 될까요?" 여쭈면 고개를 끄덕끄덕하시는데, 뽀뽀해드리고 나오면서 돌아보면 흐뭇한 눈길로 바라보며 손을 살래살래 흔들어 빠이빠이를 하시기도 한다. 서운한 마음이 잘 안 드시는 것 같고, 내 기분도 낫다. 원래 그런 징그러운 짓은 큰형 전공인데, 의식이 혼미하실 무렵에 나도 버릇을 들였다. 의식이 또렷해지신 두어 주일 전부턴 하지 않게 되었었는데, 며칠 전부터 다시 시작하니 마음을 편안하게 해드리기에 좋은 것 같다. 아들 노릇 잘할 길이 참 많이 있었는데…….

09.
01.
15.

대구의 장 선생이 서울 온 길에 어머니를 뵈러 찾아왔다. 점심때 같이 가면서 작년에 낸 책 두 권을 가져갔다. 요즘 병실에서 물러나올 때 "어머니, 저 이제 일하러 가요. 나중에 또 올게요~" 하고 둘러대는데, 어제는 내가 가는 것이 아쉬우신지 "무슨 일인데?" 물으셨다. "책 쓰는 일이에요, 어머니." 하니까 눈을 둥그렇게 뜨시고 "네가 책을 써? 네가 뭘 안다고?" 하셨다. 그래서 "저 책 잘 써요. 나중에 보여드릴게요." 하고는 미심쩍은 눈길로 쳐다보는 어머니를 두고 나왔다. 오늘 그 증거물을 가져간 것이다.

장 선생의 인사를 받고는 "아는 분 같은데, 내가 기억을 잘 못하니 용서하세요." 멀쩡하게 인사를 차리시는 동안 내가 주머니에서 책을 꺼내니 '뭔데?' 하는 눈길로 책을 쳐다보신다. 한 권 표지를 보여드리니 "밖에서 본 한국사……" 제목을 읽으시고는 다시 '뭔데?' 하는 눈길을 이번에는 내 얼굴로 돌리신다. 부제를 손가락으로 짚어드리니 "김기협의……" 읽다가 나를 돌아보며 "이 김기협이가 너냐?" 물으신다. "네, 저예요." 대답을 들으시고는 다시 표지를 들여다보며 "김기협의 역사 에세……" 읽다가 도저히 못 참으시겠다는 듯 "하!" 터뜨리신다. 탄성은 절대 아니고 콧방귀 비슷한 건데 이런 걸 뭐라 하더라? 비웃음? 아닌데. 기맥힘? 어처구니없음?

"저건 또 뭐냐?" 앞에 보이는 책에는 더 이상 관심 없으시다는 듯 또 한 권을 쳐다보며 물으시기에 "이것도 제가 쓴 책이에요, 어머니." 하고 표지를 보여드리니

"뉴라이트 비판…… 이건 뭔 소리냐?" 제목을 읽다가 물으신다. "요새 뉴라이트라고 까부는 애들이 있어서 제가 꾸중한 책이에요." 하니까 얼굴도 돌리지 않고 눈알만 돌려 나를 흘겨보면서 "니가 누구를 꾸중해?" 하고는 장 선생을 바라보며 "우리 아들이 책 쓴다고 하면 제가 막 걱정이 된다우." 장 선생이 "왜요, 다들 잘 썼다고 하는데요?" 하니까 정말 걱정되신다는 듯이 얼굴을 찌푸리고 "에이, 그럴 리가……."

분위기 전환을 위해 내가 장기인 엉구럭에 나섰다. "어머니, 제 책 본 이들 중에 저를 석학이라고 하는 분들이 있어요, 석학." 하니까 무슨 소리인가 하는 듯 "석학?" 하시더니 생각나셨다는 듯 "아하하하하!" 파안대소를 터뜨리신다. 그 소리에 놀라 방 저쪽에 있던 간병인들이 쳐다보고 어머니 기분이 좋으신 듯하니까 저희들끼리 웃는다. 어떤 사연으로 터져 나오신 폭소인지 모르기 망정이지~

일전에 내 나이를 아시냐고 여쭐 때도 "서른 좀 넘었지?" 하셨던 것처럼, 20여 년 전의 상황이 어머니가 세상을 인식하시는 표준 모드가 아닌가 생각된다. 정년퇴직하신 86년이 그 계기가 아닐까? 그저께 아내가 모시고 앉았을 때 불현듯 "내가 이렇게 누워 있으면 어떡하나? 밥이 어디서 들어오지?" 하시더라는 이야기도 생각난다. 아내가 "든든한 아드님이 세 분이나 있는데 무슨 밥 걱정을 하세요?" 하니까 "걔들이 무슨 재주가 있다고…… 걔들이 벌어주는 밥 내가 먹어본 적이 없어." 하셨단다. 의식이 파편화된 경계선 중에 굵은 것 하나가 퇴직을 가로지르는 것 아닐까? 인생을 살아가는 자세에 큰 변화를 가져온 계기였으니까.
든든한 아드님 세 분 얘기가 나오고 보니 그중 하나에게 어제 전화한 생각이 난다. 입으로 식사를 시작하신 후 처음으로 작은형에게 전화해서 용태를 알려드렸다. 통화하는 내내 자기가 어떤 일 어떤 일에 쫓겨서 그 사이에 다시 가 뵙지 못했다는 변명에 바쁘다. 내가 참 시병하다 보니까 성질 많이 좋아졌다. 그런 변명을 욕지거리 하나 없이 들어주다니. 그 사이에 용태를 묻기 위해 내게 전화하지 못한 사정에는 왜 변명이 없나! 신선놀음 하려면 변명이나 없이 하면 좋겠다.
음식 참 맛있게 드신다. 다음 주 중에는 틀니를 넣어드리게 되지 않을까 생각한다. 이렇게 기력도 의식도 회복이 빠르시면 활동 욕구가 늘어나실 텐데, 중환자실의 틀을 벗어나실 가능성도 이제 생각해야겠다. 같은 병원 내의 일반병실로 옮길 가능성. 요양원과 요양병원의 2중 체제로 전환한 자유로병원으로의 복귀 가능성. 불교 계통 요양원으로 옮길 가능성. 3월 초 큰형이 다니러 올 때 구체적인 의논을 할 수 있도록 미리 알아봐 놔야겠다.

09.
01.
16.

오늘은 저녁때 아내랑 함께 갔는데도 아들 우습게 보는 기색이 갈수록 더하시다. 아내를 먼저 올려 보내고 차를 세워놓은 뒤 따라 올라갔는데, 들어서는 나를 쳐다보시는 눈길부터 삐딱하시다. 다가가 내 딴에 공손하게 인사를 올리는데 제대로 받지도 않고 "앉아!" 호통으로 시작하신다. 인사드릴 때나 응대할 때나 약간 과잉 동작으로 기분을 풀어드리려 애쓰는데, 그런 게 몽땅 지어낸 수작이다, 웃기지 말아라, 하는 기색이시다.

이것저것 가리지 않고 계속 트집 잡고 호통을 치시는데, 완연히 즐기는 기색이시다. '회춘' 이라더니, 정말 사춘기까지 회복되신 것 같다. 하도 정신없이 당하다 보니 집에 돌아와 바로 컴 앞에 앉아서도 뭘 당했는지 얼떨떨한데, 그중의 백미 한 대목은 또렷이 생각난다. 무슨 말씀 끝에 "어머니, 너무 걱정 마세요." 했더니 하늘을 쳐다보는 것처럼 고개를 드시고 "너 같은 아들을 두고 내가 어떻게 걱정을 안 할 수 있겠니?" 한탄을 하신다. 며느리 대접을 잘 못 받는다고 늘 투정하던 아내가 오늘은 내가 당하는 꼴을 보며 고소한 표정으로 연신 깔깔댄다. 어머니 소리가 높아지실 때가 많아 여사님들도 이따금 와서 내 역성을 들어주지만 어림없다.

"네 소리도 듣기 싫고 네 꼴도 보기 싫다." 소리를 몇 번 하셨는지 헤아리지도 못하겠다. 그러다가 한 차례는 "네가 옆에 있기만 하면 내가……" 하고 말끝을 흐리시기에 이번엔 무슨 험한 말씀이 나오시려나 긴장해서 귀를 기울이는데,

"……가렵다." 하신다. "긁어드릴까요 어머니?" 하고 짧게 깎으신 머리에 손을 대니 "그래." 하고 맡기신다.

일어설 차비를 하고 있을 때 옆방의 강 여사가 무슨 일로 들어왔다가 어머니에게 인사를 드리니 밑도 끝도 없이 "나한테 아들이 있는데……" 하고 말씀을 꺼내시고는 "그놈을 야단쳐주면 속이 시원해진단 말이오." 하신다. 내가 왜 이놈을 이렇게 갖고 노나, 자의식은 분명하신 것이다.

뉴라이트 얘기는 꽤 길게 나누셨다. 오늘도 책을 보여드리니 제목을 읽으신 다음 "뉴라이트가 뭐냐?" 물으시기에 "요새 좀 이상하게 까부는 애들이 있어서 제가 야단을 쳐준 거예요." "니가 뭘 안다고 남을 야단치냐?" 까지는 엊그제와 같은데, 오늘은 "그래 걔들이 어떻게 까부는데?" 이어 물으시기에 "걔들이요, 일본 식민통치가 한국을 근대화시켜줬으니까 고마워해야 한다 그러고요, 이승만도 한국을 빨갱이한테서 지켰으니까 훌륭한 분이라고 그래요." 꽤 긴 대답인데 다 이해하신 듯 "뭐? 말도 안 돼!" 하신다. 조금 후에 그 생각을 더 하신 듯 "니가 야단친다고 일본놈들이 생각을 바꾸겠냐?" 물으시기에 "그게 일본놈들이 아니고 한국놈들이에요." 했더니 "한국놈들이 그런 소리를 해?" 하셔서 "네, 어머니. 그런 애들이 있어요." 확인을 받고는 "제정신이 아닌가보다." 하셨다.

오늘 특이사항으로 눈에 띈 것은 손아귀 운동을 위한 고무 손잡이에 대한 관심 집중이다. 자전거 핸들 모양의 길쭉한 공에 마찰을 위한 돌기가 빽빽이 붙어 있는 것인데, 그것을 세워서 들여다보며 위쪽부터 돌기의 고리를 엄지로 한 줄씩 짚어 내려오며 하나, 둘, 셋 세다가 고정시키고는 "이게 몇이냐?" 내게 물으신다. "셋이죠, 어머니?" 대답하니 왼손을 들어 짚어 내려오며 하나, 둘, 셋 하고는 "더 많은데?" 하신다. "넷인가봐요, 어머니." 하니까 힐끗 쳐다보며 "넌 이런 거 하나도 못 세냐?" 한 방 먹이고 다시 손잡이를 들여다보시며 "넷, 그래, 우리가 여기에 관심을 주목해야 되지." 우리한테 하시는 말씀인지 중얼거리시는 혼잣말씀인지 알 수 없다. 우리가 곁에 앉아 있는데도 손잡이랑 꽤 오래 노셨다.

집중력이 강해지시는 것을 보여주는 일이다. 그런데 무슨 의미를 가진 행동이신지 가늠이 되지 않는다. 기력이 좋아지시는 데 따라 예측도 이해도 되지 않는 반응과 행동이 늘어나신다. 나를 꾸짖으시는 것도 전체적으로는 장난스러운 분위기지만, 이따금씩 제어 안 되는 난폭성이 살짝살짝 드러나기도 한다. 중환자실의 병상이라는 공간에 만족하지 못하실 상황이 그리 멀지 않은 것 같다.

어머니 샌드백 노릇 하는 동안 아내에게 일반병실을 구경해보라고 부탁했다. 나중에 얘기 들으니 공간은 대체로 괜찮아 보이는데, 간병인들이 대부분 나이가 너무 많아 보이는 분들이라서 좀 아쉬워 보이더라고 한다. 다른 대안도 알아보겠지만, 설 지난 뒤에는 우선 병원 내의 일반병실로 옮겨드리게 될 것 같다.

낮에 자유로병원의 노 실장에게 전화해서 형편을 얘기하고 불원간 구경하러 가겠다고 했다. 와주시기만 하면 하늘같이 모시겠다고 정말 기쁜 듯이 장담한다.

자유로병원은 그 사이에 일부를 요양원으로 개조해서 요양병원과 요양원을 나란히 운영하고 있다. 지금처럼 기본 건강에 아무 문제 없이 회복이 계속되신다면 장기요양보험의 혜택을 받으실 수 있는 요양원의 장점을 취할 수 있고, 그러면서도 만일의 경우에 대비해 병원이 바로 아래층에 있으니 편리한 조건이 아닐까 생각된다.

09.
01.
20.

강연 준비에 몰두하느라 며칠 기록을 못했다. 회복에 따라 정신 활동이 활기를 더해가면서 재미있는 모습을 많이 보이시는데 적어놓지 못하는 것이 아깝기 그지없지만, 이제 그런 디테일을 시시콜콜 적다가는 내가 다른 일을 아무것도 못하겠다. 한 사흘마다 생각나는 대로 적으면서 전반적인 흐름만 보이게 하면 되겠다.

나를 놀리는 일에 정말 큰 재미 붙이셨다. 내가 내 자랑 하는 것 같지만, 평생 이만한 장난감 실컷 가지고 노시는 것도 모처럼이시리라 생각한다. 갖고 노는 방법이 하루하루 느신다. 처음에는 내가 드리는 자극에 대한 반응에 장난기를 곁들이는 식으로 시작하셨는데, 차츰 장난칠 꾀를 스스로 만들어내신다.

오늘은 이대 국문과 후배 교수로 가까이 지내시던 김호순 선생님이랑 전화로 이야기를 나누셨다. 점심 식사를 기다리는 동안 전화를 돌렸더니 통화중이셨는데, 전화기를 주머니에 넣으려니 왜 넣냐고 물으신다. 김 선생님께 걸었는데 통화중이라고 대답했더니, 못마땅한 기색으로 "무슨 여자가 그리 바빠?" 하신다. "이제 퇴직해서 안 바쁘니까 전화통에 매달려 사시나보죠." 하니까 "그건 그럴 것 같다." 수긍하신다. 몇 분 후 통화가 되어 바꿔드리니 바로 어제 저녁 헤어진 분과 얘기하시는 듯하다. 시간 관념이 의식의 가장 취약한 부분이신 것 같다.

점심 식사에는 세 가지 반찬이 다 드실 만한 것이어서 드신 분량이 많았다. 죽을 좀 남기려 했는데, 하도 맛있게 드셔서 거의 다 드렸다. 바닥에 조금 남았을 때 "공양 잘 하셨습니다, 어머니." 하고 치우려니 "깨끗이 다 먹어야지." 하고 더 달라신다. 그릇을 바닥이 안 보이실 만큼만 기울여 보이며 "깨끗이 드셨는데요, 어머니. 훌륭하십니다." 하니까 조금 미심쩍은 기색으로 포기하신다.

식사 후에는 '소화제'다. 아내가 배와 사과 갈아 500cc가량 되는 병에 넣어드리는 것이 이틀 겨우 버틴다. 처음에는 "야~ 달다!" 진저리를 칠 정도로 자극적으로 느끼시던 것이 이젠 그렇게까지 자극적이지는 않지만, 언제나 반겨 드신다. 지나치게 많이 드시지 않게 조심해야 한다. 내가 쓰는 수법은 적당한 대목에서 어머니가 뭐라 그러시기 전에 "어머니, 두 숟갈만 더 드세요. 제 부탁입니다." 하고 엉구럭을 떠는 것이다. 그러면 아들 부탁이니 특별히 먹어주신다는 듯이 거드름을 피우며 받아 드신다. 두 숟갈 드신 뒤에는 "어머니, 드신 김에 한 숟갈만 더 드세요." 해서 한 숟갈 더 드시고는 책임 완수하셨다는 듯이 만족스럽게 소화제 병 치우는 것을 쳐다보신다.

오늘은 두어 숟갈 잡숫다가 "야, 이 좋은 게 어디서 났냐?" 하시기에 "며느리가 만들어드린 거예요, 어머니." 했더니 "며느리? 그게 누구지?" 하신다. 기억력 감퇴가 시작되신 뒤의 일은 입력부터 잘 안 되신 것 같다. 얼른 사진첩을 꺼내 부부가 어머니 모시고 찍은 사진을 펼치고 짚어 보이니까 한참 들여다보다가 "거 사람이 괜찮아 보이네." 하신다. 요새도 계속 와 뵈면서 구박받고 가는 그 '제자'와 연결은 안 되시는 것 같다. "어머니 보시기에 괜찮으세요? 그럼 내일 데려올게요." 하고 넘어갔다.

오늘 획기적인 진도를 보이신 것은 금강경 강독이다. 소화제를 치운 뒤 "어머니, 금강경을 읽고 싶은데 같이 읽으시겠어요?" 하니까 "그래, 읽자꾸나." 하고 선선히 응하신다. 펼쳐드리니 낭송을 시작하시는데, 일전까지도 글자를 읽어 내려가시던 것과 달리 절에서 독경하던 가락이 되살아나셔서, 책장을 넘겨드리는 동안 다음 장 앞부분을 미리 암송하시기까지 한다.

서너 쪽 읽으신 뒤에 끊고 나를 쳐다보시기에 "이제 제가 읽을까요, 어머니?" 하니까 끄덕이신다. 뭐든 말씀드릴 때 꼭 "어머니"를 넣는다. 언젠가 쓰신 수필에서 그렇게 붙이는 것이 정감이 붙어 좋다는 말씀을 하신 것도 있었지만 내게는 따로 실용적 목적이 있다. 내가 당신 아들이라는 사실을 깜빡하실 위험을 줄인다는 목적이다.

평소 현토식으로 읽던 것을 오늘은 어머니 뒤를 따라 독경식으로 읽으니 편안하게 들으며 눈으로 경문을 따라 읽어 내려가신다. 그러다가 호흡을 바꾸는 대목에서 물으신다. "그게 무슨 뜻인지 넌 아냐?" "알 듯 말 듯 해요, 어머니. 그래도 자꾸 읽으면 조금 더 알 듯하니까 자꾸 읽는 거죠." "그러니까 너도 확실히는 모른단 얘기지?" "네, 어머니. 확실히는 모르죠." 그러니까 씨익 웃으며 하시는 말씀, "그것 참 다행이로구나." "확실히 모르는 게 뭐가 다행이에요, 어머니?" 물으니까 점잖게 대답하신다. "나는 모르는데 너만 알까봐 걱정했다."

그러고 나서는 해석을 해달라고 요구하신다. 완전 강독 시간이 되었다. 대충 합격으로 인정해주시는 눈치다. 정말 풀이가 안 되는 대목에서 "어머니, 이런 대목은 아무리 읽어도 무슨 뜻인지 잘 모르겠어요." 하면 "그래, 그런 대목이 있지." 선선히 인정해주신다. 한 장이 끝나면 "조금만 더 읽어다고."를 거듭하셔서 보통 짧으면 10분, 길어야 30분 정도에 끝나는 독경이 오늘은 꼬박 한 시간을 끌었다.

어젠가 그저께에 이어 오늘도 '눈치' 얘기가 잠깐 나왔다. 마구 호통을 치실 때 짐짓 두려워 떠는 시늉을 하고 있는데, "넌 뭘 그렇게 눈치를 보고 있냐!" 호통이 또 떨어졌다. "네, 어머니, 제가 요새 눈치가 좀 늘었어요. 어렸을 땐 제가 참 눈치가 없었죠?" 했더니 옛날 생각이 나시는 듯 호통칠 일을 잊으시고 "그래 눈치 참 더럽게 없었지." 하신다. 근래 일보다 옛날 일이 더 실감나게 느껴지시는 게 많은 것 같다.

곁을 떠날 때 "어머니 이마에 뽀뽀를 하고 싶은데 괜찮겠어요?" 하면 순순히 응하실 때보다 의심스러운 눈길로 고개를 가로저으실 때가 많다. (뽀뽀는 원래 다정다감한 큰형의 장기인데, 미련둥이 셋째가 엉뚱하게 나서는 것이 수상하신 것 같다.) 그럴 때 "아주 살짝 할게요. 승낙해주세요, 어머니." 엉구럭 떨면 마지못해 허락하는 시늉이시다. 뽀뽀를 해드리고 나면 감촉도 괜찮은 위에, 아들 소원도 들어줬다는 만족감이 겹쳐지시는 듯 기분이 좋아지신다. 나오면서 손을 흔들면 마주 살래살래 흔드실 때가 많다. 그런데 오늘은 바로 뽀뽀를 승낙해주셨는데, 나오면서 손을 흔드니 뜻밖의 일갈이 나오신다. "아무리 애교를 떨어봐라!"

09.
01.
23.

한 주일쯤 전에 관찰한 한 가지 특이사항을 미처 기록하지 못하고 좀 더 관찰한 뒤로 미뤄둔 것이 있다. 누운 채로 천장을 바라보며 오른손을 쳐들어 뭔가 짚어나가는 시늉으로 입으론 뭐를 웅얼웅얼하신다. 가만 들어보니 수를 세시는 것이고, 그 대상은 전등, 환풍기, 스프링클러 등 천장에 붙어 있는 동그라미들인 것 같다. 내가 천장으로 눈길을 돌리니까 내게도 들리도록 중얼거리신다. "큰 것도 있고 작은 것도 있고…… 헷갈리네."
사흘쯤 전에는 식사를 위해 윗몸을 세워놓은 상태에서 방 안을 저 끝까지 둘러보시며 또 뭔가 헤아리셨다. 이번에는 침대 개수다. 내가 따라서 쳐다보려니까 말씀하셨다. "야, 저쪽으론 몇 개냐? 여기선 잘 안 보이네." 그 줄에 네 개라고 말씀드리니 뭔가 성이 안 차시는 기색으로 끄덕거리셨다.
그런데 어제 저녁 병실에 들어서며 보니 윗몸을 세우고 앉아 계신 거야 식사 준비겠지만, 간병인들이 둘러서 있고 어머니 얼굴에 활기가 대단하시다. 가만 보니 손에 펜을 들고 계시고 식판 위엔 종이가 펼쳐져 있다. 내가 온 것을 알아차리고 반색을 하신다. "야! 너 잘 왔다."
펼쳐진 종이를 보니 "7+4+2=B"라고 적혀 있다. 이게 뭔가 궁리하고 있는데 어머니 말씀, "네가 셈본은 썩 잘하지?" 이제 파악이 됐다. 침대 수를 파악하고 계신 것이다. 창가를 따라 일곱 개, 반대편 벽을 따라 네 개, 그리고 어머니 계신 이쪽 옆벽으로 두 개, "B"로 보였던 것은 "13"이었다. 아마 앞쪽은 여사님 어느 분이 적어드리고, 답은 어머니 친필이어서 좀 이상하게 보인 것 같다. 아무튼 대단하시다. 이제 그 정도 덧셈도 하시고, 숫자를 쓰기까지 하신다.

이번에 의식을 되찾으면서 새로 태어나신 것과 같은 측면도 있을 것이다. 살아오시는 동안 쌓여온 기억이 상당 부분 남아는 있지만 일반 사람들과 같은 연속성이 없다. 8개월간 지내신 혼미 상태가 그 이전과 지금을 가르는 또 하나의 단층이 되었을 것이다. 1년 전까지의 당신 모습이 기억에 떠오르시더라도 완전한 '나'가 아닌, 또 하나의 객체처럼 인식되시는 면이 있을 것 같다.

'나'에 대한 인식이 가변적이라면 주변 사람들과의 관계에 대한 인식 또한 흔들리지 않을 수 없다. 나를 편안하게 대하실 때는 아들로 인식하시는 것 같지만, 뭔가 요구가 떠오르실 때는 경어체로 바뀌시는 것도 그 때문일 것이다. 간병인들에 대한 친밀감과 의존성이 크신 것도 이번에 의식이 돌아오신 후의 경험이 그 이전의 기억과 다른 차원의 '현실'로 인식되시기 때문일 것이다.

의식이 명료해지고 지속 기간이 길어짐에 따라 새 인생의 틀이 잡혀가시는 것 같다. 천장의 동그라미 숫자, 방 안의 침대 숫자를 파악할 의욕은 공간을 파악하려는 욕구를 보여주는 것 아닐까? 그렇다면 시간의 파악 욕구도 뒤따라 드러나지 않을지? 늙으신 어머니 모시는 데 아동심리학의 도움이 필요하게 되는 것 아닌가?

나에 대해서는 과거의 기억도 크신 데다가 새 인생 속의 역할도 뚜렷해서 그 사이의 연결도 안정된 틀이 만들어져가는 것 같다. 아내에 대해서는 과거의 기억이 거의 없으신 것 같다. 근년의 경험은 입력도 부실했던 모양이다. 그러나 현재의 역할에 대한 인식은 잘 자라나시는 것 같다. 그저께 《역사 앞에서》 개정판에 넣을 정 교수 논문을 검토하느라고 내가 바빠 아내가 혼자 가 뵈었는데, 며느리 대접이 차츰 좋아지시는 모양이다. 아내가 다녀온 얘기를 하면서 많이 웃었다.

"당신 어머님 완전 양면패예요!" 하고 아내가 웃기에 무슨 말인가 물으니, '양면패'란 상황에 따라 이쪽 면을 내놓기도 하고 저쪽 면을 내놓기도 하는 야바위를 뜻하는 것으로, '기회주의'를 풍자하는 연변 말인가보다. 간병인 한 분이 곁에 와서 "할머니, 아들이 더 고와요, 며느리가 더 고와요?" 묻는데 못 들은 척 대꾸를 않으시기에 재차 "며느리가 아들보다 더 곱죠?" 하니까 "지금은 그렇게 말해야겠지." 하시더라고. 그 말씀에 다시 "아드님이 왔을 때 물으면 아들이 더 곱다고 하시겠죠?" 하니까 "그땐 그래야겠지." 또 "두 분이 같이 왔을 때 물으면 어떻게 대답하시겠어요?" 하니까 "그땐 둘이 똑같이 곱다고 해야지." 하시더란다.

어머니가 지금 상태에서도 꾀부리시는 것을 보면 참 교활한(!) 분이시라는 아내 의견에 동의해 마지않는다. 금강경을 더 읽어달라고 지시해놓고 듣다가 눈을 감고 주무시는 시늉을 하신다. 읽던 장을 끝내고 책을 치우려 하니까 눈을 살짝 뜨고 "나 자는 줄 알았지? 메롱!" 하시는 표정. 떠나기 전 뽀뽀 신청에는 유난히 완

강하게 거부하는 척 하시다가 세 번째 부탁에야 비싸게 양보. 방을 나오는데 뒤에서 "야!" 소리쳐 부르시고는 "인사도 안 하고 가냐?" 하시기에 어리둥절했더니, "내가 소중히 여기는 분들이니 너도 인사 잘 해야 된다." 간병인 여사님들 얘기다. 마침 강 여사가 방으로 들어오던 참이라 거기 대고 허리 굽혀 정중하게 인사하니, 나보다 두어 살 아래인 것 같은 강 여사, 당황해서 쩔쩔매다가 어머니 하명사항을 알려드렸더니, 깔깔 웃으면서도 감동 먹은 눈치다. 이런 분을 교활하시다고 하는데 반박할 길이 어디 있겠는가!

정 교수 논문 얘기가 나왔는데, 《역사 앞에서》 재편집을 맡은 정병준 교수가 그 작업을 위해 쓴 논문 "김성칠의 삶과 글" 초고 보내준 것을 그저께 받아 살펴본 다음 어제 학교로 찾아가 이야기를 나눴다. 그 친구 일하는 태도와 방식 모두 정말 맘에 든다. 현대사 연구자 중에 좋아하는 분들이 여럿 있지만 이 일에는 딱 맞는 사람이다. 이화여대의 어머니 연구실 있던 옆 건물에 있어서, 그것도 인연이 겹쳐진 느낌을 준다.

2 /
아흔 개의
봄을
생각하다

09.
01.
27.

며칠 전부터 시간에 대한 의식이 자리 잡으시는 것 같다. 회복이 덜 되신 상태에서 이 세상과의 접촉은 한 토막 한 토막 꿈과 비슷한 것이 아니었을지. 정신 드셨을 때 인식과 사고 능력은 상당한 수준을 보이셨지만, 오래 지속 못하고 몽롱한 상태에 도로 빠져드셨다.

그런데 이제 정신 드신 상태가 정상인과 큰 차이 없을 만큼 길게 지속되면서 사건들의 시간적 선후 관계를 차츰 인식하시는 것 같다. 어제, 금강경 강독이 길어져 평소보다 한 시간쯤 더 앉아 있던 끝에 이제 일어설까, 생각하고 있는데 어머니가 생각나셨다는 듯이 말씀하신다. "오늘은 늦었구나, 일하러 가야지?"

불경은 워낙 익숙하신 것이라 쉽게 접근이 되시는 것 같다. 그저께는 금강경에 앞서 반야심경을 내가 먼저 한 차례 읽은 다음 손수 읽으시겠냐고 권했더니 서슴없이 낭송을 하시는데, 역시 금강경보다 훨씬 쉽게 가닥을 되살려내신다. 한 차례 읽고서 고개를 갸웃갸웃 하시는 것이 '더 잘 외울 수도 있는데,' 하는 눈치시기에 다시 한 번 읽으시기를 권하니 얼른 응하신다. 역시 첫 번째보다 잘 외우신다.

금강경을 놓고는 약간의 토론도 있었다. "수보리야 어의운하오, 수다원이……"로 시작하는 장 읽기를 마치는데, "야, 너무 어렵다. 무슨 뜻인지 영 모르겠다." 하신다. "어머니, 요 앞쪽은 그런 대로 무슨 얘긴지 알 만하잖아요? 그런데 그걸 발판으로 뒤쪽에서 '아란나' 얘기한 것은 저도 캄캄해지네요." 하니까 알아들으시겠다는 듯이 끄덕이신다. 내가 이어 "앞쪽에서 쉬운 얘기 한 게 뒤쪽의 어려운 얘기 끌어내려고 발판을 놓아준 것 같은데, 앞쪽도 알 듯 말 듯 하니 어쩌겠습니까? 우리 수준이 그 정돈가봐요." 하니까 더 크게 끄덕이신다. 합리적인 얘기는 알아들으시기 때문에 초월적인 얘기가 '어렵다'는 판단을 하시는 것이고, 내가 설명드리는 정도는 석연하게 이해를 하시는 것이다.

오늘은 《밖에서 본 한국사》를 가져갔더니 전번에 보실 때와 반응이 다르시다. 물론 처음 보는 책이라 생각하신다. 그러나 왜 이 책을 썼느냐, 무슨 얘기를 담았느냐, 물으시는 데는 다년간 논문 심사 하시던 풍모가 되돌아와 있다. 펼쳐서 읽으시려다가 "야, 글자가 너무 작다." 하시기에 펼쳐 보여드리면서 머리말을 읽어드리니, 앞부분 두 쪽가량은 문장 하나 끝날 때마다 끄덕끄덕하시다가 뒤쪽으로 가면서 다소 현학적인 얘기가 나오니 시들해지신다.

그저께는 아내도 일을 쉬어 점심때 함께 갔다. 전에 비해 며느리 대접이 많이 좋아지셨다. 아마 전에는 과거의 기억을 상당히 갖고 계신 배경 위에서 기억이 많지 않은 상대가 작게 보이셨던 것이, 지금은 배경이 더 흐려졌기 때문에 지금 나타나는 현상을 그대로 받아들이시는 것 아닐까 생각된다. 며느리에 대해서만이 아니다. 누구든 대하실 때 삐딱하게 보는 먹물적 시각을 곁들일 때가 많았는데, 요즘은 밝고 따뜻한 면이 든든하게 깔려 있다. 그러면서도 유머 감각은 많이 살아 계셔서 다행이다.

"어머니, 경하드리옵니다.
　　오늘로 어머님께서 아흔 살이 되셨습니다."

어제 갔을 때, 세배 드릴 형편은 아니고, 짐짓 "어머니, 경하드리옵니다." 점잖게 말씀드리니 어머니도 표정을 점잖게 가다듬으시고 "뭘 경하한다는 건가?" 물으신다. "오늘로 어머님께서 아흔 살이 되셨습니다." 하니까 점잖은 기색이 싹 날아가고 입을 반쯤 벌린 채 눈을 끔벅끔벅하다가 "아흔? 내가? 정말?" 하신다. "네, 어머니, 깜짝 놀라실 일이죠?" 하니까 엄숙한 표정이 되어 한참 저 멀리 눈길을 던지고 있다가 내게로 얼굴을 돌리시고는 표정을 바꾸지 않은 채 물으신다. "그래서 뭐 해줄 거야?" 순간 당황했다가 농담 모드로 얼른 돌려 "어머니, 업어드릴게요!" 했더니 "뭘 해줘?" 물으시고는 대답을 기다리지도 않고 목청을 높여 "징–그–럽–다!" 외쳐 방 저쪽의 간병인들까지 다 돌아보게 만드신다. 눈과 입가에는 웃음이 걸려 있으신 채로.

09.
01.
31.

입으로 다시 진지를 드시게 된 지 한 달이 됐다. 8개월간 튜브피딩을 하시던 끝이라 처음에는 무척 조심스러웠다. 아직 기력이 많지 않으신데 배탈이라도 한 번 하시면 큰 타격이 될 수 있으니까.

거의 미음만 드리면서 며칠 지내고 나니 소화 능력에 마음이 놓여 고기 삶은 것을 갈아 미음에 섞어드리고 병원에서 나온 간 채소반찬도 조금씩 권해드리기 시작했다. 그리고 따로 연시도 속을 긁어두었다가 조금씩 권해드렸다. 권해드리는 것을 못 잡수신 것이 없고, 소화시키지 못하신 것도 없다. 연시만은 대변이 늦어지시기에 사나흘 후부터 배 중심의 과일믹스로 바꿨다.

제일 좋아하시는 것이 과일이다. 감 드시면서 황홀해하신 일은 당시에 적었지만, 그 후 배-사과-바나나-딸기-귤 등을 적당히 섞어 간 것, 언제 꺼내놓아도 대환영이시다. 처음엔 "햐~ 달다!", "야, 너무 달다!" 하는 감탄사가 절로 따라 나오다가 차츰 덤덤해지셨지만, 첫 순갈을 물고 눈을 반짝이시는 것은 아직도 그대로다.

처음엔 500cc 병에 담아 가다가 1주일쯤 지나면서는 1000cc 병으로 바꿨는데도 이틀이 못 간다. 소화와 용변에 다 좋으실 것 같아 드실 수 있는 대로 거의 제한 없이 드리다가, 며칠 전 검사에서 혈당이 조심스럽다는 주의를 받고 드시는 양을 제한하기 시작했다.

이 제한이 표현력 발전에 자극이 되기도 한다. 부탁, 간청, 요구, 호통 등 온갖 화법이 이런 상황에서 재개발되는 것이다. 수량 감각에도 자극이 되신다. 오늘 낮에 병을 꺼내 놓으면서 "어머니, 의사 선생님이 이것도 너무 드시면 안 된대요. 아홉 숟갈만 드세요." 하니까 진지한 표정으로 "열아홉 아니고?" 하신다. 정말 유머 감각은 예전보다 더 좋으신 것처럼 느껴질 때가 많다. 세 숟갈 드신 뒤에 "몇 숟갈 드셨어요?" 하니까 "셋!" 한 숟갈 더 드신 뒤에 "몇 숟갈 남았어요?" 하니까 "다섯!" 대답이 즉각 나오신다.

그런데 여섯 숟갈 드시고는 묻지도 않았는데 눈을 묘하게 뜨고 내 얼굴을 쳐다보며 "이제 절반 먹었네." 하신다. 어이없는 내색을 감추고 "네, 많이 드셨네요." 하고 더 드리니 정확하게 세 숟갈 더 드신 다음 정색을 하고, "야, 조금만 더 먹자." 하셔서 "네, 그러세요, 어머니. 세 숟갈 더 드시죠." 하니까 고개를 마구 끄덕이시고, 맛있게 세 숟갈을 더 드신 다음 선선히 물러나신다.

오늘 같은 날은 매우 평화로운 상황이었다. 어제는 뭔가 심기가 좀 삐딱하신 편이었는데, 절반 넘게 남은 병을 꼭 바닥내야 한다고 마음을 굳게 잡수셨는지, 종당에는 주먹까지 휘두르시고 (주먹을 들먹이시면 편리한 위치에 머리통을 갖다 대야 한다. 그래야 팔 운동이 되시니까.) 주 여사가 쫓아와서야 겨우 진압을 해드릴 수 있었다.

심기가 삐딱하신 것은 그저께, 내가 서울에 일이 있어 못 가고 아내만 갔던 날부터였다. 아내에게 얘기 들으니, 다른 일 하고 있는 여사님들을 당신한테 와달라고 안달하시고, 목청도 꽤 높이시더라고 했다. 아내에게 말씀하시는 데도 장난기를 넘어선 심술기가 느껴졌다고 하고, 여사님들은 어머니께 꼬집혔다는 이야기도 들었다고 했다.

심술까지 회복되신다면 정말 대단한 회복이시다. 작년 가을 자유로병원에 계실 때는 간병인 학대범으로 온 병원에 소문이 나실 정도였다. 안 여사란 이가 몹시 당했다. 겨울 되면서 기력이 떨어지시고, 또 모시는 재주가 좋은 김 여사로 바뀌면서 그 증세가 사라졌는데, 이제 기력이 그만큼 좋아지셨나, 대견스럽다. 지금 여사님들과 관계가 워낙 좋기 때문에 큰 걱정은 않는다. 꼬집으셨다는 게 내 머리통 때리시는 정도겠지.

어제는 심술 회복 소식을 들은 터라 조심스럽게 관찰하며 비위 맞춰드리는 데 각별한 노력을 기울였다. 살펴보니, 분명히 삐딱하시다. 장난처럼 호통을 치시는데, 조금만 삐끗하면 역정으로 바뀔 소지가 느껴진다. 결국 난감한 장면을 맞고야 말았다. 진지 드실 때부터 똥이 마렵다고, 일으켜 앉혀달라고 거듭거듭 조르시는데, 1년 가까이 누워서 볼일 잘 보시던 분이 웬 유난을 떠시나? 종이까지 달라고 하신다. 겨우 식사를 마치신 후 이러지도 못하고 저러지도 못하게 요구가 그치지 않으셔서 체면 불고하고 다른 일 하고 있는 주 여사를 불러 임무를 넘겨드렸다. 대변까지 받아드려야 효자 되는 거라면 난 효자 못하겠다.

옥상에 올라가 담배 한 대 피우고 바람 좀 쐬다가 내려와 보니 아직 볼일을 못 보셨다고 한다. 무척 불안한 기색이시다. 곁에 앉아 있는데, 불쑥 나를 보고 "야, 너무 아프다!" 하신다. 깜짝 놀라 (오랜만에 들은 말씀이다.) "어디가 아프세요, 어머니?" 하니까 "이게 걸렸어. 양쪽 사이에." 하고 얼굴을 찌푸리신다. 내가 더 있어봐야 도움도 안 되겠고, 차라리 내가 없어야 여사님들이 제대로 도와드릴 수 있지 않을까 싶어 "전 일하러 갈래요, 어머니, 재주껏 누세요." 하고 일어나려 하니까 "어디 가니?" "집에요, 어머니." 하니까 오늘따라 별나게 "갔다가 금방 와야 한다." 하신다. "네, 금방 다녀올게요, 어머니." 하고는 병원을 나올 수 없어 아래층에 가, 설 후에 한 번 이야기하기로 하고 있던 간호과장 김 선생에게 갔다. 몸은 많이 회복되셨어도 정신이 불안정하시니 가급적이면 중환자실에 계속 계시게 해달라고 부탁하고 다시 올라와 보니 그 사이에 볼일은 보셨다.

기력이 없으실 적에는 얼마 모시고 있으면 노곤해하셔서 쉬시는 것을 보고 나올 수 있었고, 기력을 되찾은 뒤로는 대체로 내가 일하러 가야 한다는 사정을 이해하시는 듯, 어떤 날은 떠나는 내게 "넌 가서 일해라, 난 여기서 놀게." 하기도 하셨다. 그런데 어제는 내가 떠나는 것을 무척 아쉬워하시는 기색이셔서 좀 길게 모시고 있어야겠다는 생각을 하고 있는데, 마침 맏제자 차현실 선생이 오셨다. 이만큼 회복되신 것을 보고 반가워 눈물까지 글썽일 듯하다. 그래서 차 선생께 어머니를 양보하고 집에 돌아왔다.

오늘은 어제그제의 불안정하시던 기색이 보이지 않았다. 내가 일어설 때도 아무

동요 없으셨고, 이마에 뽀뽀를 신청하니 "쬐끔만 하거라." 하고 선선히 내놓으신다. 아마 의식이 갑자기 빠른 속도로 회복되면서 일시적인 불안정이 나타나신 것 아닌가 싶다. 용변은 앉아서 보는 일이란 관념까지 되찾으셨으니, 어느 수준까지 회복되실지 가늠이 되지 않는다.

식욕이 정말 왕성하시다. 그저께부터 "배고프다"란 말을 입에 달고 지내시고, 한번은 진지 갖다 드리는 여사님에게 "다들 많이 먹으면서 왜 나만 이렇게 쪼끔 주냐?" 고 투정까지 하셨단다. 그래서 오늘 점심부터는 미음을 죽으로 바꿨는데, 정말 '식은 죽 먹기'로 가볍게 비우신다. 그리고는 식판 치우려는 것을 못 치우게 하고 "뭐 더 없냐?" 하신다. 두유를 드리니 한 팩 다 드시고야 만족스러운 기색. 그리고도 소화제(과일 간 것)도 드실 만큼 드신다. 식생활 대책을 더 적극적으로 마련해드려야겠다.

09.
02.
04.

그저께는 점심시간에 조금 늦게 도착했다. 들어서며 보니 장 여사가 떠먹여 드리고 있다. 얼른 손을 씻고 숟갈을 넘겨받았는데, 좀 웃기신다는 생각이 든다. 장 여사가 떠 드릴 때는 한 입 무실 때마다 흥에 겨워 고개도 흔들고, 눈길도 움직이시던 분이, 내가 앞에 앉으니 근엄한 표정을 전혀 움직이지 않고, 입만 벌려 죽을 받아 잡수신다. 뭔가 시치미를 떼고 계신 것 같아, 저러다가 갑자기 웃음을 터뜨리고 사레라도 들리지 않으실까 걱정될 정도다. 분위기가 흐트러지지 않도록 나도 근엄한 표정과 자세로 작업에 열중했다.

다 잡수시고 물까지 드신 다음 무심한 척 앞만 바라보고 계신 어머니 얼굴을 약간 치뜬 진지한 눈길로 20초가량 쳐다보고 있으니 내게 눈길을 돌리신다. 이럴 때 눈에 힘을 줘 크게 부릅뜨고 나를 마주 보시다가 내가 "픽!" 웃음을 터뜨리면 따라서 "픽!" 웃으시며 긴장을 풀 때가 많다. 그런데 그저께 반응은 "뭘 노려봐, 이놈아!" 하는 호통이셨다. 나는 움찔! 하는 기색을 과장되게 보여드리고는 진지한 표정을 그대로 지키며 "노려본 게 아니고, 어머니 모습이 고와서 쳐다봤습니다, 어머니." 능청을 떠니까 퉁명스럽게 "곱거나 말거나!" 하고 눈길을 도로 돌리신다.

침대 머릿가 서랍장 위에 놓아두었던 간 과일 병으로 손을 뻗치니 고개를 돌리지 않고 곁눈질로 힐끗 보시고는 "그건 뭐냐?" 물으신다. "소화제예요, 어머님." "소화제? 무슨 소화제?" "며느리가 만들어드린 맛있는 소화제 모르세요?" "모르겠는데? 아무튼 먹는 거라면 먹어보자." 이제 시치미는 안녕이다. 향기롭고 달콤한 과일즙의 매혹 속에 못생긴 아들까지도 예뻐 보이시는 모양이다. 드실 만큼 드신 뒤에 내가 또 한 숟갈을 푸자 말씀하신다. "너도 한 입 먹으렴."
과일즙의 매혹에서 헤어 나오시자 다시 호통 모드. 그런데 역정이 깔려 있지 않은, 순전히 재미로 치시는 호통인데, 어찌 그리 시치미를 잘 떼시는지. 나중에 아내랑 함께 갔을 때 여사님들이 해준 말인데, 왜 그 착한 아드님을 자꾸 야단치시냐고 했더니 흐뭇한 웃음을 띠고 "그놈이 내 앞에선 벌벌 떨지." 하시더라고. 살아오시는 동안 호통 모드는 대인 자세의 기본 패턴 중 하나인데, 그것을 써먹어 보실 상대역으로 내가 활용되고 있는 것이다.
여사님들이 일 없을 때 잠깐씩 앉아 쉬는 간이침대가 어머니 발치 건너편에 있다. 마침 두 분이 쉬고 있기에 내가 물어보았다. "오늘은 그렇게 많이 드시려고 하지 않네요. 이제 드시는 분량이 자리 잡힌 걸까요?" 그러자 두 분이 마주 보며 한 차례 웃고 한 분이 대답해준다. "오늘 워낙 많이 드셨어요. 바나나도 반 개 잡수시고, 과자도 하나 드셨어요." 틀니를 안 하시고도 잡수실 만한 것은 이제 다 잡수실 수 있게 된 것이다. 다음 단계 식생활 대책의 필요가 분명해졌다. 병원 식사가 필요한 최소한의 영양은 공급해주지만, 웬만한 음식 드실 수 있는 것은 권해드려도 좋다는 닥터 한의 얘기는 들어두었으니까.
세 가지 종류의 요구르트와 웨하스(이제 영어 이름을 일본식으로 쓰는 건 이걸로 끝났으면 좋겠다고 늘 생각하는 물건)를 갖춰 저녁때 다시 갔다. 정말 시간 감각은 확실히 되찾으셨다. 전 같으면 왔으면 왔나보다 하실 뿐 얼마 만에 다시 온 것인지 감을 잡지 못하셨는데, 내 얼굴을 보자 "어? 너 또 왔니?" 하신다. 식사 마치고 30분쯤 되셨을 것 같은데, 여사님께 간식 드려도 괜찮겠냐 물어보니 너무 많이 드리지는 않는 게 좋겠다고 한다.

요구르트 중 떠먹는 것 하나를 먼저 드렸더니 그 강한 향기에 충격을 느끼시는 것이 역력하다. "맛이 어때요, 어머니?" "와~ 너무 달다." "이건 그만 드릴까요?" "그래도 먹을 건 먹어야지." 결국 오만상을 찌푸린 채로 다 받아 드신다. 요건 당분간 다시 권해드리지 말아야겠다.

웨하스를 한 입 크기로 쪼개 드리니 입 안에서 녹이시면서 입맛을 짝짝 다시신다. 두 쪽을 드신 다음 입가심하시라고 물을 드리니 빨대로 빨아 물이 조금 입에 들어가자마자 밀쳐내신다. 왜 그러시냐 했더니 "싱거워." 하신다. 웨하스의 뒷맛이 씻겨 사라질까봐 아까우신 것이다.

요즘 어머니 모시는 주요 메뉴의 하나로 긁어드리는 일이 떠오르고 있다. 머리가 가렵다고 긁어달라고 하시는데, 긁어드리면 눈을 지그시 감고 완전 엑스터시에 빠지신다. 끝도 없다. 적당히 끝내려고 수작을 걸면 "잔소리 말고!" 하며 머리를 들이대신다. 어떤 때는 20, 30분 하고 있으면 틈나는 여사님 한 분이 와서 교대해주며 빨리 가시라고 한다. 며칠 전부터 내가 개발한 방법은 긁어드릴 만큼 긁어드린 뒤에 물티슈를 하나 꺼내 한 차례 두루 문질러드려 마무리를 하는 것이다. 그러면 시원한 맛이 좋으신지 불평이 없으시다.

사흘 전(1일)인가? 진짜 기막힌 경지를 보여주신 일이 있다. 건너다 보이는 저쪽의 할머니 한 분에게 그 아드님이 와서 팔다리를 주물러드리고 있었다. 그걸 가리키며 "저거 봐라." 하시기에 "뭐를요, 어머니?" 했더니 "저 착한 아들이 어머니 팔을 주물러드리는구나." 하고는 내게 눈길을 돌리시더니 "나도 뭐 좀 해받아야 되지 않겠니?" 하시는 거다. 그래서 "어디가 가려우세요, 어머니?" 했더니 "그래, 뒤통수가 좀." 하며 긁어드리기 좋도록 머리를 한쪽으로 돌리신다.

09.
02.
08.

오늘 점심때는 잠깐 걱정이 들었다. 세 달 가까이 줄곧 기력이 좋아지시기만 했는데, 오늘은 눈에 띄게 약해 보이셨다. 내가 온 것을 알아보시면 무슨 말씀을 한마디 하실 때도 있고 한 차례 웃음을 띠기만 하실 때도 있는데, 오늘은 웃음이 좀 희미해 보이셨다.

막 식사를 시작하시는 참이었다. 먹여드릴 채비를 하고 있던 강 여사에게 숟갈을 넘겨받았는데, 식사에 흥을 보이지 않으신다. 시치미 떼고 점잔 떠시는 것도 아니다. 의식이 흐릿하신 것 같다. 식사 뒤쪽으로 가서는 입에 죽을 무신 채 삼킬 것도 잊어버리기도 하신다. 식사 시작하시던 때 이후 처음으로 꽤 남기신 채로 식판을 치우지 않을 수 없었다.

웨하스 한 조각을 둘로 나눠 드렸는데, 본능적으로 입에 넣어 우물거리지만 그 맛에 신경이 집중되지 않으시는 것 같다. 과일즙을 꺼내는데도 관심을 보이지 않다가 입에 한 숟갈 들어가자 그제야 뚜렷한 감흥이 다소나마 일어나시는 듯하다. 침대 등을 중간 정도까지 내려놓고 반야심경을 읽으니 따라 웅얼거리셨지만, 금강경으로 옮기니 가만히 듣다가 이내 잠이 드신다.

어제 약간 변화의 조짐을 느낀 것이 있지 않았다면 걱정이 크게 들었을 수 있다. 그저께까지에 비해 말씀이 적고, 목소리도 크게 내시지 않았고, 장난기도 덜하셨다. 장난기가 아주 없으신 것은 아니었다. 예컨대 내가 들어갈 때 곁에 있던 주 여사가 "누가 오셨나요?" 하자 "나 아는 사람이야." 하는 말씀은 평소와 같았지만, 더 능청스럽다고 할까, 말씨에 장난기가 드러나 보이지 않았다. "아는 사람 누구예요? 며느리예요?" 거듭 다그치자 "이 사람? 우리 며느리 남편이야." 하셨다. 유머 감각이 아주 자연스럽게 배어나오는 대답이셨다. 며느리 잘 못 알아보시는 것을 여사님들이 매우 안타깝게 생각하는데, 대답에서 며느리를 앞세워주시니 여사님들이 재미있어하고 좋아하는 것이다. 며느리와의 관계에 대해 우리 없을 때 과외공부를 시켜드리는지도 모를 일이다.

어제는 내내 반응이 명민하면서도 차분하셨다. 식사를 마치신 후 무심한 눈길을 앞쪽으로 향하고 가만히 앉아 계시는데, 생각이 흘러가는 것을 관조하고 계시는 듯한 기색이었다. 내가 말씀을 걸면 얼굴을 살짝 돌려 내 얼굴을 보며 들으신 다음 말씀이든 표정이든 가벼운 반응을 보이고는 다시 원래 자세로 돌아가셨다. 내가 "어머니, 어제 제 생일이었어요." 하니까 눈을 동그랗게 뜨고 "그랬니? 몰랐구나." 하시고, "어머니, 생일이 되니까 어머니께서 저 낳아주신 일이 고맙다는 생각이 들었어요." 하니까 가볍게 "뭐 별걸……." 내가 짐짓 정중하게 "고맙습니다, 어머니." 하며 고개를 깊이 숙이자 말씀은 없이 큰 웃음으로 입가가 양쪽 귀에 걸리셨다.

기력과 정신을 되찾으신 이래 새로운 느낌 때문에 감수성과 표현이 확장되어 있다가 다시 익숙해지시면서 안정된 양상으로 접어드시는 것이 아닐까 하고 반갑게 생각했다. 오늘 기운이 떨어져 보이시는 것도 그 연장선 위에서 생각하면 그리 걱정할 일이 아닐 것 같다. 그래도 오늘 너무 맥없어 보이신 것은 마음에 걸려 나오기 전에 주 여사랑 잠깐 얘기를 나눴다. 어제부터 좀 조용해지신 변화에는 주 여사도 동의하면서, 자기가 보기에 걱정스러운 문제는 아무것도 없다고 한다. 단, 생각에 깊이 잠기실 때가 많고, 그럴 때 여쭤보면 옛날 일들을 생각한다고 하며 자식들 이름을 다 대기까지 하시더라는 것이다.

어머니의 기억이 여러 개 단층선으로 쪼개져 그 사이를 넘나들 때 착란 비슷한 현상을 일으키시는 것 같다고 생각해왔는데, 주 여사의 말을 들으면 그 단층선들이 상당히 해소되고 있는 것 아닌가, 그래서 지난 일들에 대한 생각이 길게 이어지고 있는 것 아닌가 생각된다. 점심때 피곤한 기색을 금세 보이신 것은 졸리실 때라서 그랬을 것이란 주 여사 말이 그럴싸하기는 하지만, 저녁 후에 잠깐 들러서 용태를 한 번 더 살펴봐야겠다. 내일 낮에 친구분들(이정희, 김호순, 강인숙 선생님) 찾아오실 때, 오늘 점심때 같은 모습을 보여주시면 좀 아깝겠다.

저녁 전에 잠깐 뵈러 갔다가 예상 외로 오래 붙잡혀 있었다. 진짜로 '붙잡혀' 있었다. 오후에 푹 쉬고 기운이 나 계신데, 호통 모드를 넘어 깡패 모드시다. 내게야 한 마디를 하셔도 호통이 정상이지만, 간병인 여사님들에게까지 호통조시다. 그래도 여사님들은 좋아만 하는 것이, 점심때 모습으로는 좀 걱정이 되었던 모양이다. "막 쌍욕도 하고 꼬집기까지 하셨어요." 하면서도 싱글벙글, 그렇게 깡패 짓 하게 만들어드린 게 스스로 대견하고 자랑스러운 기색이다.

기력도 좋고 정신도 또렷하신데, 착란 현상은 평소보다 심하시다. "전문가들한테 뒤치다꺼리를 해줘야지……" 비슷한 말씀을 거듭거듭 하신다. "누가 전문가예요, 어머니?" 하니 "전문적인 공부 한 사람들 있잖아." 하셔서 "그러면 역사학자나 국어학자도 전문가인가요?" 하니까 "그렇지. 일이 그 사람들한테 다 몰린단 말이야. 그러니까 힘들지." 정신이 맑으실 때 생각이 꽤 멀리까지 흘러가셨던 것이 착란을 거치면서 흔적으로 나타나는 것일까?

금강경을 읽어드릴까 여쭈니 오만상을 찡그리고 실감나는 목소리로 "지-겨-워!" 하신다. 그러면 반야심경을 읽을까요, 했더니 더 찌푸리시고 "그건 더 지겨워!" 그래서 "어머니, 그럼 노래 부를까요?" 했더니 거부 반응 준비로 얼굴을 찌푸리다가 잠깐 눈알을 굴리시더니 "그래, 불러라." 하신다. 여사님들과 가끔 부르신다는 〈아리랑〉과 〈반달〉을 부르니 처음에 따라 부르실 것처럼 입술을 달싹달싹하시다가, 금세 포기하고 감상에 집중하신다. "잘했다." "그만하면 합격을 줄 만하다." "다시 불러봐라." 하시는데 따라 네댓 번씩 부른 끝에 "열심히 하니까 나아지는구나. 다른 건 없냐?" 그래서 이것저것 목소리 낮춰 부를 만한 걸 부르다가 〈행복의 나라로〉가 어머니께 꽂혔다. 한 번 부를 때마다 뭐라고 논평을 하시곤 "그거 또 한 번"을 붙이시는 바람에 열 번쯤 불렀다. 노래를 모르고 사는 내가 1년 치 노래를 앉은 자리에서 부른 것 같다.

8시도 훌쩍 넘어 일어서려 하니 막무가내로 붙잡으신다. "일하러 가야 돼요. 먹고 살아야 되잖아요?" 하면 "해봤자 별수 있냐?" 하시고, "어머니, 저 아직 저녁도 못 먹었어요. 집에 가서 먹어야 해요." 하면 "여기서도 밥 주던데?" 결국 장 여사가 쫓아와 설득에 나서준 덕분에 겨우 빠져나오려니, 흐뭇한 미소를 띠고 손을 살래살래 흔드신다. "어때, 혼났지?" 하는 표정.

09.
02.
09.

친구 세 분이 다녀가셨다. 어머니보다 한 살 아래의 이정희 선생님, 같은 과 동료로 계시던 김호순 선생님, 그리고 건국대 국문과에서 퇴직한 강인숙 선생님은 같은 과 계시던 이어령 선생님의 부인이시다.

세 분이 전번에 다녀가신 것이 11월 초순이나 중순이었던 것 같다. 이 기록을 남기기 시작한 것이 11월 하순인데, 다녀가신 기록이 앞에 없다. 회복 추세가 시작되신 것이 11월 중순이었으니까 여러 달째 기력도 없고 정신도 혼미하시던 모습을 보고들 가신 것이다.

강 선생님이 먼저 올라가신 뒤 김 선생님과 함께 걸음이 힘든 이 선생님을 모시고 방에 들어서니 어머님과 강 선생님은 벌써 웃음꽃을 피우고 있다. 강 선생님이 내게 말씀하신다. "여사님들이 내게 어떤 관계냐고 묻기에 선생님 남자친구의 아내라고 했지." 이어령 선생님이 이대 국문과 들어갈 때 어머니가 학과장이었고, 계시는 동안 어머니가 무척 아끼셨기 때문에 가까운 분들이 어머니의 '보이프렌드'라고 놀리는데, 강 선생님까지 한 몫 거드시는 것이다.

이 선생님이 곁에 앉자 어머니가 반가운 표정을 띠신다. "나 알겠소?" "그럼 알구말구." "내 이름이 뭐요?" "이-정-희!" 나까지 놀랄 정도다. 상태가 좋으실 때는 그만큼 사람을 알아보실 수도 있었지만, 그만큼 정확하게 인식하실 것을 꼭 바랄 수는 없다는 정도로 생각하고 있었는데. 세 분 선생님들, 모두 놀라 마지않는다. 석 달 전 와서 보신 모습과 너무 다른 것이다.

강인숙 선생님과 함께.

김호순, 이정희 선생님과 함께.

이 선생님이 반대편에 앉아 있는 김 선생님을 가리키며 "저 사람도 알아보겠네." 하니까 고개를 돌려 보시곤 "오! 호호!" 탄성을 올리신다. 40여 년 전부터 자매간처럼 가까운 동료로 지내온 김 선생님을 오랜만에 보시면서는 말씀보다 이런 괴성이 제격이시다. 함께 산에 다니며 빚어온 가락이다.

강 선생님은 부군께서 보낸 것이라며 한과세트를 가져오셨고, 김 선생님은 머핀 두 봉지와 과일을 가져오셨다. 좋아하시던 한과를 과연 드실 수 있을지 관심이 집중되었다. 제일 만만해 보이는 길쭉한 강정 하나 끄트머리를 끊어 입에 넣어드리니 우물우물하며 고개를 끄덕끄덕하신다. 강정 하나를 다 드신 다음 이번엔 머핀을 조금 잘라 드리니 이것도 끄덕끄덕. 선생님들이 모두 기뻐하시는 거야 그렇다 치고, 이 선생님은 어머니가 더 못 드시겠다고 백기를 드는 모습을 꼭 봐야겠다는 듯이 자꾸 권하신다. 옆에서 눈치를 드려도 하도 막무가내셔서, 결국엔 무례할 정도로 제지를 해야 했다. 무례는 김 선생님께도 저질렀다. 어머니 흥을 돋워드리느라고 목소리를 자꾸 높이시는데, 워낙 볼륨이 좋은 분이셔서 도저히 방치할 수가 없었다. "선생님, 다른 할머니들 쉬시는 데 방해되지 않을 정도로만 소리 지르세요."

입원해 계신 19개월 동안 세 분 선생님은 대여섯 차례 와보셨지만, 이번 방문처럼 기뻐하시는 것은 처음이다. 3개월 전에 사람도 잘 못 알아보시고 팔조차 못 움직이시는 것을 보며 이렇게 담소를 다시 나눌 일은 아마 모두 포기하셨을 것이다. 그러니 내게도 칭찬이 빗발칠 수밖에. 독신으로 지내신 김 선생님, 약간 오버까지 하신다. "아들이 여럿이니 하나쯤 걸리기도 하잖수. 나처럼 자손 없는 사람은 부럽기가 한량없네." 속으로는 '선생님도 쓰러지시기만 하세요. 제가 모실게요. 연습은 아주 잘 해놨어요.' 소리가 목구멍까지 나오지만 참는다. 김 선생님은 독신이라도 친정이 워낙 든든하셔서 자식 못지않은 조카들이 즐비한 분이니 어떤 농담이라도 드리겠지만, 실향민 출신으로 친척도 적은 이 선생님 앞에선 조심스럽다.

세 분이 흐뭇한 마음을 안고 떠나신 후 혼자 남아 조금 더 곁을 지켜드렸다. 꽤 길게 흥분 상태를 지내신 만큼 약간 노곤한 기색을 보이시지만 크게 힘들어하지는 않으신다. 이 정도면 불원간 일반병실로 옮겨도 지내시는 데 별 문제가 없을 것 같다. 집으로 돌아오면서는 이제 틀니를 넣어드려도 괜찮지 않을까 하는 생각을 했다.

공교로운 날이었다. 점심을 이정희 선생님께 얻어먹은 것이 모처럼의 일이었는데, 저녁때는 민노당 이정희 의원과 약속이 있었다. 이 의원 부부, 중앙일보사 함께 있던 북한 전문가 유영구 선생, 그리고 박정희 명예 훼손 문제로 이 의원의 변호를 받았던 유연식 사장이 함께였다. 옆에 앉은 이 의원에게 점심을 어느 분이 사주셨나 얘기한 다음 "잘하면 이름 같은 두 분에게 점심과 저녁을 얻어먹는 기록을 오늘 세울 수 있겠다."고 했더니 박장대소하며 "그 기록을 꼭 세워드리겠습니다." 다짐했다.

그 다짐을 이 의원은 어겼다. 이 의원의 변호를 너무나 고마워하는 유 사장이 곁에 있는 이상 애당초 지켜질 수 없는 다짐이었다. 그러나 이 '위약'을 빌미로 이 의원과 함께 이정희 선생님 모시는 자리는 한 번 만들 수 있을 것 같다. 독재 정권 비판에 반생을 몰두해온 이 선생님이 요즘 이 의원을 무척 대견해하시는데, 그런 자리 만들어드리면 무척 기뻐하실 것이다.

09.
02.
10.

저녁때 갔다. 휴가 갔던 장 여사가 돌아와 있고, 그 자리를 채워주고 있던 채 여사도 그대로 있다. 둘러보니 주 여사가 안 보인다. 그래서 장 여사에게 "잘 다녀오셨어요?" 인사한 다음, 이번에는 주 여사가 휴가 가셨는지 물어봤다. 그러자 뜻밖에도 "휴가가 아니라…… 중국으로 돌아갔어요." 하는 것이 아닌가!
주 여사는 지난 11월 중순, 어머니 회복이 시작될 무렵 여기 왔으니 세 달 있었다. 그런데 그 전부터 오래 있던 김 여사와 박 여사가 연말에 떠난 다음 새로 온 강 여사와 장 여사를 이끌고 8층 중환자실을 꾸려왔다. 일하는 자세가 대단히 훌륭한 분이다. 자기 몫을 해내는 정도를 넘어서서, 방을 꾸려가는 새로운 기준을 세우고, 새로 합류한 분들이 쉽게 적응하도록 배려하는 태도가 매우 훌륭했던 것이다. 그런데 갑자기 이렇게 떠나다니. 그동안 열심히 일해온 자세가 오래도록 일할 기반을 닦는 것으로 이해하고 있었기 때문에 정말 뜻밖이다.
어머니가 회복되시기 전 상태부터 쭉 살펴왔기 때문에 어머니가 필요로 하시는 일에 대해 누구보다 잘 파악하고 있던 주 여사가 없어져 매우 아쉽다. 그래도 이제 한 달 남짓 된 강 여사와 장 여사가 일에 꽤 익숙해져 있고, 어머니도 상당히 든든한 상태로 올라와 있기 때문에 크게 걱정되지는 않는다. 집에 돌아와 형에게 메일로 감사 전화라도 하라고 일렀다. 어머니 전화를 주 여사 전화로 해왔기 때문에 번호를 가지고 있다. 어머니 통화를 위해서는 장 여사 번호를 보내줬다.
어머니 상태는 오늘도 썩 좋으시다. 죽을 조금 남기셨지만, 요 전날처럼 잡수실 기운이 없어서 남기신 것이 아니라 태연히 앉아서 "먹을 만큼 먹었다." 하는 표정으로 손을 휘휘 저으신다. 강정을 하나 꺼내 둘로 잘라 한 쪽을 드리니 우물우물 끄덕끄덕 맛있게 드셨지만, 또 한 쪽을 드리려 하니 "그건 네가 먹어라." 하신다. 과일즙을 꺼내며 "소화제는 드셔야죠?" 하니까 "안 먹어도 된다." "조금만 드세요, 어머니." 하니까 고개를 까딱까딱. 한 숟갈 입에 들어가시자 표정이 약간 바뀌며 "더 다고." 하신다. 그러나 그리 많이 드시지 않고 이내 만족하신다.

한 가지 이해하기 어려운 현상은 숫자에 대한 집착. 들어갈 때 염주알을 세고 계셨던 듯, 한 곳을 꼭 쥔 채 "잊어버렸어." 하신다. 그리고는 내게 "몇이야, 몇?" 다그치신다. 내가 점쟁인 줄 아시나? 대충 보고 어림짐작으로 "서른여덟입니다, 어머니." 했더니 못 미더워하시며 또 묻고 또 묻고 하시다가 급기야는 내게 들이대며 세어보라고 하신다. 얼른 세어보니 37 아니면 38 같아 "서른여덟 맞아요, 어머니." 했더니 또 다시 세어보라신다. 찬찬히 세어보니 37이다. 그래서 "이제 보니 서른일곱이네요, 어머니." 했더니 "그것 봐." 하고 종주먹을 들이대신다. 내가 세어보는 동안에 "거기다 넷을 더하면……" 하는 식으로 종잡을 수 없는 숫자 얘기를 중얼거리신다. 15분가량 염주를 놓고 승강이를 벌이시다가 "에잇, 집어치워!" 하고 관심을 거두신다.

"식전에 금강경 좀 읽을까요, 어머니?" 하니까 "그거 좋지." "제가 소리 내 읽을까요, 어머니?" 하니까 이번에도 "그거 좋지." 꺼내서 읽다 보니 어머니와 내가 한 장씩 번갈아 읽어서 다 끝낼 때 식사가 들어왔다. 내가 치우며 "금강경도 식후경!" 하니까 흥겨운 표정으로 "그래, 금강경도 식후경!" 따라 하신다.

지금까지 여사님들과 협조, 의논할 일은 주 여사가 앞장서 줬는데, 이제는 세 분과 고르게 '소통'을 해야겠다. 내일부터는 읽을 것을 가져가서 병실에 좀 길게 머물러야겠다.

09.
02.
11.

19개월 병원에 계시는 동안 어머니를 살펴드린 간병인이 (임시로 잠깐씩 봐드린 분들 제하고도) 열 손가락으로 모자란다. 그분들을 대해온 내 태도를 스스로 돌아보며 내 인간관 내지 처세술을 반성할 때가 더러 있다.
가장 두드러진 양상은, 지금 맡고 계신 분을 최고로 여기는 것이다. 이분 손을 떠나면 어떡하나, 늘 걱정하고 어떻게든 떠날 위험이 적도록 말 한 마디에서 간식거리 챙겨드리기까지 공을 들인다. (간식거리로는 해자부리=해바라기씨가 간편하고도 인기다.) 아내는 가끔 옆에서 웃는다. 돈 벌러 온 만큼 다들 열심히 하고, 사람이란 게 대개 다 착한 건데, 왜 그렇게 안달을 하냐는 것이다.
겪어놓고 보면 아내 말이 맞다. 자유로병원 있을 때 한 달 이상 봐드린 이가 넷이었는데, 바뀔 때마다 새로 온 분이 더 좋았던 것이다. 마지막으로 봐드린 조 여사에 대해서는 신뢰를 넘어 경의까지 품을 정도였다. 자유로에선 한 분이 살펴드리는 일반실에 계시다가 현대병원에 와선 세 분이 살펴드리는 중환자실에 드셨는데, 처음부터 있던 김 여사와 박 여사가 충분히 믿음직스러웠고, 세 분이 돌봐드린다는 시스템 자체의 장점 때문에 더 마음이 놓이게 되었다.
그러다가 들어온 지 한 달 남짓 되는 주 여사를 놔두고 두 분이 떠날 때 막 걱정스러웠는데, 며칠 안 되어 "주 여사 최고!"를 외치게 되었다. 고참들 밑에서 거들고 지낼 때는 보이지 않던 장점이 속속 드러나면서, 자유로의 조 여사 못지않은 경의를 품게 되었다. 청결 상태 등 중환자실의 운영 기준을 업그레이딩하면서 새로 온 강 여사, 장 여사가 새 근무처에 쉽게 적응하도록 배려하는 태도가 정말 훌륭했다.

아내도 조 여사와 주 여사의 뛰어난 점을 높이 평가한다. 아내 말로는 '공직'의 경험이 다르다는 것이다. 두 분은 화룡과 연길의 가두판사처에서 근무하던 이들이다. 틀 잡힌 단위(직장)에서 근무한 이들은 공사가 분명하고 경우가 밝다는 것이다. 최소한 그런 척이라도 할 줄 안다는 것이다.

그래서 어제 주 여사가 아무 말 없이 떠난 것이 이해하기 힘들었다. 나랑은 몰라도 아내가 나타나기만 하면 틈나는 대로 붙어 앉아 그렇게 재재거리며 친밀하게 지낸 터에. 주 여사도 함께 일하는 동료들보다 세상 물정을 알 만큼 아는 아내랑 얘기하는 것을 더 좋아하는 눈치였다.

아침에 주 여사에게 전화했다. 목소리 듣자마자 누군지 알아보고, 말없이 떠난 것을 사과하며 행여 오해하지 말라고 당부한다. 그저께 세 분 선생님과 함께 갔을 때 일정이 세워져 있었지만 그날은 번잡스러운 것 같아 어제 내가 평소처럼 점심때 가면 말하려던 것이 내가 저녁때 가는 바람에 보지 못하고 떠났다는 것이다. 갔다가 한 달이면 또 와서, 현대병원에서 다시 일할 수 있도록 관계자들에게 모두 당부해놓았다고 한다. 조금 전에 큰형 전화도 받았다며, 자기도 우리에게 고마웠고, 어머님을 다시 살펴드리고 싶다고 한다.

전화를 끊고 나서 생각하니, 주 여사가 말하지 않는 뜻까지 이해될 것 같다. 그저께 세 분 선생님들 떠나신 뒤에도 내가 30분은 더 있었으니, 조용히 얘기할 기회는 얼마든지 있었다. 그저께는 얘기할 생각이 없었고, 어제 출발에 임박해 얘기할 마음이었을 것이다. 왜? 그저께 얘기하면 우리가 금일봉이라도 준비할 시간을 주는 셈이니까. 우리가 그동안 다니며 존중하는 마음으로 따뜻이 대하고 아내가 가끔 간식거리랑 전화카드랑 사주고 한 데 만족하며 새삼스레 전별금을 받네 못 받네 하기가 싫었던 마음을 훤히 알겠다. 내가 마침 주머니에 가지고 있던 푼돈이라도 내놓는 건 몰라도 떠나는 줄 미리 알고 뭐든 따로 준비하게 하고 싶지는 않았을 것이다.

전체적으로 생각하면, 아내는 현명하고 나는 미련하다. 그런데 어떡하나? 내가 다른 사람들 볼 때도 나처럼 미련한 사람들이 더 정이 가고 좋은걸. 이렇게 반성할 줄 모르니 생긴 대로 살 수밖에.

09.
02.
16.

세 분 간병인들(장 여사, 강 여사, 그리고 새로 온 채 여사)이 모두 어머니를 각별히 모시는 태도를 보여준다. 몇 가지 조건이 합쳐져 작용하는 것이다.

첫째, 어머니 당신이 꽤 재미있는 분이시다. 어느 정도 회복이 되신 후로는 (연초에 식사를 시작하시면서) 환자분들 중 제일 반응이 활발하실 뿐더러, 좀 갈팡질팡하시기는 해도 말씀과 태도에 별난 가락이 있어서 주변 사람들에게 재미있는 자극을 꽤 많이 주신다. 그리고 회복이 많이 되신 후로는 당신께서 사람들의 눈치를 살펴 적절한 응대가 쉽게 나오신다.

둘째, 우리 내외가 열심히 다니면서 말 하나라도 따뜻하게 하고, 아내가 뇌물도 적절히 쓴다. 돈 싫어하는 사람 없으니 돈을 주면 물론 좋아하지만, 한국인들이 돈이면 제일인 줄 안다는 경멸감 내지 혐오감 비슷한 것이 조선족 사회에는 널리 있어서, 받고 좋아하면서도 마음은 잘 움직이지 않는 경향도 있다. 그리고 급여 외에 별도의 사례를 받는다는 것이 직업윤리에도 문제가 있다. 아내가 적당한 간식거리 챙겨주고 전화카드 가끔 갖다 주면 훨씬 편안한 마음으로 받아들인다.

셋째, 아내가 같은 조선족이란 유대감이 있다. 어머니 곁에 놓아두는 책들을 주 여사가 틈나는 대로 들여다보곤 했는데, (주 여사는 책읽기를 각별히 좋아하는 분이라서 《밖에서 본 한국사》 한 권을 사인해서 드렸다.) 주 여사 떠난 뒤에 장 여사가 아내에게 한 번 말하기를, 그 책 후기에서 아내를 아끼고 존중하는 대목을 주 여사가 보여줬다고. 조선족인 아내가 한국 지식인에게 존중받고 지내는 것이 자기네 마음에도 기쁘니 더욱더 행복하게 잘 사시라는 얘기……. 자유로병원에서도 이 유대감이 큰 몫을 했는데, 이쪽에 와서는 더욱 증폭된 셈이다.

어제는 저녁 드신 뒤에야 가서 모시고 앉았는데, 채 여사가 들러서 말해준다. 다른 날보다 유난히 많이 자기네를 찾으시더라고. 채 여사는 있는 날짜가 적지만, 눈치가 빠르달까, 잘 챙기는 면이 있다. 장 여사는 워낙 말수가 적은 분이고, 강 여사는 좀 태평한 성격인 듯, 앞장서서 얘기하는 일이 별로 없는데, 채 여사는 특이사항을 저절로 알아서 얘기해주는 일이 많다.

환자가 간병인 많이 찾는 것은 귀찮은 일이다. 방 반대쪽 아주머니 한 분은 내가 앉아 있을 때도 "아줌마, 아줌마……" 하며 여사님들을 부를 때가 많은데, "지금 바빠요. 좀 이따 갈게요." 대꾸하는 게 보통이고, 내게 "참 골치 아픈 분이에요. 다른 분 곁에 있으면 왜 그리 샘을 내시는지……" 하며 절레절레하기도 한다. 그러면서 어머니가 많이 찾으신 일은 무슨 경사라도 난 것처럼 이야기하니, 참 고르지 않다.

어머니는 심심하실 때, 또는 뭔가 생각난 것을 얘기할 상대가 필요할 때 여사님들을 부르시는데, 소리쳐 부르시는 일은 좀체 없다. 살랑살랑 손짓에 표정을 곁들이신다. 간병인들을 '제자'라고 하시는 것이 처음에는 단순한 착란이신 줄 알았다. 그런데 요새 와서는 그것이 꽤 고급한 전술전략일지도 모르겠다는 생각이 든다. 요 전날 내가 앉아 있는데도 여사님 한 분을 손짓으로 불러 몇 마디 말씀하고 돌려보내신 뒤에 "내가 부르면 잘 오지." 흐뭇한 표정으로 자랑하신다. 불러도 안 오면 어떻게 하시냐고 여쭈니 태연하게 대답하신다. "그러면 즈이들이 점수 못 받아가는 거지, 뭐." 그리고는 생각났다는 듯이 저쪽에 서 있는 여사님들에게 소리치신다. "너희들, 점수 필요 없으면 안 와도 돼." 점수 갖고 학생들 농락하시던 버릇이 제2의 천성이 되셨나보다. 그러니까 여사님들은 불려 와도 귀찮다는 생각보다 재미있다는 생각을 먼저 하게 되겠지.

생각이 이제 내 상상 밖으로 넓고 깊게 자라나시는 것 같다. 어제 와 뵙지 못할 수도 있을 것 같아 그저께는 저녁 후에 다시 가 뵈었는데, 정신이 아주 초롱초롱하셨다. 그래서 대구의 세돈 형님께 전화를 걸어 바꿔드렸다. 내게 고종사촌이지만 어머니보다 불과 몇 살 아래인 세돈 형님은 아버님 계실 때 '가방모찌'처럼 곁에서 모셨고, 우리가 크는 동안 마치 숙부님처럼 우리를 살펴주신 분이다. 작년 여름 자유로병원으로 와 뵙고는 이제 다시 뵙기 어렵겠구나, 체념하고 돌아서셨던 형님, 뜻밖에 '아지매' 목소리를 듣고 매우 기뻐하신다.

통화하시는 동안 그쪽 집 걱정까지 해주시며 이쪽 걱정은 마시라고 의연하게 말씀하시는 것만도 대견했다. 그런데 내가 정작 놀란 것은 통화가 끝난 뒤 나를 돌아보며 하시는 말씀. "제사……" 밑도 끝도 없이 한 마디를 내놓으시고 잠시 끊었다가 말씀을 이으신다. "우리가 아무리 그래도 남들이 너무 걱정하게 할 수는 없는 것 아니냐?" 깜짝 놀라 어리둥절한 채로 말씀드렸다. "어머니, 이만큼 편안하고 재미있게 지내시는데, 남들 걱정시킬 일이 뭐 있겠어요?" 그러자 처연하게 보이는 웃음을 띠고 말씀하신다. "우리야 그렇다 해도 남들 눈에는 형편없게 보일 수 있지 않니?"

그 말씀을 듣자 앞에 "제사……" 한 마디에 무슨 뜻이 있었는지 알겠다. 우리 집 제사가 끊긴 지 8년째다. 큰형이 한국에 없으니 작은형이 나서서 지내다가 작은형이 학교 그만두고 미국에 많이 나가 지내게 되면서 내놓은 것을 내가 시늉만으로라도 잇고 있다가 8년 전 아버님 50주기를 큰형 가족까지 불러들여 모처럼 본때 있게 지낸 뒤 나마저 중국으로 나가고는 아예 접어놓은 것이다.

아내와 함께 귀국해 지내면서 제사를 되살릴까 하는 생각도 얼핏얼핏 들었지만, 결국 그만두기로 했다. 한국 사회가 중국 조선족에게 배울 것이 많다는 생각을 하는데, 제사 안 지내는 것도 그중 하나다. 제사를 좋은 풍속으로 이어가는 분들을 부럽게 생각한다. 그러나 가족, 친척을 모아 추모의 계기로 의미를 살리지 못하면서 두 내외가 제사 시늉을 하는 것은 그야말로 허례허식일 뿐이다. 8년 전까지는 그래도 후일을 기약하는 마음이 있었다. 지금 당장은 이렇게 초라하지만, 언젠가는 제대로 지내드릴 때가 있을 것이라고. 그러나 이제는 제사를 제사답게 모실 장래의 전망도 없다.

어머니는 제사 문제로 내게 부담을 주지 않으려 하셨다. 내가 시늉만의 제사를 지내려 애쓸 때도, 절에서 천도 불사를 모아서 할 테니 따로 제사 지낼 것 없다고 말씀하시곤 했다. 그리고 어머니 성격이 망자에 대한 예의를 중시하지 않는 편이시라고 나는 생각해왔다. 그런데 제사 등 전통에 대한 태도가 각별히 깍듯한 세돈 형님과 오랜만에 마주치자 마음에 걸려 있던 문제를 드러내신 것이다. 절 사정에 밝으신 분들께 여쭈어 절에 맡겨서라도 망자에 대한 예의를 최소한 갖추는 길을 찾아야겠다.

제사 생각이 떠올랐지만, 건드려서 재미없을 듯하기에 밀쳐놓고 시치미를 뗐다. "어머니, 존경까지는 못 받는다 해도, 형편없다고 우습게 보이기까지야 하겠어요?" 그러니까 끄덕끄덕하시며 "그렇지, 나야 아들 셋이 다 잘들 하니까……." 그리고는 스스로 미심쩍으신 듯이 덧붙이신다. "기봉이야 어디 한 구석 걱정할 데가 없고…… 기목이는 아주 미덥지는 않지만……" 하시는 대목에서 내가 가로챘다. "아주 미덥지 않은 정도가 아니라 미더운 구석이 전연 없죠. 미덥지 않은 사람 억지로 믿으려고 괜히 부담 주지 마세요." 했더니 뜻밖의 고명한 대꾸가 나오신다. "내가 보기에 그렇더라도 너희 사이에 그러면 안 되지. 형제간에는 서로 믿고 살아야 하지 않느냐?"

이 정도면 재작년 여름 쓰러지시기 전까지의 여러 해 동안보다 더 폭넓고 유연한 사고력이시다. 하드웨어 상태가 더 좋아지셨을 리는 없는데, 어떻게 된 일일까? 사고력에 제한을 가하던 여러 가지 '집착'이 기억의 범위가 줄어들면서 풀어지신 덕분일까?

아내를 대하시는 태도에서도 그런 생각이 든다. 며칠 전 아내와 함께 갔을 때 아내에게 어머니를 맡겨놓고 나는 나와서 책을 보고 있으려 했는데, 나가려는 나를 아내가 가리키며 "어머니, 저 사람 어머니랑 놀아드리지 않고 도망치려고 해요. 붙잡으세요." 하기에 내가 "어머니는 아들보다 며느리를 더 좋아하시니까 제가 비켜드릴게요." 옥신각신하는 것을 보고 여사님 한 분이 "할머니, 아드님이 더 좋아요, 며느님이 더 좋아요? 어느 분이랑 노시겠어요?" 하니까 이쪽저쪽을 쳐다보신 뒤에 음흉한(?) 웃음을 띠고 "나는 며느리가 더 좋아." 하신다. 누울 자리 보고 발 뻗으시려는 속셈이 들여다보인다. 며느리에 대한 인식은 이번 회복 이후에 새로 입력되신 것 같은데, 그 인식을 행동의 준거로 삼으실 만큼 자신감이 안정되신 것으로 생각된다.

음식에 대해서도 절제의 틀이 자리 잡히신 것 같다. 그저께 점심때 맛있게 죽 한 사발을 비우신 다음 식판을 치우려 하자 식판을 붙잡으며 "나 아직도 배고파." 하신다. "이렇게 맛있게 드시고도 배고프세요? 미안하지만 공양이 끝나셨는데요?" 했더니 "끝나긴? 이제 시작인데." 강정을 하나 입에 넣어드리니 식판을 선선히 내보내신다. 얼마 전에는 정말로 더 잡숫고 싶은 욕구 때문에 식판에 매달리기도 하셨는데, 이젠 장난으로 그러시는 것이 분명하다. 당신의 욕구를 스스로 바라보실 수 있는 것이다. 과일즙이건 과자건 아무리 입에 맞으시는 것이라도 보름 전처럼 끝장을 보자고 달려들지 않으신다.

09.
02.
22.

모시고 앉았을 때 틈이 나면 금강경을 꺼낸다. 익숙하신 경문이기 때문에 쉽게 받아들이시고, 그 받아들이시는 태도를 통해 정신 상태를 살피기 좋아서다. 식사 시작하신 후론 가급적 식사 때를 맞춰 가서 한 끼라도 떠먹여 드리는데, 식사가 나올 때까지 시간이 좀 있으면 식전부터 펼치기도 한다. 읽고 있다가 식사가 나오면 내가 "어머니, 금강경도……" 하고 어머니가 "식후경이지." 받으신다.

회복을 시작하실 때는 글자 하나하나를 떠듬떠듬 읽으시는 것만도 대견했는데, 얼마 지나자 독송하시던 가락을 되찾아 꽤 외우시게 되었다. 그런데 근래 와서는 그 뜻을 따지기 시작하셨다. 율동에 따라 중얼중얼 읽어 내려가시다가 한 장이 끝나면 고개를 갸웃거리며 "무슨 소린지……", "잘 모르겠네." 코멘트를 붙이시는 일이 잦아졌다. 그러다가 "네가 한번 읽어봐라." 넘겨주시고, 읽은 뒤엔 "그게 무슨 뜻인지 해석을 한번 해봐라." 주문하신다.

그래서 1주일에 두어 번은 모자간에 머리를 맞대고 금강경 강독을 한다. 나는 미리 선을 긋는다. "어머니, 제가 글자는 알아보지만, 뜻까지는 잘 모르겠어요. 글자를 풀 수 있는 데까지만 풀겠습니다." 이런 추상적인 의미를 잘 알아들으실까 자신이 없는데, 뜻밖으로 쉽게, 그리고 분명히 이해하는 표정이시다. 어떤 대목에선 망연한 표정으로 고개를 끄덕이며, "그런 말인데, 뜻은 아무래도 모르겠구나." 하시기도 한다. 그럴 때는 현역 시절의 사고력에서 조금도 뒤져 보이지 않으신다.

열흘쯤 전 17장에서 시작해 32장 끝까지, 모처럼 많은 분량을 읽으신 일이 있는데, 한 장 끝낼 때마다 코멘트를 붙이셨다. 대부분 "여기도 알 듯 말 듯 하구나."였는데, 꼭 한 번 "이건 좀 알 것 같다." 하셨고, "이건 영 모르겠다."가 두어 번 있었다. 책을 덮고 내게 고개를 돌리며 "야, 이거 아무리 읽어도 말짱 황 아니냐?" 하시기에 "어머니, 그래도 어머니나 저는 글자는 알아보잖아요? 뜻은 몰라도. 그러니까 글자도 모르는 사람들보다는 몰라도 뭘 모르는 건지는 알 수 있으니, 그게 어디예요?" 했더니 한참 생각에 잠겼다가 혼잣말처럼 대답하신다. "그건 그래."

그 이튿날은 심술 모드셨다. 한 마디 입을 떼서도 꼭 화가 나신 것처럼 떼떼거리거나 호통을 치신다. 식사하시는 동안에도 못마땅한 표정으로 억지로 드셔주시는 것처럼 받아 드시고, 식사 후 과자 한 조각을 권해드리는데도 평소처럼 "과자 하나 드시겠어요?" 여쭙는데 "그런 걸 왜 먹어야 돼!" "어머니, 어머니께서 하나 드시면 제 마음이 무척 기쁠 거예요. 부탁드립니다. 하나 드세요." 엉구럭을 떨어도 굳은 표정을 풀지 않고 정말 억지로 먹어주신다.

그래도 과자 다음의 과일즙에서 분위기가 많이 회복됐다. 몇 숟갈 드시나, 미리 목표를 정해두는데, 숟갈 수에 정신을 집중하시는 것도 기분에 괜찮으신 것 같고, 목표 달성 후 몇 숟갈 보너스를 드리면 기분이 썩 좋아지신다. 그런데도 과일즙 뒤에 금강경을 꺼내니까 일순간에 심술 모드로 돌아가신다. "그건 읽어서 뭘 해!"

그날의 심술 모드가 금강경에 대한 좌절감에 원인이 있었던 건 아닌지 모를 일이다. 장 여사에게 물어보니 그 전 날부터 말씀이 적으셨다고 한다. 매우 익숙한 텍스트인데도 상식적 수준의 이해가 되지 않는다는 것이 스스로 못마땅하신 것 같다. 사실 절에 다니며 불경 읽는 사람들은 그 뜻을 이해할 수 있다는 생각을 아예 않고, 하나의 신비로운 대상으로 여긴다. 어머니도 수없이 독송하며 그런 한계를 인식하고 계셨을 텐데, 지금은 그런 인식을 잊어버리고 상식적 이해를 바라시는 것 아닐까?

그 뒤로 금강경 읽을 때 어머니 표정에 바짝 주의를 기울인다. 조금이라도 어려워하시거나 답답해하시는 기색이 있으면 뭐라 하시기 전에 앞질러 "어머니, 여긴 좀 특별히 어렵네요. 제가 글자라도 한번 풀어볼까요?" 하면 반가운 기색을 살짝 띠고 "그래라." 하신다. 어머니도 왕년에 한문깨나 하셨지만 아무래도 읽으신 분량이 나랑은 차이가 있고, 또 나는 번역을 직업처럼 하면서 글자 푸는 기술을 바짝 연마해놓았기 때문에 어머니 독해에 도움이 돼드릴 수 있는 것 같다. 글을 풀어드리면 표정이 편안해지시고, 내가 "거기까지 글자로는 풀겠는데, 그 이상 뜻은 모르겠네요." 하면 끄덕끄덕하시고, 더러 "그래도 훨씬 낫다." 하시기도 한다.

그렇게 글풀이를 많이 해드리니 요새는 책을 펼쳐도 나더러 읽으라고 하실 때가 많다. 나는 원래 현토식으로 읽는데, 한때는 토를 빼고 독경식으로 읽으라고 요구하기도 하셨다. 그런데 일전엔 한 번 독경식으로 읽기 시작하니까 "아니, 너 하던 식대로 읽어라." 하셨다. 현토식으로 읽으면 한문을 좀 하는 사람에겐 따로 글을 풀어주지 않아도 해석이 대충 전해진다. 금강경 경문을 읽으며 동시번역을 마음속에서 진행할 수 있다는 것은 상당 수준의 해석 능력과 상당 수준의 집중력이 모두 필요한 일인데, 이것을 하실 수 있으니 정신과 육체 양쪽으로 더 바랄 수 없을 만큼 건강을 확보하신 것이다.

오늘은 다섯 장만 읽어드렸다. 내내 집중력에 흔들림이 없으시고, 내 독법에 만족하시는 눈치다. 다섯 장 읽은 뒤에 잠깐 숨을 돌리며 더 읽을까 여쭤보니 "오늘은 그만하면 됐다." 집중해서 들으며 읽으시기 때문에 보통보다 적은 분량을 읽고도 만족하시는 것이다.

적당한 기회인 것 같아서, '뜻'을 이해하지 못하는 데 너무 좌절감을 느끼지 않으시도록 내 관점을 설명드렸다. "어머니, '불립문자(不立文字)'란 말씀도 있지 않아요? 이게 원래 문자에 담을 수 없는 뜻인데, 따로 담을 데도 없으니까 그냥 담는 시늉만 한 걸 거예요. 그러니 이 글을 보고 뭔가가 어느 방향에 있나보다 하고 어렴풋이 느끼면 됐지, 그게 뭔지 글만 보고 알 수 있는 게 아닐 거예요." 말씀은 드리면서도 이 정도 추상적인 얘기가 과연 접수될지 확신은 없다. 그런데 대답 없이 생각에 잠기시는 걸 보면 충분히 이해가 되시는 것 같다.

〈불광〉 잡지를 비롯해 관심을 두실 만한 자료를 몇 가지 시도해봤지만 금강경에 대한 꾸준한 관심과 비길 만한 것이 없다. 금강경에서 관심의 패턴을 웬만큼 확인한 셈인데, 어떤 자료로 이어나갈지? 주변에 아동심리학 전문가가 없어서 아쉽다.

09.
02.
28.

그저께와 그끄저께는 어머니께 가 뵙지 못했다. 잠깐 가 뵙는 게 불가능할 정도로 바쁜 건 아니었지만, 꽤 바쁜 사정을 아내가 보고는 혼자 가 뵐 테니 일이나 하라고 나서주었다. 덕분에 급한 글들을 제법 차분하게 정리해낼 수 있었.

요즘 어머니가 며느리를 고와하시니까 아내가 찾아뵙는 일을 훨씬 더 즐겁게 여기는 것 같다. 인지상정 아니겠는가. 하루걸러 찾아오는 며느리를 보실 때마다 초면 손님 대하듯 하시고, 누군지 아시냐고 물으면 얼렁뚱땅 "내 제자야~" 하시는데 모시는 입장에서도 흥이 날 리가 없다. 내가 혼자 갔을 때도 장조림이나 과일즙을 드릴 때마다 아내 공치사를 열심히 한 덕분인가, 그럴 때 "우리 며느리는 참 신통해." "우리 며느리는 센스가 있어." 같은 말씀을 한 마디씩 하시게 됐다.

그끄저께는 혼자 갔다 와서도 아내의 기분이 좋았다. 그런데 그저께는 어머니의 심술 모드와 마주쳤던지, 내게 짐짓 "이제 어머니께 전 안 가 뵙겠어요. 며느리를 못 알아보시는 정도가 아니라 네가 무슨 며느리 자격이 있냐고 삿대질을 하시는데요, 뭐." 심술 모드에 드실 때는 기억이나 정신도 다른 때보다 더 혼미하신 것 같다.

어제 사흘 만에 병실에 들어서면서 반응이 어떠실까 궁금했다. 이틀 동안 안 온 것을 기억하고 계실지? 기억하신다면 그에 따르는 감정을 뭐든 보여주실지? 막상 나를 보시고는 반응에 특별한 점이 없으시다. 아직 시간에 대한 의식이 그리 뚜렷하지 못하신 것 같다. 마침 노곤하신 때여서 반응이 강하지 않으신 이유도 있었을지 모르지만, 시간 감각이 꾸준히 유지되시지 않는 것은 분명하다.

오늘은 연수가 외할머니를 뵈러 왔다. 영이의 세 딸 중 연수만이 외가를 찾는다. 그리고 연수가 엄마 모습을 그대로 빼닮았기 때문에 어머니가 연수를 보실 때의 반응이 나는 늘 조심스럽다. 지난 초겨울, 어머니 상태가 아직 안 좋으실 때 연수와 그 부모, 세 식구가 뵈러 왔을 때, 어머니가 지 서방은 근근이 알아보시는 눈치였지만, 연수를 보시고는 눈이 둥그레져서 벌떡 일어나실 기세였다. 그토록 오랫동안 어머니를 걱정시켜드리던 딸이라고 인식하신 것이 분명했다.

연수에게 점심때 오라고 얘기해뒀는데, 내가 좀 일찍 갔는데도 벌써 와 있었다. 연수 얼굴과 마주치시는 장면을 보지 못한 것이 아쉽다. 내가 들어가 보니 어머니 기색이 평온했다. 연수를 손녀로 인식은 하시는 것 같은데, 그냥 덤덤하게 받아들이시는 것 같다. 아내가 와서 며느리라고 하면 그냥 덤덤하게 받아들이시는 것과 똑같이. 외손녀가, 며느리가, 어떤 의미를 가진 존재인지 평상인처럼 분명한 인식을 하실 때도 있지만 그렇지 못하실 때도 있는 것 같다.

사진첩을 보실 때 영이 사진이 나와도 "내 딸이야." 알아보시면서도 무덤덤하실 때가 많다. 나는 아무래도 영이 얘기를 길게 꺼내지 않게 되는데, 아내 얘기를 들으면 영이 사진을 보며 단편적인 얘기를 하시기도 한단다. 어쩌다 한 번씩 영이 사진을 보면서 말씀을 잃고 생각에 잠기실 때가 있다. 나는 아직도 모르겠다. 그 오랜 고통을 무덤덤하게 받아들이실 만큼 집착을 벗어나신 것인지, 아니면 의식의 파편화로 인간관계의 의미를 잃어버리신 것인지.

식사 후 독경집을 꺼내자 어머니는 반야심경만 외우신 후 금강경은 내게 읽어달라고 하신다. 내가 현토식으로 읽는 것을 연수도 흥미롭게 듣는다. 한문 공부를 한 아이기 때문에 처음 보는 금강경이지만 쉽게 눈에 들어오는 것 같다. 네가 한 번 읽어보라고 밀어주니 제법 읽어낸다. 맡겨놓고 옥상에 올라가 담배 한 대 피워 무는 내 눈앞에 어머니 곁에 앉아 있는 연수 모습이 자꾸자꾸 떠오른다. 어머니를 잃은 지 20년이 넘는 아이가 어머니의 어머니 곁에서 금강경 읽어드리는 모습이.

09.
03.
04.

김 여사가 시작하고 주 여사가 이어받은 사업의 하나가 어머니 노래시키는 거였다. 아직 회복이 덜 되어 어리버리하실 때부터 틈만 나면 어머니 곁에 와 노래를 불러드리고 따라 하시도록 권하는 것이었다. 얼리는(조선족 말, '꼬신다'는 뜻) 재간들도 참 좋아서 어머니도 꽤 열심히 따라 부르셨었다. 레퍼토리는 〈아리랑〉과 〈반달〉 두 곡뿐이었지만.

지금 있는 분들은 꼭 필요하진 않아도 재미있을 것 같은 일 찾아서 하는 여유가 없어 보인다. 그래서 주 여사 떠난 뒤로는 노래 부르는 취미를 잊으셨는데, 얼마 전부터 내가 조금씩 시작했다. 며칠에 한 번씩 해보다가 차츰 반응이 좋아져서 그저께부터는 정규 일과로 만들었다.

처음 시작할 때는 기존의 두 곡을 집중 공략했는데, 어쩌다 한 번씩 따라 부르더라도 입 안에서 웅얼거리는 정도로, 큰 흥미를 보이지 않으셨다. 그러다 어느 날 다른 곡을 불러드렸더니 흥미를 크게 일으키시는 것이었다. 가장 열렬한 반응을 보이신 곡은 〈행복의 나라로〉. 얼굴을 가까이 하고 나직하게 불러드리는데, 눈을 크게 뜨고 몰입한 표정으로 내 입을 뚫어져라 바라보면서 오른손으로(나는 대개 어머니 왼쪽에 앉는다.) 박자까지 맞추신다. 끝나면 "또!", 과일즙 드릴 때 다음 순갈 재촉하는 것과 같은 수준의 식욕을 보이시는 바람에 어느 날은 열 번도 넘게 불러드렸다.

내 입을 쳐다보시는 표정, 참 가관이시다. 어떤 때는 그 표정이 너무 우스워서 노래를 제대로 부르지 못할 정도다. 한 곡 끝나면 "참 좋다.", "참 잘 부른다." 말씀이 너무나 자연스럽게 따라 나오고, "네가 어쩌다 이렇게 잘 부르게 됐냐?" 묻기까지 하신다. 내가 음치라는 사실은 나에 대해 가장 확실하게 기억하시는 사항의 하나다. 진짜로 노래에 빠지셨을 때는 그런 정도 사설도 늘어놓으실 겨를이 없다. 그냥 "또!"

어제부터 새 노래를 가르쳐드리기 시작하면서 새로운 단계로 접어들었다. 그때까지의 패턴은 내 노래를 감상만 하시다가 이따금 〈아리랑〉과 〈반달〉로 돌아오는 것이었는데, 제3의 길을 시도했더니 뜻밖에도 반응이 폭발적이었다. "다른 노래 하나 가르쳐드릴까요?" 했더니 "그러렴." 〈송아지〉와 〈찌르릉〉을 시도했는데, 〈찌르릉〉이 맞아떨어졌다. 〈송아지〉는 새로 배울 필요도 없이 알고 계셨지만 큰 흥미를 일으키지 않으셨는데, 〈찌르릉〉이 나오자 표정이 순간적으로 바뀌신다. 손으로 박자를 맞추고, 완전 몰입 모드다. 끝나자 "또!"를 외치고, 이번엔 따라 부르신다. 세 번째 부를 때는 가사에 애매한 점을 확인까지 하신다. 일고여덟 차례 지나가면서는 끝날 때마다 "그게 다야?", "그렇게 짧어?" 하고 아쉬움을 보이신다.

노래에 이렇게 빠져드시는 것이 음식에 빠져드시는 것과 궤를 같이 하는 현상 아닐까 싶다. 좋아하시는 대상에 아무런 거리낌 없이 그대로 빠져드시는 것이다. 먹을 것을 사양하시는 일이 (어떤 음식이라도!) 전혀 없는 현상을 최근에 여사님들도 조심스럽게 생각하기 시작했다. 어제 들어오는 길에 간호사와 의논하고 있는 강 여사를 마주쳤는데, 달라시는 대로 음식을 다 드려도 괜찮은지 묻는 것이었다. 간호사는 크게 조심할 필요 없다는 의견을 얘기해줬는데, 강 여사가 오늘 잠깐 나랑 얘기할 때는 아무래도 조금은 배고프시게 하는 편이 낫겠다고 자기 생각을 말해준다. 이렇게 자발적으로 문제를 생각해주니 마음이 정말 편하다.

아무튼, 어머니의 기억이 완전하지 못한 하나의 측면이 '거리낌'을 잊어버리신 거라면, 몸도 제대로 움직이지 못하시는 지금이 그분 인생의 또 하나 '황금기'로 큰 가치를 가진 것이라 생각한다.

09.
03.
07.

어제 저녁, 공항으로 나가기 전에 병원에 들렀다. 여사님들께 오늘은 형이 와서 좀 늦게까지 앉아 있을 거라고 양해를 청하고 (아무래도 8시 넘어까지 있으려면 여사님들 휴식에 방해가 되는 것 같아 좀 미안하다.) 식사 후에 간식을 드리지 말라고 부탁했다. 나중에 우리가 와서 뇌물을 쓸 여지를 남겨두도록.

나가기 전에 어머니께 "어머니, 기봉이 보고 싶으시죠? 제가 가서 데려올게요." 하니 눈이 동그래지셔서 "기봉이? 기봉이 미국 있는데?" "어디 있은들 어머니가 보고 싶어 하시는데 제가 안 데려올 수 있나요? 조금만 기다리세요." 반신반의하는 표정으로, 나가는 나를 붙잡지는 않으신다.

8시 10분에 형을 끌고 병실에 들어섰다. 형 얼굴을 보자 입꼬리가 척 귓가에 가 걸리신다. 한 시간 내내 너무 아까워서 눈길을 다른 데로 돌리기도 힘드시다. 이따금 내게 눈길을 던지실 때는 '이렇게 훌륭한 아들을 데려올 줄 알다니, 저 녀석도 쓸모가 아주 없진 않군.' 하는 표정이 읽힌다.

그런데 간간이 형을 쩔쩔매게 하는 상황이 벌어진다. "그래 기봉아……" 하며 잘 이야기를 나누시다가, 손을 뻗쳐 얼굴까지 만져보고 하시다가, 느닷없이 형 얼굴을 바짝 들여다보며 "우리 봉아하고 참 똑같이 생기셨수…… 어쩜……." 나를 돌아보시며 "그렇지? 참 잘생기셨지?", 다시 형을 보며 "정말 우리 기봉이를 보는 거 같아요." 정색으로 말씀하신다.

형은 처음엔 "어머니, 저 기봉이 맞아요." 하고 정체성 확인에 급급했다. "에이,

우리 기봉이는 미국에 있다고요." 하시면 "미국에서 이제 막 비행기 타고 왔다니까요." 그러면 특별한 검증 과정도 없이 또 아들로 대하신다. 그러다가 한 5분 후에 또 "정말 기봉이하고 똑같으시네. 생긴 것만이 아니라……." 거듭되니까 반응을 형도 조금씩 바꿔가며 어머니의 반응을 관찰한다. 처음엔 2, 3분마다 한 번씩 의혹을 제기하시던 것이 후반부로 접어들면서는 좀 뜸해졌다.

요샌 하도 능청스럽게 농담도 잘 하시니까 나도 판단하기가 힘들다. 이 사람이 기봉이일 리가 없다는 생각이 정말로 들어서 그러시는 건지, 아니면 모처럼 보는 기봉이 맛을 더 알뜰하게 누리시느라고 장난을 치시는 건지. 확실치는 않지만, 돈을 꼭 걸 일이라면 뒤쪽에 끌린다.

완전히 잔칫집 분위기가 됐다. 여사님 세 분 중 한 분은 새벽 근무를 위해 휴식에 들어가 있을 시간인데, 모두 모자 상봉 장면을 구경하며 축하해주기 바쁘다. 매주 두어 번씩 전화를 바꿔주던 그 주인공, 사진만 보여도, 목소리만 들어도, 얘기만 나와도 어머니 표정이 흐뭇해지시던 그 사랑스럽고 자랑스러운 아들이 드디어 나타났으니. 맨날 호통만 듣는 천덕꾸러기 셋째 녀석과 뭐가 어떻게 다를까?

9시 가까이 되어 내가 먼저 나와 밖에서 기다렸다. 20분쯤 지나 형이 나왔고, 나오면서 방 안을 보니 어머니는 여사님들에게 둘러싸여 아직도 흐뭇한 표정으로 앉아 계신다. 형이 빠져나올 수 있도록 여사님들이 육탄 작전에 나선 것이 안 봐도 훤하다.

매주 두어 번씩 전화를 바꿔주던 그 주인공,
　　사진만 보여도, 목소리만 들어도, 얘기만 나와도
　　어머니 표정이 흐뭇해지시던 그 사랑스럽고 자랑스러운 아들.

형을 태우고 병원을 떠나면서 물었다. "어때? 내 보고가 꽤 정확했지?" 끄덕이며 고맙다고 한다. 그 보고 아니었으면 엄청 놀랐을 게다. 전번 다녀간 것이 작년 4월 초였나? 그래도 아직 기력이 있으실 때였고 튜브피딩으로 들어가시기 전이었지만, 지금의 명민하고 활달하신 모습과는 차이가 컸다. 그 사이에 힘든 고비를 넘기시고 오히려 더 쌩쌩한 모습을 보이고 계시니.

09.
03.
08.

외삼촌, 외숙모와 이모가 벼르고 벼르다가 찾아오셨다. 큰형이 다니러 온단 말을 듣고 큰형도 볼 겸 날을 정해 찾아들 오신 것이다. 외삼촌이 80세, 외숙모와 이모가 76, 77세. 어머니 손아래라서 잘 실감이 나지 않아 그렇지, 막상 생각해보면 나이 드실 만큼 드신 노인분들이다. 11시 반에 전철역으로 모시러 나갔는데, 용인 사는 외삼촌 내외는 그렇다 치고, 여주 산골 속에 사는 이모는 새벽 6시 반에 출발하셨단다.
얼마 전 한 차례씩 전화 통화들을 하셨기 때문에 웬만했지, 지난 늦가을 기력이 제일 떨어지셨을 때 와 뵌 데 비하면 완전히 '살아 돌아오신' 누님이요 언니시다. 이렇게 한 차례 대면하고 나면 이승에서 다시 볼 수 있을지 기약하지 못하고 발길을 돌리시지만, 그래도 기쁜 건 기쁜 거다. 병원 부근의 중국집에서 형이 점심 대접을 한 뒤 전철역으로 다시 모셔드렸다.
이모님이 내리면서 봉투를 하나 안겨주신다. 오실 때마다 크든 작든 봉투 하나는 꼭 안겨주시는 이모님. 자식 없이 이모부님 먼저 보낸 지 10여 년 되는 이모님을 우리가 전혀 살펴드리지 못하는 게 생각날 때마다 안쓰러운 일인데, 거꾸로 이렇게 받는다는 게 정말 염치가 없다. 그래도 언니 위하시는 뜻이니 따를 수밖에.
큰형은 하루를 병원에서 살았다. 아침 먹고 데려다준 뒤 집에 돌아와 있다가 점심때 아내와 함께 노인분들 모시고 가 점심 식사 한 뒤 혼자 병실로 돌아갔다. 저녁때 가보니 모자 상봉이 그대로 계속되고 있다. 어머니도 다들 점심 먹으러 나간 동안 외에는 쉬지 않고 형과 응대를 하셨다니, 노곤하실 만도 한데 그냥 쌩쌩하시다. 저녁 식사 후에도 두 시간 동안 이야기도 주고받고, 장난도 치고 하다가 8시 가까이 되어 내가 금강경을 읽어드리자 눈꺼풀이 내려오고 이윽고 코를 골기 시작하신다. 교수 시절 학생들 사이에 '수면제'로 통하던 내 강의 실력이 아직도 녹이 슬지 않았다.

집에 들어와 형과 나이트캡 한 잔 하며 앉았다가 이야기가 길어졌다. 1년 사이에 내 일에도 변화가 많이 있었지만 형 일에도 큰 변화가 있어서 얘깃거리가 많았다. 군사과학 분야에서 30여 년 일해온 끝에 이제 연구소와 회사를 떠나 단독으로 의회가 지원해주는 프로젝트를 몇 년간 운영하게 되어 일에서 보람을 찐하게 느끼게 되었다고 한다. 보람을 느낀다니 좋은 일이긴 하지만…… 일에 너무 시달리는 것 같아 안됐기도 하고, 이제 은퇴해서 한국 들어오면 내가 어머니 인계하고 중국 가기도 좋을 텐데, 하는 아쉬움도 느낀다.

어제 아내가 드디어 작은형을 붙잡았다. 큰형과 내가 여러 날 전부터 통화를 시도해도 받지 않던 사람이 어쩌다 아내 전화를 받고, 큰형 와 있다는 얘기를 듣고는 오늘 오겠다고 했단다. 그러더니 오늘 12시에 정말로 나타났다.

바로 병원으로 데려가 아침부터 출근해 있던 큰형과 함께 오랜만의 3형제 사열식을 가졌다. 작은형 얼굴을 보자 어머니는 "어! 이 사람 왔구만, 도망 참 잘 다니는 사람이지!"로 시작해 즉각 농담 모드에 진입하신다. 큰형 보고 반가워하시는

것과도 완연히 다른 분위기다. 말씀을 하시면서든 들으시면서든 작은형 바라보
시는 눈매에는 내내 생글생글 웃음기가 떠나지 않으신다. 그 속 편한 작은형도
꽤 놀라고 감동 먹는 눈치다. 몇 주 전 통화가 되었을 때 내가 회복되신 상황을
얘기했었지만, 이 일기를 받아보지 못하고 있었으니 이런 정도로 신나게 놀고 계
실 줄은 상상도 하지 못하고 있었던 것이다.

2시쯤 되어 더 놀고 싶어 하시는 어머니를 겨우 달래놓고 형들을 집으로 데려와
점심 같이 했다. 정병준 교수가 아버지 글 모아놓은 것을 보고는 작은형도 놀
란다. 내가 아들 노릇 하는 것과 스스로 비교하는 마음이 신선 입장에서도 조금
은 드는 눈치다.

그런 낌새를 놓치지 않고 큰형과 내가 협공에 나섰다. 어머니 표정 봐라, 둘째는
어머니에게 특별한 아들인데, 인생에 큰 지장 없으면 아들 노릇 좀 하라고. 나는
어젯밤 큰형과 나누던 이야기에서 연장해, 앞으로 내 일은 중국에 건너가 지내며
하는 편이 좋은데 너무 오래 붙잡혀 있어 좀 안타까운 마음이 든다, 작은형이 이
제 한 몫 해주면 내가 너무너무 행복해지겠다고. 둘러댈 말도 없으니 응낙은 한
다. 매주 강의하러 서울 올라오는 길에 꼭 어머니 뵈러 오겠다고. 그런 응낙을 곧
이곧대로 믿을 만큼 내가 경험이 없는 사람은 아니다. 그러나 당장 듣기 좋은 걸
어떡하나. 그리고 또⋯⋯ 혹시 아냐?

점심 후에 형들을 병원에 데려다 놓았는데, 지금 막 작은형이 먼저 돌아왔다. 잠

간 어머니 상태를 놓고 이야기를 나눴는데, 나중이야 어쨌든 지금은 어머니 자주 와 뵙고 싶은 마음이 돈독한 것 같다. 그렇게만 된다면야 어머니 행복이야 끝내주시는 거지. 정말 그 편애는 스스로도 어쩌실 수 없는 것 같은데, 이 대목에서 편애의 보람을 얼마만큼이라도 누리실 수 있었으면.

09.
03.
10.

어제 저녁 8시, 형과 형수를 택시 태워 호텔로 보낸 다음 병실로 다시 올라갔다. 사흘 전 그 시간 큰아들이 도착해서부터 조금 전 3년 만에 맏며느리 얼굴을 보시기까지, 홍겨운 시간을 보내셨다. 이제 다시 적막한 시간이 돌아오는 것을 어떻게 받아들이시는지, 잠깐이라도 살펴드리고 싶었다.
내가 들어서는 것을 보고 눈을 상큼하게 뜨시고는 "너 또 왔구나." 하신다. "네 어머니, 이제부터 심심하게 되셨어요." 하니까 달관하신 말투로 "그래, 사는 게 그런 거지 뭐." 하신다. "어머니, 이제 못생긴 저밖에 안 남았네요." 하니까 (그럴싸하게 봐서 그런지) 애절한 표정으로 바뀌시면서 "그래, 나한텐 너밖에 없다."
아내가 이제 막 병원에서 돌아왔다. 들어오자마자 아직도 가라앉지 않은 흥분된 기색으로 말한다. 돌아오려고 일어설 때 어머니가 갑자기 "난 며느리가 있어서 참 좋다!" 소리 높여 외치시는 바람에 이웃 할머니들과 여사님들이 모두 웃더라고. 어떤 방식으로든 자기 존재와 역할을 인정받는다는 것이 사람에겐 기분 좋은 일이 아닐 수 없다.
잔치 후유증을 느끼실까봐 아내에게 점심때 가봐 달라고 아침에 부탁할 때 아내는 "싫어요. 훌륭하신 아드님들 며느님 다 두고 알아보시지도 못하는 나만 열심히 다닐 일이 뭐 있어요?" 앙탈했다. 작은형이 소홀한 것에 대해선 내가 더러 불편한 심기를 보여도 "그분 사정이 그럴 만한 게 있겠죠." 하면서 너그러운 체하는 사람이 어제 저녁 얼굴도 보지 못하고 지나친 동서에 대해선 못마땅한 모양이다. 내가 짐짓 "맞아요, 안 볼 땐 그냥 내 할 일 한다고 생각하며 지냈지만, 막상 형들이랑 형수 다녀가는 걸 보니까 나도 뭔 할 일 없어 혼자 충성인가 싶은 마음이 들어." 하니까 짐짓 하는 소리인 줄 뻔히 알면서도 맘이 좀 풀리는 기색이다. 아내가 과일즙을 갈고 있을 때 어젯밤 대충 대놓았던 차를 옮겨놓으려고 현관을 나서려니까 깜짝 놀라 쫓아 나오며 어디 가냐고 묻는다. "병원에 좀 다녀올게요." 시치미를 떼니까 다급하게 "여보, 과일즙 갈아 갖고 제가 갈 거예요." 하기에 "그래요? 그럼 차만 좀 옮겨놓고 올라올게요." 했더니 "어휴~ 저 능청! 또 속았네."

아내의 시각으로 사물이나 관계를 새로 바라보게 되는 일이 많다. 아내의 개인적 성격에 따른 차이도 있지만, 한국 사회와 조선족 사회의 풍속 차이가 작용하는 면도 있다. 형수의 행동양식에 대한 관점에는 미국화가 많이 된 한국 사회와 그렇지 않은 조선족 사회의 차이가 많이 작용할 것 같다.

어제 아침까지만 해도 저녁때 도착할 형수가 어머니를 바로 뵈러 갈 예정이 아니었다. 형 내외는 인도에 단체관광을 가는 길인데, 형은 며칠 앞서 와서 어머니 뵐 시간을 가지고, 형수는 어제 서울 와서 오늘 형과 함께 인도로 갔다가 관광 끝나고 미국 돌아가는 길에 다시 하룻밤 들를 때 어머니께 가 뵐 예정이었다. 그런데 어제 아침 식탁에서 일정을 의논하다가 내가 형과 함께 공항으로 형수 마중 나가겠다는 제안을 했다. 형은 오후 일찍 플라자 호텔에 자기 짐을 갖다 둔 다음 공항으로 나가겠다고 하고 있었는데, 그렇게 오락가락할 거 있냐, 내가 공항에 함께 나갔다가 호텔에 데려다주겠다고 제안한 것이다.

그렇게까지 해주면 좋기는 하지만 미안해서 어쩌냐고 형이 말하는데, 내 대답이 형의 아픈 데를 찔렀다. "형수가 인사성이 없다고 나까지 인사성이 없어서야 되겠어요?"

병석에 계신 시어머님 3년 만에 뵙는 일을 관광 뒤로 늦추는 행동양식을 나는 인정한다. 그러나 인사성 없는 행동양식이란 사실은 감출 수 없는 일이다. 나는 상당히 미국화된 한국 사람이기 때문에 인사성 없다는 것을 치명적인 문제로 생각지 않는다. 그러나 아내는 나서서 비판하지는 않지만 그 문제를 나보다 훨씬 더 심각하게 여길 것이고, 농담 같은 한 마디에도 그런 마음이 비쳐지는 것 같다. 3년 전 동서간에 딱 한 번 마주쳤을 때도 아내가 형수의 행동양식을 이해하지 못한 측면이 앙금처럼 남은 것을 느낄 수 있다.

쓰다 보니 형수의 행동양식 문제를 많이 들먹였는데, 이 글은 형에게도 보낼 것이고 따라서 형수도 보게 될 것이라 생각한다. 그걸 감안하고 나는 분명히 말한다. 나는 형수의 행동을 보고 비평을 할 뿐이지, 비판은 하지 않는다. 마주치는 상대방의 사고방식에 대한 배려를 할 줄 알면 인생을 좀 더 행복하게 살 수 있지 않을까 하는 생각을 할 따름이다.

내가 형한테 '인사성'을 들먹이다니, 스스로 생각해도 정말 가소로운 일이다.

형은 초년 시절부터 내내 인사성 밝은, 정성스러운 태도로 인생을 살아온 사람이다. 나도 꽤 인사성 밝은 기질을 타고난 편인데, 중년에 많이 흐트러졌었다. 근년에 다시 가다듬어서, 어머니께 얼마간이라도 힘이 되어드릴 수 있게 된 것도 인사성을 회복한 덕분이다. 아내의 도움을 얻게 된 것도 무엇보다 그 덕분이다.

아내가 병실에서 나오며 "어머니, 저는 지금 가지만 기협 씨가 있다가 온다고 했으니까 기다리세요." 했더니 "안 와도 좋으니 일 열심히 하라고 해라." 그러셨단다. 가지 말고 일이나 할까? 대구에서 온 친구들이 오랜만에 한 잔 하자고 부르는데, 거기나 갈까?

나를 '효자' 로 여기는 분들에게 일일이 반박하지는 않지만, 아무래도 어색하다. 나는 오랜 기간에 걸쳐 어머니를 미워했던 적이 있는 사람이다. 오늘 저녁에도 일이고 친구고 미뤄놓고 어머니께 가는 것은 어머니와 함께하는 시간이 즐겁기 때문이다. 어머니도 그걸 아시기 때문에 안 와도 좋다고 배짱 튕기시는 걸 게다.

아내의 우스개 하나가 생각난다. 한국 와서 텔레비전 보다 보니까 한국에선 바람직하지 못한 신랑감의 조건 하나가 효자라는 사실을 알게 되었다고. 결혼할 당시엔 효자 아닌 척하다가 지금 본색이 드러나고 있으니 자기가 사기당한 것 아니냐고. "여보, 내가 어머니께 충성하고 있는 건 당신한테 충성하기 위한 연습이에요." 하면 "정말 말씀은 참 잘하신다." 하면서 또 사기에 넘어가 준다.

09.
03.
14.

형들이 다녀간 뒤 정서불안 증세를 보이신다. 음식 더 달라는 것을 비롯해 분노의 표현이 극단적이 될 때가 많다. 별것 아닌 일에 역정을 내고 목청껏 소리를 지르신다. 금강경을 읽어드리거나 노래를 불러드리면 웬만큼 가라앉으시지만, 조금 지나면 무슨 꼬투리든 찾아 심술 모드로 금세 넘어가신다. 음식 욕심도 즐기는 선을 넘어 맹목적인 탐욕에 가깝게 나타내실 때가 많다.

무엇보다 간병인들 눈치가 보인다. 호통을 치셔도 전처럼 장난기 있는 것이 아니라 역정기가 뚝뚝 흐르고, 쌍욕까지 불쑥불쑥 끼어드니 아무리 직업으로 하는 일이라도 기분이 좋을 리 없다. 그분들이 좋은 기분으로 대해드리지 못한다면 보살핌의 질과 양이 떨어질 수밖에 없으니……. 아내와 내가 기회만 있으면 좋은 말로 여사님들 비위를 맞춰주려 애쓰는데, 그분들은 오히려 우리를 위로해준다. 자기네에겐 그리 심한 태도를 안 보이시는데, 왜 아드님과 며느님에게 그리 박하신지 모르겠다고.

사흘 전 작은형이 다녀간 뒤로 문제가 두드러지게 되었다. 점심때 아내가 다녀오고 저녁때 내가 갔는데, 그 사이에 다녀갔다고 한다. 간식 권하는 일에 여사님들이 참견하는 일이 좀체 없는데, 식사 후에 과자를 권해드리려 했더니 방에 있던 두 분이 모두 나서서 오늘은 그만 권해드리라고 한다. 옆에서 보기에 걱정스러울 만큼 많이 대접해드렸던 모양이다. 형이 매주 들르겠다고 한 것이 진심인 모양이라 반갑기는 한데, 어머니랑 노는 방법에 관해선 한 차례 의견을 얘기해줘야겠다.

닷새 전부터 시작한 물리치료에 자극받으신 면도 있을 것 같다. 지난주 닥터 한에게 물리치료 받으시는 게 좋을지 한 번 검토해봐 달라고 부탁해서 받으시게 된 것인데, 2시에 6층의 치료실로 모셔 가 30분간 받으신다. 별건 아니다. 치료사가 그림을 보여드리며 말을 시키고 팔을 조금 주물러드리는 정도다. 그런데 오랜만의 자극이기 때문에 예민하게 느껴지시는 것 같다.

다음 주에는 일단 중지하는 게 좋을 것 같다. 어제 참관해보니 치료사의 교양 수준이 낮아 나라도 짜증이 날 만한 대목이 종종 나온다. 그저께 아내가 참관할 때 어머니가 폭발하시는 것을 봤다는 대목은 진짜 심했다. 학력, 경력을 묻다가 "할머니 그렇게 공부를 많이 하셨으면 부자시겠네요." 하는 소리에 어머니가 펄펄 뛰시더라고.

오늘은 점심때 아내가 갔다가 영 풀이 죽어서 돌아왔다. 얘기를 별로 하고 싶어 하지 않는 것을 얼러서 입을 열게 하니 막 쏟아져 나온다. 왕년에 며느리마다 못 살게 구시던 진면목이 되살아나신 듯하다. 이걸 반가워할 일인지? 회복은 회복이신데.

6시 조금 넘어 병원으로 갔다. 어제보다도 나와의 커뮤니케이션에 흥미가 줄어들어 보이신다. 뭔가 휘황한 일에 정신이 쏠려 있는 듯하고, 불쑥 밑도 끝도 없는 얘기를 내게 던지시고는 원하는 응대를 해드리지 못한다고 버럭 짜증을 내고 소리를 지르신다.

"내가 그동안 생각한 끝에 결론을 내렸으니 너, 지금부터 내 예언을 들어라. 이 예언을 절대 믿어야 한다." 이렇게 시작하시고는 "그 사람 성은 누를 황이다. 그리고 이름 둘째 글자는 일천 천. 너 그런 사람을 아느냐?"

이름 끝 자가 뭐냐고 여쭈니 터 기라 하시고, 그런 사람 모른다고 하니까 어째 모르냐고 역정. 그리고 말씀이 끊어지실 때는 오른팔을 위로 뻗어 뭔가를 가늠하며 쳐다보시는 듯이 천장을 바라보신다. 그러다가 "이쪽 절반, 이 방은 너희가 쓰고, 저쪽 방은 개랑 내가 쓸 테니 너희는 우리 쪽에 신경 쓸 필요 없다." 영이 얘기를 하시는 것일까?

형들이 오기 전까지 단순한 생활 패턴이 조금씩 확장되는 가운데 생각과 느낌의 범위가 실질적 감각의 뒷받침 위에서 차분히 늘어나고 있던 것이 며칠 사이에 추상의 범위로 넘어가 버린 것이 아닐지? 당분간 자극을 좀 줄여야겠다. 우울한 기분을 느끼실 때가 있는 것도 회복의 한 측면이겠지만, 요즈음의 맹목적인 분노는 너무 불안정한 양상을 보이시고 있다.

09.
03.
15.

점심때 가 뵙고 한결 마음이 놓였다. 쓰러지신 후 2년 가까이 지나는 동안 내가 어머니께 제일 가까운 사람이 되었다. 생활을 함께하는 간병인 여사님들이 어떤 면에선 제일 가까운 분들이지만, 병실 밖 세상과의 관계는 나를 통하지 않으실 수 없게 되었다. 한때 그분이 내 보호자셨던 것처럼 이제 내가 그분의 보호자가 되었다. 그런데 보호자와 소통이 되지 않는다면…… 체력이 유지되신다 하더라도 생활의 의미가 극도로 위축되실 것이다. 극단적으로 말하면 '생존'에 가까운 상태.

4개월 전 회복이 시작되신 이래 어머니의 '생활'은 꾸준히 발전해왔다. '또 하나의 인생'을 사시게 된 것으로 나는 생각하게 되었다. 아직 기억력은 정상인과 다르시지만, 쓰러지시기 전 절에서 지내실 때에 못지않게 된 것으로 보이고, 사고력은 그때보다도 훨씬 나으신 것 같다. 음식과 노래, 농담 등에 대한 감각도 정상인 부러우실 것이 없다.

그런데 지난 수요일에서 어제까지 나흘 동안, 회복되신 기력이 당신 자신을 괴롭히는 쪽으로 작동하는 일이 많았다. 요 몇 달 동안 어머니에겐 분노라는 것이 거의 없었다. 실수로 아프게 해드렸거나 할 때 순간적 반응을 보이시는 것 외에는 어떤 가치나 원칙에 대한 집착 때문에 크게 괴로워하시는 것을 보지 못했다. 가치와 원칙을 아끼는 마음은 있지만, 그것이 손에 닿지 않는다면 없이도 살 수 있다는 초연한 자세로 보였다.

그런데 요 며칠 동안은 음식을 요구하는 태도부터 달랐다. 끝없이 "더!"를 외치시고, 거절당하면 극한적인 분노를 드러내셨다. 인생에 불만을 느끼시는 것으로 나는 생각했다. 음식, 노래, 농담을 여유롭게 즐기시던 태도가 사라졌다. 당신의 생활을 불행한 것으로 규정하시고, 생활을 행복하게 누릴 희망과 노력을 포기하신 것으로밖에 이해할 수 없었다. 나랑의 소통도 벽에 부딪친 것 같았다.

어제 저녁때도 그런 상태셨다. 그러던 것이 오늘은 많이 달라지셨다. 과격한 태도는 여러 모로 남아 있어도 그리 심하지가 않고, 그 밑에 두텁게 깔려 있던 분노가 많이 삭아든 것 같다. 뺙하면 소리를 지르시고, 웃음기도 별로 담기지 않은 것이었지만, 극한적인 느낌은 줄어들어 있었다. 숟갈질 재촉도 기계적인 것이지만 짜증이 크게 담겨 있지 않았다.

후식을 좀 적게 드리는 편이 나을까 해서 눈치 보며 양을 줄였지만 별로 개의치 않으신다. 금강경도 열심이 덜하시고 보통 때보다 조금 읽은 뒤에 그만 하자고 하셨지만 거부감을 나타내지는 않으셨다. 그리고 노래를 불러드리니 예전과 별로 다름없는 태도로 빠져드신다. 한 곡 끝날 때마다 "네가 이렇게 노래를 잘 부를 줄이야!", "야, 넌 어째 그렇게 노래를 잘 부르나?" 과장스러운 극찬이 별로 나오지 않으실 뿐이다.

바로 결정한 것이 물리치료 중단이었다. 금요일에 참관해보니 30분간 치료사가 얘기를 나누는 것뿐이었다. 신체 자극과 정신적 자극을 병행하는 것인데, 신체 자극을 어머니가 아프다고 난리를 피우시니까 정신적 자극만 시술하는 것 아닐까 생각했다. 그런데 이런 대화 요법을 쓰기엔 치료사가 너무 어렸다. 인생에 대해, 인간관계에 대해 이해하는 범위가 너무 좁아서 그런 것 같았다. 일기에도 이따금 적은 예가 있지만, 요즘 어머니는 농담도 왕년의 경지를 거의 회복하고 계시다. 어린애 장난 같은 수작에 매여 있는 것이 불편하고 불쾌한 시간이 되지 않으실 수 없다.

09.
03.
16.

오늘은 남지심 선생님이 오신다는 연락을 받고 점심때 맞춰서 갔다. 남 선생님과 엘리베이터에서 만나 함께 병실에 들어섰다. 어머니는 어제보다도 마음이 편안해 보이셨다. 남 선생님을 알아보고 차분하게 반기신다. 이런 분 찾아오시면 물리치료보다 백 번 낫다. 가장 가까운 불교 수행의 도반으로서 어머니 기질과 성향을 잘 알고, 또 인생의 의미에 대해서도 어머니 못지않게 넓고 깊게 이해하시는 분. 남 선생님이 어머니와 놀아드리는 동안 나는 닥터 한을 만나 물리치료 중단 방침을 의논했다.

남 선생님의 이번 방문은 꽤 오랜만이었다. 전에 와서 뵐 때와 크게 달라지신 모습에 무척 기뻐하신다. 그래서 음식에서부터 명상 음악까지 어머니 인생을 더욱 풍성하게 만들어드릴 길을 떠올리기 바쁘시다. 이런저런 제안을 나는 고맙게 받아들이면서도, 어머니 행복을 더 키워드리기 위해 지나친 노력을 기울일 생각은 없다고 말씀드렸다.

말씀드리고 나니 생각이 뒤를 따른다. 어머니 틀니를 병실에 갖다 놓은 것이 한 달은 된다. 틀니를 끼면 음식을 즐기실 수 있는 범위가 대폭 늘어난다. 그런데 지금 틀니 없이, 상대적으로 제한된 범위의 음식만을 드시면서도 어머니는 충분한 즐거움을 얻고 계신다. 그렇다면 지금보다 더 다양한 음식을 즐기시도록 틀니를 넣어드리면 지금보다 더 행복하게 되실까?

그분의 주관으로는 행복이 크게 늘어날 것 같지 않다. 그리고 음식의 범위가 넓어진 상태에 맞춰 기대치가 늘어났다가 무슨 사정으로든 다시 음식의 범위를 줄여야 할 필요가 생기면 그때의 상실감이 지금 늘어날 수 있는 행복감보다 비교도 안 되게 클 것 아니겠는가?

나는 어머니의 지금 생활에 쓰러지시기 전의 인생과 구분되는 '제2의 인생'으로서 의미가 있다고 생각한다. 그 전에 번뇌를 느끼시던 일, 예를 들어 영이 일을 누가 언급하거나 생각이 떠오르실 때, "불쌍한 것" 하고 한숨을 쉬실 뿐, 그 걱정 때문에 음식맛을 잊어버리지 않으신다. 지금 생활에서 행복과 불행의 기준은 따로 있는 것이다. 특별히 좋아하시던 음식을(그런 게 뭐가 있는지도 나는 모르지만) 가시기 전에 한 번이라도 더 대접하기 위해 안달할 필요가 없다. 과자로는 웨하스와 강정, 과일로는 바나나와 딸기 등 틀니 없이 드실 수 있는 것, 그리고 각종 유동식으로 '충분히' 행복하시면 됐지, 기록적인 행복을 누리시도록 번잡스러운 일 벌일 생각이 안 든다.

그러나 이제 날이 더 좋아지면 고민이 또 생기겠지. 휠체어에 태워 산책 모실 만한 범위 안에 꽃을 감상하실 만한 데가 있으면 좋을 텐데, 그 생각 하면 자유로병원이 그리워진다. 남 선생님이 한 번 장애인 택시를 대절해 꽃구경을 모시겠다고 하는데, 어찌할 것인가. 어머니가 귀찮아하실 만큼 내가 자주 대절해드릴 수 있으면 좋을 텐데 그렇지 못하니, 그런 좋은 호의를 사양할 수도 없으면서 행여 또 다른 종류의 잔치 후유증이라도 겪지 않으실까 걱정해야 하다니.

09.
03.
20.

오늘은 조금 일찍 병실에 들어서며 마음이 조마조마했다. 어제 오랜만에 결석했기 때문이다. 한겨레 강좌를 비롯해 이런저런 일로 병원 갈 틈을 낼 수 없었다. 게다가 공교롭게 아내도 하루 종일 일 나가는 날이었다.
웬만큼 회복되시기 전에는 시간 감각이 별로 없어서, 오면 왔나보다, 가면 갔나보다였는데, 요즘은 40여 시간 안 보이면 확연하게 아실 것 같았다. 과연 내 얼굴이 보이자마자 지적을 하신다. 그런데 지적하시는 방법이 뜻밖이었다. 먼저 환한 웃음과 함께 "야! 네 얼굴을 보니까 참 좋구나." 그리고 덧붙이신다. "그런데 네 얼굴 보기가 왜 이렇게 힘드냐?"
평소처럼 자주 나타나지 않은 데 대한 지적이지만 참 절묘한 화법이시다. 그저께도 감명받은 일이 있다. 작은형이 4시쯤 오겠다고 했고 나도 맞춰 가서 얼굴 보기로 했는데, 장조림이 떨어졌기 때문에 점심때 잠깐 들렀다. 평소보다 너무 일찍 일어서기가 미안해서 지금 갔다가 조금 후에 작은형을 데려오겠다고 말씀드렸다. 작은형에 대한 애정은 거의 본능적이시다. 순간적으로 얼굴이 환해지며 탄성을 터뜨리신다. "기목이가? 아이구 신통해라!" 그런데 터뜨리시고 나서 얼핏 내게 미안한 생각이 드셨는지 덧붙이신다. "너도 신통하구…… 참 신통하다."
내가 욕심이 많은 사람이라면 서운할 수도 있는 태도시다. 어쩌다 한 번 나타나는 형 얘기엔 저렇게 반색을 하시면서 맨날 살펴드리는 나는 뒷전이라니……. 하지만 작은형에 대한 총애를 기정사실로 인정한다. 깡촌에 뒷전이라도 어디야?

본능적 반응에 이어 저만큼 마무리를 하려는 노력이 가상하시고, 앞뒤를 가리실 만큼 사고력이 회복되신 것이 반갑다.

이런 훌륭하신 태도는 마땅히 북돋워드려야 한다. 걸상에 엉덩이를 도로 붙이고 말씀드렸다. "어머니, 아들 중에 어쩌다 신통한 놈 하나 있으면 저 혼자 신통한 거지만, 아들마다 이렇게 신통하다면 다들 누구 닮아서 신통한 거 아니겠어요? 제가 노래를 하나 불러드리고 싶네요." 그리고는 어머니와 함께 부르는 네 곡 가운데 하나를 패러디했다. "송아지, 송아지, 신통송아지…… 엄마소도 신통소, 엄마 닮았네." 더할 수 없이 흐뭇한 미소가 얼굴에 넘쳐나신다. 편애를 드러낸 실태에 조금 미안해하시는 판에 감싸드리는 것이 고맙고, 패러디의 재미도 괜찮으신 것 같다. 아들하고 이 수준으로 놀다가 철부지 물리치료사한테 붙잡혀 계시려면 얼마나 답답하고 짜증나실까.

오늘은 회복되신 후 최고로 점잖은 태도를 보이셨다. 호통이 하나도 없으셨다. 장난기 섞인 호통조차도. 그리고 이따금 부리시는 응석 어린 애교도 없으시고. 그렇다고 엄숙하게 무게 잡으시는 것도 아니고, 편안하게 점잖으신 태도. 식사 후에 금강경을 읽다가 잘 이해를 못 하겠다든가, 논평하시는 태도도 학술토론에 가장 바람직한, 진지하면서도 대범한 말투셨다. 나도 거기 이끌려 최대한 성의 있는 해설을 한참 해드리다 보니 모르는 사이에 내 등 뒤의 할머니를 살펴드리고 있던 닥터 한이 걸어 나오다가 웃으며 인사를 하는데, 경탄의 기색이 곁들인 웃음이다. 하기야 90 노모 문안 와서 이렇게 금강경 강해를 베풀어드리는 효자가 흔하진 않겠지.

금강경에 많이 집중하셨는지, 금세 노곤한 기색을 보이신다. 조금 쉬시라고, 옆방에서 책 읽고 있다가 다시 와 뵙겠다고 말씀드리니 순순히 눈을 감으신다. 조용히 책을 읽을 만한 곳이 여기저기 있지만 오늘은 바로 옆 일반병실에 가서 앉아 있었다. 불원간 일반병실로 옮기실 가능성을 생각해서 실제 분위기를 파악하고 싶어서였다.

한 시간가량 있어 보니, 할머니들 활동성이 낮다고 해서 그렇게까지 번잡스럽지는 않다. 텔레비전 켜져 있는 시간이 많다는 점에서 덜 심심하실 것 같기는 하고. 그런데 문제는 야간 근무가 없다는 점이다. 어머니는 밤에 깨어 있으실 때가 많다는데, 중환자실에는 당직하는 여사님이 있고, 한밤중에 일도 별로 없으니 많이 응대해드리는 모양이다.

어머니 곁으로 돌아와 보니 깨어 계시다. 과일즙을 꺼내 드리며 늘 하는 대로 "어머니, 이거 한 번 뚜껑을 열면 다섯 숟갈은 드셔야 해요." 하니까 '다섯 숟갈, 좋지.' 흔쾌하시다. 네 숟갈째 떠 드리려니 "이게 네 숟갈째지?" 하시고, 다섯 숟갈 드린 뒤에 뚜껑 닫고 치울 때는 '좀 더 먹어도 좋겠다.' 하는 기색인데도 더 달라는 말씀이 없으시다.

두 번째 일어서면서 "어머니, 저 갔다가 내일 큰형 데려올게요." 했더니 눈이 둥그레져서 "기봉이를 어떻게?" 하신다. "어머니가 보고 싶어 하시는데 제가 어떻게든 데려와야죠." 하니까 말없이 흐뭇한 웃음. 그런데 기목이 데려온다고 할 때의 즉각적인 반색과는 좀 다르다. 어쩔 수 없는 일이다.

참, 오늘은 며느리한테 고맙다는 말씀까지 하셨다! 점심 식사 나오기 전에 채 여사가 장조림병을 밥상 위에 갖다 놓으니까 "이게 뭐지?" 하시기에 "며느리가 만들어드린 장조림이에요. 죽에 섞어 드시기에 좋은 거죠." 하니까 "그래, 며느리가 잘해줘서 참 고맙구나." 하셨다. 뭐건 보이기만 하면 무조건 "야, 저거 먹자!" "다 먹어치우자!" 늘 달려드시던 것과 확연히 다르다. 참! 아까 딸기 드실 때는 "너도 먹어라." 거듭거듭 권하셔서 나도 여러 쪽 먹었다.

09.
03.
25.

작은형이 3주째 출근했다. 수요일 오후 일찍 강의를 끝내고 수안보의 집으로 돌아가기 전에 어머니 찾아뵙는 것이 이제 습관으로 자리 잡는 것 같다. 건강도 괜찮은 듯하므로 이번 학기가 지나도 그 습관을 대략 유지할 것 같다. 어둡기 전에 길을 줄여놓아야 하기 때문에 오래 앉았지는 못해도 어머니께는 여간 즐거움이 아니다. 어제 형이 일어설 때 어머니가 "가지 마, 기목아. 너 가면 나 적적하단 말이야." 호소하셨지만 형은 미적거리지 않는 성격이다.

두 주일 전 형이 혼자 왔다가 갈 때는 어머니가 "가지 마, 가지 마!" 목청껏 절규하셨다는 얘기를 여사님들께 들었는데, 그에 비하면 지난주도 어제도 그렇게까지 절박하지는 않으셨다. 형 방문이 거듭됨에 따라 익숙해지시는 면도 있을 것이고, 대용품이 있어서 덜 아쉽기도 하셨을 것이다.

오늘은 정말 끝내주는 대용품이 있었다. 지기훈. 어머니 사촌여동생의 아들이니 나랑은 이종 6촌. 그런데 어머니께 이종 5촌 조카로서보다 더 가까운 것은 어머니의 수양딸 순옥이 남편으로서 수양사위의 관계다. 제주 선흘리에서 근 30년째 젖소목장을 운영하고 있는 기훈이가 오늘 찾아온 것이다.

어머니께서 진심으로 좋아하시는 조카요, 사위다. 그런데 나타나자 바로 알아보지 못하셨다. 그러나 기훈이가 곁에 앉아 손을 붙잡아드리고 어깨를 주물러드리고 하니까 꼭 집어 누구라고 파악은 되지 않아도 뭔가 익숙하고 호감이 가는 존재로 느낌이 찾아오는 것을 알 수 있다. 처음엔 경어체로 대하시다가 시간이 지남에 따라 하대가 늘어난다.

어머니 정년퇴직을 앞둔 시기, 나는 대구에서 지내고 작은형은 마명리에 터를 잡고 있을 때 부처님 인연으로 어머니 곁을 여러 해 지켜준 것이 순옥이였다. 우리 형제도 순옥이를 또 하나의 누이동생으로 여기게 되었고, 얼마 후 기훈이와 결혼해 '수양'을 뗀 집안사람이 되었다. 기훈이는 많이 어울릴 기회가 없었는데 내가 학교를 그만두고 제주에서 지낼 때 가까이 지내며 아주 좋아하게 되었다. 이성과 야성의 교묘한 결합이랄까, 어색한 결합이랄까? 살아가는 가닥이 그리 세련된 것이 아니면서도 나름의 깊이와 맛을 가졌다. 예술가로 나섰으면 낙농업자보다 괜찮은 길이 되었을지도 모른다. 얼마 전 딸 소영이가 이대 미대에 합격하는 것을 보고 놀랐는데, 고급 레슨도 받지 못하고 남들 부러워하는 학교에 붙은 것이 애비의 재주와 기질을 물려받은 덕분 아니겠는가 생각했다.

오늘 어머니는 기훈이 시중에 새로 매료되셨다. 제2의 인생에 따르는 보너스다. 원래 좋아하던 사람인 것을 잊어버리신 채로 새로 좋아하시게 되었으니 한 사람 놓고 두 번 즐기시는 것 아닌가? 하기야 내게 대해서도 마찬가지다. 이번 회복 뒤의 경험을 통해 새로 맺어지는 관계라는 측면이 크다. 때에 따라서는 과거의 의식과 연결이 비교적 두터워지실 때도 있지만, 지금 기억하시는 옛날이란 '전생'처럼 하나의 두터운 창문 건너편으로 느껴지시는 것 아닐지. 그렇지 않다면 영이 일을 비롯해 과거의 온갖 번민을 이렇게 편안히 벗어나실 수가 없을 것이다.

순옥이와 기훈이.
제주도에서 젖소 키우며 어지러운 세상을 벗어난 듯이 사는
　　이들 내외에게 어머니뿐만 아니라 나도 의지해서 지낸 세월이 있다.

기훈이를 너무 좋아하시는 통에 3시 반에 갔다가 8시까지 붙잡혀 있었다. 모처럼 육지에 온 기훈이, 인천 계신 부모님을 이제부터 가 뵈어야 하는데, 나는 조바심이 나지만 정작 본인은 늘 소량 살다가 너무 닮아버렸는지, 편안한 얼굴로 하염없이 모시고 앉아 있다. 7시 반에 내가 먼저 일어나 나오는데 어머니는 아무 아쉬운 기색 없이 작별을 하신다. 기훈이만 있으면 되니까.

복도에 앉아 책을 보며 30분을 기다려도 소식이 없다. 문으로 들여다보니 편안하게 한 분은 누워 계시고 한 사람은 앉아 있다. 방에는 장 여사만 있는데, 장 여사는 성품이 성실한 분으로 주변머리는 좀 없는 편이다.(연변 말로는 사람이 '고정하다' 고 한다.) 옆방에 앉아 있던 채 여사를 찾아 통사정을 하니 웃으며 방으로 쫓아 들어가 금세 기훈이를 내보내 준다.

기훈이도 어머니 편안하신 모습에 무척 기뻐한다. 인천에는 내일(오늘) 가 뵙겠다 하여 함께 집으로 들어와 오랜만에 한 잔 같이 하고 푹 잔 다음 아침 먹고 어머니께 갔다가 10시에 전철을 태워 보냈다.

기훈이에게 주물러드리는 요령을 약간 배웠다. 언제 배워두었는지 지압사로 나서도 썩 잘 나갈 만한 재주 같다. 배워놓은 요령만 가지고도 물리치료사에게 다시 맡기기 전까지 입문 단계는 때울 수 있을 듯. 지금 당장은 치료사의 손길에 거부 반응이 강하신데, 얼마 동안 내가 주물러드리면서 다소 적응력을 키워드릴 수 있지 않을까 한다.

09.
03.
30.

기훈이 다녀갈 때 안마에 중독되실까 걱정했는데 별 탈이 없으시다. 그 녀석이 주물러드리는 걸 너무 좋아하셔서 내게도 같은 걸 요구하실까봐 걱정했던 것이다. 실제로 기훈이가 주물러드리는 걸 옆에서 보고 있던 내게 "야, 넌 이렇게 좀 사람이 부드러울 수 없냐?" 주문까지 하셨었다. 진짜로 그 맛을 잊지 않고 내게 계속 요구하셨다면 사흘 연속 출근이 어려웠을 거다. 내가 몸살이 날 테니까.
그래도 틈만 나면 양손을 마주잡고 주무르시는 건 기훈이가 가르쳐드린 것을 잊지 않으신 것이다. 뻣뻣하시던 손가락이 며칠 사이에 부쩍 풀리셨다. 좀 있으면 숟가락질은 하실 수 있을 것 같다. 마비가 더 심하신 왼손 두 군데 맥점에 기훈이가 고약을 바르고 반창고로 덮어놓았는데, 하루 지난 뒤 내가 가리키며 누가 붙여드린 거냐고 물었더니 "스님이 붙여주셨어." 하시곤 덧붙이신다. "참 좋은 스님이야. 꼭 너 같은 스님."
맞다. 기훈이가 아직 총각일 때도 어머니는 훌륭한 스님감이다, 도인이다, 하며 무척 좋아하셨다. 바로 전날 다녀간 기훈이를 조카로, 그리고 수양사위로 분명히 인식하셨지만, 하루 지난 기억에는 "좋은 스님"으로 남아 있는 것이다. (어머니는 나도 괜찮은 스님감으로 지목하셨었다. 두 번째 파경 보고를 들으시곤 거의 희희낙락 하며 "네 팔자가 아무래도 스님 팔잔가보다. 좀 늦긴 했지만 지금이라도 머리 깎지 않으련?" 하시던 것이 어제 일 같다.)
음식을 절제하시는 능력이 확고해지셨다. 죽을 딱 한두 숟갈 남기시는 일이 몇 번 있었고, 깨끗이 비우실 때도 더 내놓으라고 조르시는 일이 없다. 빈 식판을 치우려면 더 먹게 놔두라고 하실 때가 이따금 있지만 농담이 분명하시다. 과자도 과일도 지나치게 드실까봐 조심스러운 일이 이제 없어졌다. 요즘은 딸기를 많이 즐기시는데, 얼마 전까지는 다 없어질 때까지 일로 용맹정진이시다가, 어느 날 한두 쪽 남았을 때 "너도 먹어라." 하고 넘겨주시더니, 요 일간에는 몇 쪽 드실 때마다 나도 한 쪽씩 먹게 되었다.

긴 방의 짧은 끝벽을 등지고 어머니와 또 한 분 할머니가 나란히 누워 계신다. 어머니와 동년배이신데 기골이 장대하고 성품이 대범하신 인상이다. 그 자제들이 간식 공급에 열심이라서 어머니가 딸기 좋아하시는 것을 그분 덕분에 알게 되었다. 그분이 식후에 늘 딸기를 드시는데, 여사님들이 조금씩 나눠서 어머니께 권하니까 오물오물 잘 받아 드시더라고.

틀니는 며칠 전에 넣어드리려다가 실패했는데, 틀니 없이 과일을 못 드시리라 생각하고 즙만 갈아드렸던 것이, 알고 보니 딸기, 바나나 같이 육질이 부드러운 것은 문제가 없었다. 그래서 그 할머니께 고마운 마음이 있어 드나들 때도 인사를 깍듯이 드리는데 대범하게 잘 받아주신다. 엊그제 점심 후 딸기 대접이 없기에 냉장고를 열어보니 내가 가져온 딸기만 있었다. 어쩌다 그 댁 공급이 잘 안 된 모양이라 보은을 위한 물실호기! 딸기를 씻어 어머니보다 먼저 그분께 갖다 드렸더니 잠깐 어리둥절한 표정이다가 씨익 웃으신다. 어머니를 돌아보니 끄덕끄덕하신다. 그러고 보니 그날부터였나? 딸기 잡술 때 "너도 먹어라." 말씀이 잦아지신 것이.

식사 후엔 과자를 두어 쪽 드린 다음 딸기나 과일즙을 올리는 것이 후식의 규범이 되었는데, 오늘 저녁 마침 큰형이 두고 간 강정과 내가 사둔 웨하스가 다 떨어져 있었다. 식사 후에 딸기를 먹여드린 다음 앉았으려니 아무래도 개운치 않다.

"어머니, 저 밑에 다녀오는 동안 쉬고 계세요."

"밑에? 뭐하러?"

"어머니 과자 구하러요."

"과자? 안 먹어도 된다."

"어머니가 식후에 과자 한 쪽 못 드시니 제 마음이 아픕니다."

"하! 그런 호강 나 필요 없다."

"어머니 호강이 문제가 아니라 아들들 체면을 생각해주세요. 아들이 셋이나 있으면서 어머니 과자도 챙겨드리지 못한다면 남들이 저희를 어떻게 보겠습니까?"

"음, 그건 그렇구나. 그럼 다녀오너라."

아래층 편의점에 가서 과자 진열대를 훑어보는데 웨하스보다 먼저 '홈런볼'이 눈에 들어온다. 어디서 먹어본 건데, 요것도 우물우물 괜찮을 것 같다. 웨하스와 함께 사서 올라와 새 품목을 먼저 맛보여 드렸는데, 우물우물 꿀떡은 하셨지만 별로 감동의 기색이 없으시다. 이어 웨하스를 까 드리니 이건 반갑게 받아 무신다. 그런데 웨하스 두 쪽을 드신 뒤 홈런볼 봉지에 눈길을 꽂으시며 "저건 뭐냐?" "조금 전 한 알 드신 건데 더 드셔보시겠어요?" "그러자꾸나." 그런데 이번엔 초콜릿 맛을 음미하는 기색이 역력하시더니 꿀떡하신 다음 "더!" 하신다. 여러 날 만에 듣는 "더!" 소리가 반갑기까지 하다. 요즘은 식사 중 숟갈이 좀 늦어져도 전혀 재촉을 않으시는데. 홈런볼 세 알에 저렇게 행복해하실 것을 모르고 있었다니, 효자의 길은 참 멀기도 하다.

09.
04.
04.

어머니와 함께 하는 활동의 비중이 금강경에서 노래로 많이 옮겨 왔다. 금강경보다 반응도 빠르시고 효과도 갈수록 커지는 것 같다. 심기가 불편해지실 기미가 보일 때 익숙한 노랫가락을 흘려드리면 바로 몰입하신다.

전에 있던 여사님들이 〈아리랑〉과 〈반달〉로 길을 열어놓은 뒤에 내가 〈송아지〉와 〈찌르릉〉을 추가했다. 〈반달〉은 언제나 효과가 좋은 데 비해 〈아리랑〉은 끌어들이는 힘이 좀 약해졌다. 〈찌르릉〉은 흡인력이 좋은 반면 〈송아지〉는 응용을 많이 즐기실 수 있다. "얼룩송아지" 외에 "얼룩망아지", "얼룩강아지", "얼룩병아리" 등을 등장시켰더니 재미있어하신다. 한 차례 끝나면 "또 뭐 있지? 망아지던가?" 해서서 4절까지 부르면 꽤 뿌듯하다.

몇 가지 노래를 함께 부르다가 지루해지실 때는 "어머니, 어머니 모르시는 노래 하나 할까요?" 해서 감상 시간을 드리기도 한다. 여러 곡을 시도한 중에 제일 반응이 좋아서 애창하게 된 곡이 셋이다. 반응을 좌우하는 요소 중에 노랫말의 비중이 크신 것 같아 '역시 직업은 못 속이셔.' 하는 생각이 든다.

맨 처음 꽂힌 것이 한대수의 〈행복의 나라로〉. 요즘은 후발곡들에게 조금 밀리는 감이 있지만 꾸준한 인기를 누리고 있다.

"장막을 걷어라, 너의 좁은 눈으로 이 세상을 떠보자.
창문을 열어라, 춤추는 산들바람을 한 번 더 느껴보자.

가벼운 풀밭 위로 나를 걷게 해주오. 온갖 새들의 노래 듣고 싶소.
웃고 울고 싶소, 내 마음을 만져주. 나도 행복의 나라로 갈 테야."

가사가 정확한 건지도 모르지만 그냥 그런 대로 좋아하시고, 듣다가 중단시키고 가사 확인까지 하신다.
두어 주일 전부터 폭발적 인기를 누리고 있는 건 제목이 〈꿈길〉이었던가?

"그리워 그리워서, 너무나 그리워서, 꿈속에나 만날까, 잠들어봅니다.
고운 눈매 웃음진, 그님은 찾아와서, 외로움에 지친 나를, 어루만져줍니다.
반가워, 반가워, 너무나 반가워, 맺힌 사연 말 못하고 몸부림치다,
꿈에서 깨일까봐, 그님이 가실까봐, 옷소매 부여잡고 눈물만 흘립니다."

이 노래는 최루탄급을 넘어선다. 노래 시작해 한 소절도 못 가서 어머니 표정과 눈길이 애절 모드로 전환된다. 게슴츠레한 눈길을 노래가 나오는 내 입술에서 한순간도 떼지 못하신다. 눈을 깜박이지도 않으시는 것 같다. 처음 10여 차례는 마치 마법에 걸린 것처럼 꼼짝도 않고 듣기만 하시다가, 좀 익숙해지신 뒤에 가사 확인으로 끼어들기 시작하셨는데, "고운 눈매 웃음진" 대목에서 여러 차례 걸렸다. 어머니가 기대하시는 내용과 좀 다른 걸까?

한번은 이 노래가 끝난 뒤에 눈을 꿈벅꿈벅하며 "야, 이 노래는 참······." 말을 못 이으시기에 "청승맞죠?" 했더니 "그래, 청승맞고, 또······." 다시 말을 못 이으시기에 "궁상맞아요?" 하니까 좀 불만스러운 표정으로 "궁상맞다기보다······." 하다가 생각나셨다는 듯 "참 슬프다." 어머니께 이 노래를 불러드리려면 아버지 생각이 떠오른다. 어머니도 그분 생각이 나시는 걸까? 따져 묻지는 않는다. 그 후로 어머니 모르시는 노래 부를까 여쭐 때는 "청승맞은 노래를 할까요?" 덧붙여 묻는다. "아니, 그거는······." 하실 때도 있고 "그래 그거 해라." 하실 때도 있다. 또 한 곡은 어머니와 함께 부르는 레퍼토리에 추가하려고 작업 중인 노래다. 제목은 〈섬집아기〉.

"엄마가 섬그늘에 굴 따러 가면
아기가 혼자 남아 집을 보다가,
바다가 불러주는 자장 노래에
스르르 팔을 베고 잠이 듭니다."

만만하게 들리시는지, 가사 확인이 제일 잦은 곡이다. 이제 어느 정도 파악이 되셨는지 입속으로 따라 부르시는 듯, 눈길을 멀리 던지고 입을 오물거리며 들으신다. 〈반달〉과 비슷한 수준이니까 며칠 안 있어 자신 있게 부르기 시작하실 것 같다. 요런 수준의 노래 중에서 더 골라봐야겠다.

지난 수요일에도 작은형이 왔다. 신선 같은 분이라고 흉도 보지만, 역시 동기간이라서 그럴까, 아무래도 좋은 점에 마음이 더 머무른다. 두어 살 차이뿐이지만 노화는 아무래도 나보다 한 단계 더 나아간 것 같은데, 점심 후 강의 끝내고 한 시간을 달려왔다가 집까지 세 시간을 다시 달려가는 짓을 이제 4주째 거듭하는 걸 보니 역시 신선이 덜 됐군, 하고 대견한 마음이 든다.

어머니가 작은형 보고 좋아하시는 것, 형 일어설 때 서운해하시는 것, 정말 어쩌지 못하시는 일이다. 오는 7월 전세 만료되는 대로 수원이나 용인 쪽으로 옮기는 게 어떨까, 아내와 며칠 전부터 의논하고 있는데, 아내도 대충 동의해준다. 병원의 닥터 한에게 의논하니, 지난 연말 이후의 용태라면 꼭 요양병원이 아니라 요양원이라도 괜찮으실 것이라는 의견을 준다. 불교계 요양원이라면 문산 부근의 진인선원이 좋아 보이던데, 위치가 너무 외져서 내키지 않는다. 이 달과 다음 달 중에 적당한 곳을 알아봐야겠다.

09.
04.
09.

며칠 전부터 몸 컨디션 때문에 효자 노릇에 한계를 느끼며 이런저런 생각이 든다. 그저께 아내가 눈치를 보고 대신 갔었다. 어제는 작은형이 오는 날이라 시간 맞춰 내가 갔는데, 앉아 있기도 너무 힘들어서 진지 떠먹여 드리는 일을 처음으로 형에게 부탁했다. 낯익은 간호사에게 상태를 얘기하고 간단한 체크업을 부탁했더니 혈당 검사를 해보고는 의사를 빨리 찾아가라고 일러준다.
나이 예순이 되도록 혈압이나 혈당에 신경 쓸 일 없이 살아온 것은 과분한 복이었다. 이제 다른 단계로 접어들 때가 되었나보다. 오늘 점심때 가까이 되어 아내는 어머니 병원으로 가고 나는 내 병원을 찾아갔다. 식후 세 시간인데 무슨 지수인지가 400 가까이 나오는 것을 본 의사, 바짝 긴장해야 할 상황이라고 일러준다. 다음 주 초까지 소변과 혈액 검사 결과를 보아 구체적인 대응 방안을 세우자며 우선은 며칠간의 약 한 가지만 처방해준다.
다음 주까지 기다리지 않아도 일과 생활의 방식과 틀을 상당히 바꿔야 한다는 것은 분명히 알겠다. 하고 싶은 일 최소한이라도 해나가고, 또 인생 말년에 너무 지나친 고통을 겪지 않으려면.
당장 생활의 큰 축으로 자리 잡고 있는 어머니 시병에 대해서도 생각을 다시 굴려볼 필요가 있다. 당장의 생활 패턴 변화에 크게 저촉되는 문제는 없을 것 같다. 그러나 지금 건강 문제로 생활 패턴에 제약을 가하기 시작한다면 그 제약은 앞으로 줄어들 리는 없고 늘어날 수는 있는 것 아니겠는가. 내 시병을 덜 필요로 하시는 길을 지금부터 찾아봐야겠다.

요양병원 아닌 요양원 중에 좋은 곳이 있는지부터 찾아볼 일이다. 몇 달째 어머니는 의료 서비스를 크게 필요로 하지 않고 계시고, 앞으로도 큰 필요가 곧 생길 것 같지 않다. 필요로 하시는 것은 인간관계다. 회복 후 지금까지 어머니의 인간관계는 두 개 축으로 이뤄져왔다. 간병인 여사님들을 중심으로 한 병원 사람들, 그리고 우리 내외를 중심으로 한 방문객들. 병원이기 때문에 환자들 사이의 관계는 큰 비중을 가지지 못하는 것인데, 요양원 중에는 노인들 사이의 커뮤니티가 어머니의 인간관계 수요를 많이 충족시켜드릴 수 있는 곳도 있을 것이다.

답사해본 곳 중에는 문산 부근의 진인선원이 좋아 보였다. 불교 시설이라서 어머니께서 적응하시기 좋을 것 같기는 한데, 문제는 너무 외진 것이다. 작은형을 비롯해 외삼촌, 이모 등 어머니 가까운 분들이 찾아뵙기가 꽤 힘들 것 같다. 서울 이곳저곳에 사는 친구분들과 제자분들이 찾아뵙기에도 북쪽은 대체로 불편한 방향일 것 같다.

위치로 본다면 수원-용인-이천-안성 등 경기도 동남부가 좋을 것 같다. 방문객들을 위해서만이 아니라 급히 필요한 일이 있을 때 괜찮은 병원으로 모셔 가기도 좋은 위치일 것 같다. 인터넷으로 검색해봐도 그 방면에 요양원이 오글오글하다. 그런데 인터넷으로는 (내 검색 능력으로는) 그 현황을 파악하기 힘들다. 일죽에 사는 바둑 친구 이인환 선생에게 이천-안성 방면을 살펴봐 달라고 부탁해놓기도 했지만, 수고를 끼치는 만큼 보람이 있을지 장담할 수 없으니 미리 미안하기부터 하다.

어머니 제2의 인생은 내 손으로 열어드린 셈인지라, 발칙한 말씀이지만 내가 되려 어버이인 것처럼 느껴지는 면이 있다. 아이가 자라 어버이의 품에서 벗어나 사회로 나가는 그런 단계에 어머니가 처해 계신 것으로도 볼 수 있는 것일까? 내 건강의 한계를 모처럼 느끼며 지금까지와 같은 내 시병 없이도 편안하고 즐거운 생활 누리실 만한 곳을 찾아드리는 데 당분간 몰두할 생각을 한다.

09.
04.
10.

문산에서 적성 방면 임진강변의 진인선원은 지지난 겨울, 상태가 좋으실 때 옮기실 만한 곳으로 검토했던 곳이다. 대덕화 보살님이 짚어준 곳을 가보니 좋게 생각되어 제자, 친구분들과도 함께 살펴보고 옮겨드리고자 했으나 당시의 제도적 조건에 막혀 뜻대로 되지 못했다. 차상위 계층이라야 입원 자격이 되는데 내가 차상위 계층 조건에 아슬아슬하게 못 미쳤다. 내 재산과 소득 수준이 그 계층에 매우 근접해 있음을 깨닫고 조금 놀라기는 했다.

그 사이에 장기요양보험 제도가 생겨 입원 자격 문제는 없어졌는데, 아무래도 아쉬운 점이 위치다. 외삼촌과 이모님 오시기 어려운 것도 문제지만 제일 큰 문제가 작은형이다. 몇 주일째 일산에 찾아오는데, 고작 한 시간 모시고 앉았기 위해 여러 시간 운전해야 하는 게 참 미안하다. 진인선원이라면 운전 시간이 한 시간 반 더 늘어나야 한다.

그래도 어머니 계시기에는 더할 나위 없이 편안한 조건으로 보인다. 다음 주 초까지 남쪽의 요양원 몇 군데 더 알아보고, 특별히 좋은 곳이 없으면 진인선원으로 결정하리라 마음먹었다.

진인선원에 다시 한 번 가보고 집에 돌아와 있는데 이인환 선생에게서 전화가 왔다. 내가 살펴봐 달라고 부탁했던 용인백암녀싱홈에 다녀오는 길인데, 시설도 좋고 사람들도 좋고 특히 원장님 성품이 아주 좋아 보이더라고 침을 튀긴다. 남지심 선생님께 의논 전화 드렸더니 연꽃마을 계통 요양원이 살펴볼 만하겠다는 말씀. 마침 그 계통 요양원 하나가 용인백암과 가까운 곳에 있다. 내일 그 두 곳을 살펴보러 갈 생각을 하고 이 선생께 전화하니 마침 동행할 형편이 된다고 한다. 진인선원은 지지난 겨울 전후해서 아마 총 열 번은 가봤던 것 같다. 그곳 분위기는 어느 정도 파악이 되어 있다. 더 바랄 것이 없는 좋은 시설이고 좋은 분위기다. 남쪽의 두 곳을 내일 살펴보고 나면 아마 진인선원으로 바로 결정할 수 있지 않을까 대충 생각한다.

어머니를 요양원으로 옮겨 모실 생각을 하면서 남쪽의 요양원으로 정하게 되면 우리도 그쪽으로 이사를 해야 하지 않을까 하는 생각을 했다. 그런데 진인선원을 다시 가보니 그럴 필요가 없겠다. 안내해준 복지사의 말이 매주 한 차례를 넘어 자주 와 뵙는 것을 선원에서 권장하지 않는다고 한다. 좋은 방침이다. 요양원에서 지내시려면 요양원 식구가 되시는 것이 좋다. 그리고 진인선원의 시설이나 분위기는 충분히 그럴 만한 조건을 제공할 것 같다. 남쪽의 요양원을 택하게 되더라도 그런 면에서 그만한 조건은 주어져야 할 것이다.

지난 21개월간 병원에 모셔놓고 참 스스로 생각해도 알뜰하게 뒷바라지를 해왔다. 내 건강을 비롯해 형편이 웬만했던 덕분이다. 그런데 앞으로도 지금까지와 똑같이 한다는 것은 불가능한 일로 생각된다. 요양원에 모시면 우리 일상생활부터 일단 독립시켜봐야겠다. 그리고는 우리 장기적 거취를 검토해봐야겠다. 한국에 너무 오래 머물렀다. 더 오래 있게 되면 중국에서 일하려던 계획을 아주 포기해야 할지도 생각해야겠다.

이런저런 생각을 하다가 저녁 식사가 끝나신 시간에 병원으로 가 뵈니 무척 오랜만에 뵙는 느낌이었다. 어제도 걸렀고, 그끄저께도 걸렀고, 그저께는 형에게 맡겨놓고 멍하니 앉아 있다가 왔으니 사실 오랜만이기도 한 데다가, 가까이 모시던 위치를 벗어날 생각에 골몰하다가 와서 그런 느낌이 더했을 것이다. 어머니께도 그런 느낌이 전해진 걸까? 장난기가 평소보다 덜하시다.

강 여사에게 물어보니 식사 후에 간식을 안 드렸다 하기에 과자를 권해드리니 과장되게 "아이고~ 굶어 죽을 뻔했다." 하시고, 더 달라고 하실 때마다 짐짓 소리 높여 호통을 치신다. 그런데 그럴싸하게 봐서 그런지, 무데뽀로 노시는 게 아니라 내 눈치를 보며 내 흥을 돋우기 위해 일부러 요란을 떠시는 것 같다. 이런 교류가 일상에서 빠져나갈 때 당신 충격이 더 크실지 내 충격이 더 클지 모르겠다.

남지심 선생님과 대덕화 보살님께 보낸 편지
09.04.12

그저께 파주의 진인선원을, 그리고 어제 용인 백암의 용인백암녀싱홈과 안성 죽산의 파라밀요양원을 둘러보았습니다.
진인선원은 1년 전에 봤던 대로 훌륭한 시설에 운영도 원활한 것으로 보여 더 바랄 점이 없었습니다. 위치 빼고는.
진인선원 수준의 요양원에 모시면 지금까지 병원에 모시고 있을 때처럼 자주 찾아뵐 필요는 없을 것으로 생각합니다. 직원과 노인들 사이의 관계가 풍성해서 어머니가 가족들 사이에서 지내는 것 비슷하게 인간관계를 누릴 수 있을 것이기 때문입니다.
그러나 한두 주일에 한 번 정도는 보호자가 들여다봐 드리는 것이 장기적으로 필요하겠지요. 진인선원의 위치 문제는 제 둘째 형을 비롯해 잠재적 보호자들(외삼촌, 이모 등)이 찾아가기가 힘들다는 것입니다. 지난주부터 처음으로 당뇨약을 먹기 시작하면서 보호자 역할을 형에게 넘길 가능성도 생각해야겠다는 마음이 들었습니다.
꼭 보호자 책임을 벗어나는 것이 아니라도, 그동안 일기에서 더러 나타난 대로 둘째 형을 많이 본다는 것이 어머니께 대단히 큰 기쁨입니다. 둘째 형이 쉽게 찾아뵐 수 있는 위치란 것이 어머니의 행복에 매우 중요한 조건이라 생각합니다.
그래서 어제 남쪽의 요양원 두 곳을 찾아가 봤습니다.
파라밀요양원은 위치도 좋고 시설도 좋습니다. 그런데 저는 뭔가 불편한 느낌이

들었습니다. 복지보다 수용의 분위기랄까요? 종교 사업에 흔히 있는 독선적, 권위주의적 분위기랄까요? 안내해준 복지사는 더할 수 없이 친절했지만, 시설의 구조 자체가 그런 느낌을 주더군요. 건물 앞쪽의 넉넉한 공간을 시멘트와 아스팔트로 발라 주차장만 가득 만들어놓은 점이라든가, 뒤쪽의 (시설 규모에 비해 조그만) 정원으로 나가는 문을 평상시에 잠가놓는 점이라든가…….

용인백암은 150인 수용의 파라밀, 200인 수용의 진인선원보다는 작은 70인 규모이고 위치가 조금 외진 느낌이지만 분위기는 진인선원보다 못하지 않아 보였습니다. 건물 한 동인데, 구조와 구성이 합리적으로 되어 있고, 정원, 텃밭 등 외부 시설이 넉넉하고 좋군요. 집중관리실도 있어서 의료 서비스도 어느 수준 보장되는 것 같고요.

지금 제 생각은 둘째 형에게 파라밀과 용인백암 두 곳을 둘러보게 하고 뚜렷한 의견이 있을 경우 그에 따르려는 것입니다. 그러나 이번 옮기시고 다시 옮기실 일이 없었으면 하는 마음에서 보살님들 의견을 얻고자 이렇게 지금 상황을 알려드리니, 생각나시는 점 있으면 말씀해주시기 바랍니다.

김기협 드림

09.
04.
16.

오늘은 남지심 선생님이 뵈러 왔다. 아마 어머니께서 '친구'로 대하시는 분으로는 제일 연하이실 것 같다. 그리고 늦게 얻으신 친구다. 어머니가 50대 후반이실 때? 불교 생활을 늦게 시작하신 어머니로선 그 면에서 남 선생님이 선배이시기 때문에 10여 세 연하라도 도반(道伴)으로 깍듯이 대하셨을 것이다.

"저 누군지 아시겠어요?" 남 선생님 말씀에 당연하다는 듯 "모르지." 얼마 전까지는 알아보지 못하시는 게 스스로 안타까우신 듯 어렴풋한 짐작으로 넘겨짚기도 하셨는데 이젠 아주 뻔뻔하시다. 기억이 불완전하다는 것을 엄연한 현실로 받아들이시는 것이다. 그렇게 딱 잡아떼시니까 찾아온 분도 안타까운 마음이 덜하실 것 같다.

어머니의 불교계 인연을 대표하는 분으로 나는 남 선생님을 받아들이고, 여러 면에서 그분의 조언을 청한다. 요즘 요양원으로 옮겨 모실 일에 관해서도 남 선생님 말씀을 귀담아 듣고 있다. 파라밀요양원을 말씀해주셨는데, 지난 토요일 가본 후 유력한 대안이라 생각되어 작은형에게도 답사해볼 것을 부탁해놓았다. 이번 주에는 형에게 어머니 뵈러 오는 대신 용인백암과 파라밀, 두 요양원을 찾아보고 의견을 달라고 했다.

1시 좀 넘어 물러나올 때 "어머니, 남 선생님 모시고 점심 하러 가겠습니다." 했더니 선선히 "그래, 그러려무나." 하셨다. 혼자라도 물러나올 때는 혹 서운해하실까봐 조심스럽고, 찾아온 손님 있을 때는 꼭 손님을 먼저 보내고 남아서 쉬실

태세를 확인한 다음 물러나오는데, 오늘은 아주 선선히 풀어주셨다. 오늘만이 아니라 요새 계속 그러시다. 지난주 화요일에서 목요일까지 사흘, 내가 많이 모시지 못한 뒤로 음식에 대해서도 사람에 대해서도 욕심을 보이지 않으신다. 주어지면 누리지만, 더 내놓으라고 보채지 않으신다.

그저께는 완전 천사표였다. 점심때 좀 안 돼 내가 도착할 때 이미 우아한 미소를 띠고 계셨는데, 내 얼굴을 보자 저절로 흐뭇한 웃음이 피어나고, 한 시간 남짓 모시고 있는 동안 내내 싱글벙글, 생글생글이셨다. 웃음이 헤픈 느낌이 아니고 그냥 가득 찬 느낌이었다. 목소리도 높이시는 일 없이 조곤조곤하시고, 노래 부를 때도 편안하게 웅얼거리셨다. 내가 내 병원 가기 위해 일어서려니 나직한 목소리로 자연스럽게 "그래 가보렴, 고맙다." 그러시고는 "내일은 몇 시에 올래?" 덧붙이셨다. 다음 날 올 시간 물으신 것은 내 기억으로 쓰러지신 후 처음이다.

그날은 누가 봐도 '정말 행복한 할머니'라고 감탄할 모습이셨지만 요즘 다른 날도 그 모습에서 크게 다르지 않으시다. 아마 이 달 중에 요양원에 모시게 되겠지만 요양원 생활에도 적응이 어렵지 않으실 것이다. 다만 저 예쁜 모습을 내가 자주 뵙지 못할 것이 아쉽다.

09.
04.
25.

음식을 입으로 잡숫기 시작한 지 이제 넉 달. 처음 잡숫기 시작하실 때 오랜만에 새로 즐기는 음식을 맛보실 때마다 넋을 잃을 정도로 감동하시던 충격은 이제 가라앉았지만, 먹는다는 행위는 여전히 큰 즐거움이시다. 틀니 없이 잡수실 수 있는 음식 범위가 그리 넓지 않은데도 한 가지 한 가지를 다 알뜰하게 즐기신다. 식사 시간은 기쁨의 시간이고 음식을 권하면 사양하시는 일이 없다.

그래도 근래에는 많이 절제가 되신다. 처음에는 드리는 사람이 그치지 않으면 끝없이 받아 잡수려 하셨고, 어떤 때는 그만 드리려 한다고 화를 내시기도 했다. 요즘은 드리는 사람에게 "너도 먹어라." 권하기도 하시고, 드실 만큼 드신 뒤엔 "이제 됐다." 하기도 하신다.

식사 후에 과자와 과일을 드릴 때, 나는 아직 식전이기 때문에 "너도 먹어라." 하고 너무 많이 권해주시는 것이 벅찰 때도 있다. 엊그제는 웨하스를 드리는데, 한 쪽 잡수실 때마다 잊지 않고 내게도 권하셨다. 그대로 따라 먹을 수도 없어 나는 한 쪽을 입에 문 채로 어머니께 권해드리고 내게 권하실 때마다 조금씩 먹고 있었다. 한참 드시다가 내 얼굴을 쳐다보시더니 웨하스 반쪽이 입 밖으로 나와 있는 꼴이 눈에 거슬리셨던지 잡아챌 듯이 손을 내미셨다. 그래서 우스꽝스러운 표정을 지으며 과자를 날름 입 안으로 집어넣었더니 내 표정을 흉내 내며 하시는 말씀, "너 지금 무슨 지랄을 한 거냐?"

욕설을 많이 쓰지는 않으셔도 쓰실 때는 참 힘도 안 들이고 경쾌하게 쓰신다. 지금의 당신 생활에서 욕설이 주성분은 아니라도 주요 첨가물 노릇을 하고 있다. 음식에서 조미료의 역할이랄까? 많이 접하는 사람들은 모두 욕설 대상이다. 제일 만만한 건 물론 여사님들. 욕창이나 근육의 굳어짐을 막기 위해 수시로 자세를 바꿔드리는데, 그럴 때 통증을 느끼면서 욕설을 내뱉으시는 일이 많다. "아이구, 아파라! 에이, 쌍년!" 새 자세가 안정되신 다음 여사님이 짐짓 "할머니 편안하시라고 고쳐 눕혀드리는데 왜 욕을 하세요?" 하면 "욕을? 내가?" 시치미 떼시는 건지 진짜 잊어버리신 건지 알 수 없을 정도로 천연덕스러우시다.

그런데 비교적 뜸하게 보이는 사람들, 예를 들어 간호사나 의사에게는 그런 욕설이 나오실 일도 어차피 없지만, 좋은 인상을 주시려는 노력이 거의 본능적으로 일어나시는 것 같다. 식사 중에도 눈길이 내 뒤쪽을 향하고 입가에 애교스러운 미소가 떠오를 때는 누군가가 지나가고 있는 것이다. '남의 눈'에 대한 의식은 거의 천성이 되어버리신 것 같다. 내 신체와 정신 상태가 지금의 어머니처럼 된다 해도 '남'에게 잘 보이려는 습성이 그만큼 나타나지는 않을 것 같다. 타고난 천성은 그분과 나 사이에 큰 차이가 없겠지만 살아온 환경의 차이가 크다는 생각이 든다.

요즘의 욕설은 상대방 마음을 해치려는 굳센 의지 없는, 취미 생활의 일부로 보인다. 지난달 물리치료 받으실 때 아내가 참관하던 날 치료사에게 보이신 태도 이야기를 들으면 증오심이 묻어 나올 때도 있는 듯하지만, 그렇다 하더라도 특별한 상황에서 예외적인 일일 것이다. 1년 전 기력이 떨어지시기 전까지는 사람을 미워하는 마음을 드러내시는 일이 종종 있었다. 지내놓고 생각하면 상대방의 사람됨에 대한 직관이 상당히 예민하셨던 같다. 간병인 한 사람은 일하는 태도가 썩 좋아 보였는데 어머니는 그 사람에 대해 극도의 혐오감을 자주 보이셔서 당혹감을 느낀 일이 있는데, 겉과 속이 매우 다른 사람이었음을 다른 일로 나중에야 알게 되었다.

같이 지내보신 동료 환자 10여 분 중에 혐오감을 보이신 상대가 한두 분에 불과했으니 마음이 아주 어두우신 것은 아니었다. 그러나 마음이 분노나 심술 모드로 접어들면 심신이 그 기분에 온통 휘말리시는 경향이 꽤 보였는데, 금년 회복 후에는 그런 마음의 고통이 별로 안 보인다. 신체 조건이나 환경의 차이에도 얼마간 이유가 있을지 모르지만 역시 마음 상태가 달라지신 것이 아닐까 생각된다.

'지랄'이나 '똥' 같은 비속어는 쓸 기회가 있으면 그저 기분이 좋은, 취미의 영역이다. 어렸을 때부터 우등생으로 자라나 교수, 학자로 살아오는 중 편안한 친구들 사이에서 가끔 비속어를 유창하게 구사해서 깜짝깜짝 놀래주는 데 재미를 붙이신 게 아닐지. "너 지금 무슨 지랄을 한 거냐?" 오랫동안 친구들을 웃겨오신 가닥이 실린 말씀이다.

노래를 대하시는 태도에서도 마음이 밝아지신 것을 느낄 수 있다. 〈행복의 나라로〉, 〈꿈길〉, 〈섬집아기〉 세 곡을 몇 주일 전부터 즐기기 시작하셨는데, 며칠 전에 가사를 적어달라고 하셨다. 그 후 내가 불러드릴 때 가사를 보면서 조금씩 따라 부르시다가 이제 가사는 거의 외우셨다. 기억력이 쇠퇴하셨다고 하지만 정서적 공감이 따르는 대상은 기억이 잘 되시는 것 같다.

그런데 노랫말에 대한 느낌이 뚜렷하신 것이 놀라울 정도다. 〈섬집아기〉에 대해서는 "참 쉬우면서도 좋구나." 하는 말씀이 여러 번 있었고, 〈꿈길〉 뒤에는 "거참…… 아주 좋은 말이면서도……" 하고 말씀을 잇지 못하신다. 절절한 느낌을 어떻게 표현을 못 하시겠다는 듯이.

〈행복의 나라로〉에 대한 반응이 제일 활달하시다. "햐, 정말 좋다." "아니 어쩌면……." "어떻게 이런 노래를 지을 수가 있을까?" 한 번 부를 때마다 이런 표현 중 하나가 뒤따르지 않는 일이 거의 없다. 여러 번 그런 반응을 뵌 후에 한대수 씨와 몇 번 '뭉쳐' 본 일을 근거로 "어머니, 그 노래 만든 게 제 친군데요, 사람이 좋은 사람이다 보니까 만든 노래도 참 좋네요." 했더니 반색을 하고 어떤 친구냐, 뭐 하는 친구냐, 한참 시시콜콜히 캐물으신다.

이 노래들에 대한 반응에서 어머니의 정서가 매우 순화되어 있다는 느낌을 받는다. 슬픈 느낌, 포근한 느낌, 간절한 느낌이 아무런 장애도 없이 떠오르고 흘러가는 것으로 느껴지는 것이다. 주변 사람들을 대하시는 태도 역시 이런 순화된 정서를 바탕으로 펼쳐지는 것 같다.

세 곡에 대한 몰입 때문에 다른 곡은 시도할 여지가 없는 상황이 근 한 달째 계속

되고 있다. 이 곡 정도면 하고 새 노래를 꺼내도 잘 먹혀들지 않는다. 그런데 가사를 거의 외우시는 단계에 오니 어머니가 곡조보다 가사에 집중하시는 경향을 확인할 수 있다. 내가 앞서 부르지 않고 혼자 외워서 부르실 때 완전히 작곡을 하고 계시는 것이다. 국어학자의 직업병이신지?

09.
04.
28.

어제 대덕화 보살님과 성진행 보살님이 다녀갔다. 어머니께서 정확하게 인식하지는 못하신다. 그저 "졸업생들이구먼." 하신다. 그러나 어렴풋이 기억이 깔려 있으신 듯, 몇 마디 주고받으면서 도반을 상대하는 어투가 되신다. 사고력이 명민하신 데 비해 기억력에 결함이 있으신 것인데, 생각하면 그걸 꼭 '결함'이라고 할 수 있는 것일까? 기억력이 완벽한 사람은 보르헤스 작품에나 나온다. 찾아오는 이들을 그 정도 웅대해서 당신 마음을 보여주실 수 있다면 나름대로 정상적인 삶이라 할 것이다. 요양원에 옮기시면 생활을 충분히 즐기며 지내실 것이 기대된다.

재작년 초여름 어머니 쓰러지실 때 모시고 있던 분들이다. 병원에 여러 번 찾아준 것이 어머니를 불제자로서 존경하기 때문이라 하지만, 아마 그 인연도 많이 생각될 것 같다. 대덕화 님에 비해 성진행 님이 자주 못 왔는데, 알고 보니 전주에 사신다 한다. 그렇게 먼 데서 서울 오는 길에 이렇게 시간 내 찾아와 주시다니 정말 고마운 일이다. 나무 관세음보살…….

대덕화 님은 산뜻한 용모처럼 성품도 명민한 분인데 성진행 님은 차분한 눈길에서 무게감을 느끼게 하는 분이다. 두 분 다 어머니의 씩씩하면서도 부드러운 모습에 무척 기뻐했지만, 오랜만에 온 성진행 님의 소감이 더 큰 것 같았다. 그런 모습으로 회복되시도록 보살펴 드린 공로를 치하받는 것은 이제 익숙한 일이 되어가고 있는데, 성진행 님의 치하에는 특이한 점이 있었다. 어머니만이 아니라 내 모습도 좋아졌다고, 큰 수행을 닦은 스님 같다고 하는 것이었다.
맞다. 지난 2년간의 내 생활에는 수행의 의미가 있었다. 엄격한 절제를 통한 수행은 아니었지만, 일과 생활이 의미가 큰 화두들을 중심으로 펼쳐졌던 것이다. 그리고 그 중심축이 어머니 모시는 일이었다. 2년간 어머니께 제일 많은 자극을 드린 것이 나였는데, 내 마음에 그만큼의 안정감이 있었던 것이 어머니의 회복 방향에 작용하지 않았을 리가 없다.
두 분을 보낸 뒤 작은형과 통화가 되었다. 일요일 날 오후에 다녀간 얘기를 여사님들에게 듣고 여러 번 시도한 끝에 드디어 받았다. 실망감을 어쩔 수 없다. 파라밀과 용인백암을 들러보라고 당부한 지 보름이 넘었는데 아직 못 가봤다는 것이다. 일요일 올라오는 길에 들러보려 했는데 못 찾았다고 한다. 동네 이름과 시설 이름만 외워 가지고 전화번호도 없이 나섰던 모양이다.
아무래도 형 성격에 맞지 않는 역할을 내가 꿈꾸었던가보다. 딴 세상 사는 신선인 줄 뻔히 알면서도. 역시 요양원도 우리 내외가 결정해야겠다. 요즘 어머니가 사람들 응대하시는 가닥을 보면 한편으로 요양원에 가서 생활 내용이 풍부해지시기를 바라는 마음이 바빠지고, 또 한편으로는 답답한 병원 생활에 언제 짜증을 일으키실지 조마조마하다.
진인선원과 용인백암 사이의 선택이다. 진인선원이 오래된 곳이라 운영에도 안정감이 느껴지고 시설, 환경에서도 약간 우월하다. 위치에서만 용인백암이 우월

하다. 그런데 내 마음에는 불교계 시설을 꺼리는 구석이 있었다. 이번 회복되시면서 여러 가지 집착을 벗어나신 느낌을 받는데, 불교에 대한 집착도 그중의 하나 아닐까 하는 생각이 들었다. 이제 여생을 지내시는데, 불제자라는 이름표도 떼어버리시고 가급적 보통 할머니로 지내셨으면 하는 마음이다. 불교계 시설을 꼭 피할 것은 아니라도, 더 못하지 않은 곳을 찾을 수 있으면 하는 생각으로 용인 백암을 살펴왔다.

그런데 두 분 보살님이 찾아왔을 때 어머니가 보이신 불제자 모습에서 느껴진 것이 있었던지, 불교계 시설을 회피하는 마음이 약해졌고, 또 형에게 책임을 떠넘길 일이 아니라는 생각도 들고 해서 진인선원에 무게를 두게 된다. 요양원이 안정된 곳이면 가족에게 살펴볼 부담이 적고, 또 진인선원 같으면 우리가 다니기 쉬운 곳이다. 형이 다니기엔 좀 힘들지만, 덜 힘들다 해서 책임감을 더 느낄 사람도 아니니 앞세워 고려할 조건이 아니다. 다음 주 중에 진인선원에 모실 준비를 하고, 형이 이번 주 중에 의견을 내면 받아들일 여지를 두기로 한다.

막상 진인선원으로 마음을 돌리고 보니, 불제자 이름표 붙이고 지내시는 것이 어머니께 크게 불편한 일 없으실 것 같기도 하다.

09.
05.
09.

오늘 아침부터 진지를 제대로 드시기 시작했다. 점심때 식사를 모시니 지난주까지처럼 적극적으로 빨리 드시지는 않지만 죽 한 그릇 가뿐히 비우신다. 절반쯤 드셨을 때 잔 새우 볶아둔 것을 섞어드리느라고 사이가 좀 떴지만 재촉하는 기색이 없으시다.

어제 식사를 영 못하시는 것을 보고는 튜브피딩을 다시 시작해야겠다고 닥터 한이 얘기했었다. 그저께부터 링거를 꽂아놓았지만 속도를 높이지 못하기 때문에 영양 공급이 충분할 수 없다는 것이었다. 지난 연말까지 반년 넘게 튜브피딩을 하며 맥없이 누워 계시던 상태로 돌아가는 게 아닌가, 부쩍 걱정이 되었었기 때문에 안정된 모습을 되찾으신 것이 무척 반가웠다. 지난 월요일부터 시작된 한 차례 고생이 이제 마무리되시는 것 같다.

닥터 한은 가벼운 감기일 것으로 판단하면서도 만일을 생각해서 혈액 검사를 맡겨놓았다고 했다. 노쇠하신 몸이라서 가벼운 문제에도 반응이 크실 수 있다는 사실을 확인했다. 반년 전 회복을 시작하신 뒤로 이 정도 문제가 처음이라는 것이 아마 운이 좋으신 편일 것이다.

어제까지 힘들어하시는 것을 보면서는 요양원으로 옮겨 모시는 것이 조심스러운 생각이 들기도 했다. 지금 고비를 넘겨 기력을 되찾으신다 해도 병원 아닌 곳에서 이런 문제를 겪으시면 어쩌나 하는 생각이었다. 그런데 볼일 보기 전과 본 후의 생각이 다르다더니, 용태가 안정되신 것을 보니 역시 옮기시는 편이 좋겠다는 생각이 도로 고개를 든다. 아무래도 병원에 계시면 뭐든 감염 위험이 더 클 것이고, 생활을 즐겁고 편안하게 해드리는 일이 위험 조금 줄이는 것보다는 중요할 것 같다. 다만 응급 태세는 더 비중을 두어 생각할 일이니 규모가 너무 작은 시설에 모시지는 말아야겠다.

혹시 비슷한 문제를 겪으실 경우를 대비해 며칠 동안의 용태 변화를 적어둔다.

월요일(4일): 화요일 오전에 들은 바로, 저녁 후에 기침을 좀 힘들게 하시다가 음식을 조금 토하신 뒤 기력 없이 쉬셨다고 한다. 월요일 점심때 모셨던 아내가 이 말을 듣고는 평소보다 더 많이, 좀 과하시지 않을까 걱정될 정도로 간식을 드셨다고, 체하신 게 아닌가 싶다고 얘기했다.

화요일(5일): 점심 전에 가보니 기운 없는 모습이었고, 점심 식사는 절반 안 되게 하셨다. 의식은 분명하셨고, 천천히 잡수시다가 어느 시점에서 그만 드시겠다는 말씀도 분명히 하셨다. 저녁 후에 가보니 점심때와 별 차이 없는 모습이셨고, 저녁 식사는 반 그릇 하셨다는 얘기를 들었다.

수요일(6일): 9시에 들르니 닥터 한이 방 앞에 있어서 가벼운 감기로 생각된다는, 별 문제가 아닌 것 같다는 의견을 들었다. 산에서 돌아오는 길에 6시경 들르니

37.3도가량의 미열이 있고 조금 명하신 상태였으나 점심, 저녁 식사를 모두 괜찮게 하셨다는 얘기를 들었다.

목요일(7일): 점심때 가니 체온은 정상이시라 하는데 의식이 조금 흐리신 것 같았다. 식사를 떠 드리는데 입에 무신 채 잊어버리시는 것 같을 때도 있고 삼키기 힘들어하시는 것 같을 때도 있었다. 3분의 1가량 떠 드린 뒤 포기했는데, 잠시 후 오한이 드는 것처럼 괴로워하셨다. 닥터 한이 와보고 아직 체온이 정상이라도 열이 오르기 시작할 것 같다고, 링거를 꽂도록 했다. 저녁 후에 가보니 머리에 찬물수건을 얹어놓아 드렸는데, 얼굴의 홍조로 보아 열이 꽤 있으신 것 같고 의식이 잘 잡히지 않으시는 것 같았다.

금요일(8일): 점심 전에 가니 열은 내리신 듯 홍조가 가셨고 괴로움이 없어 보였다. 내가 온 것을 보고 빙긋이 웃음을 띠시니까 곁에 있던 여사님들이 반가워하는 것이, 그동안 그만한 표정도 없이 지내셨던 모양이다. "할머니가 말씀이 없으시니까 저희가 너무 재미없었어요." 하고 농담도 건넨다. 그러나 의식이 오래 집중되지 못하시는 것 같았고, 식사가 나와 권해드리려니 눈은 뜨신 채로 반응을 못하신다. 닥터 한이 와보고는 저녁까지 식사를 못하실 경우 튜브피딩을 검토하겠다고 했다.

오늘(9일): 기운이 떨어지셨을 뿐, 아무 문제도 없어 보이신다. "어머니, 노래 부를까요?" 해도 무슨 소린가 하는 표정이었는데, 〈반달〉 가사를 보여드리며 부르니 즉각 따라 읊으신다. 그러면서 정신이 바짝 드시는 듯 눈에 장난기가 초롱초롱 떠오르고 농담도 시도하신다. 수필집에서 한 꼭지 읽어드렸는데 그만큼은 집중이 계속되지 못하시는 것 같다. 식사는 천천히라도 힘들지 않게 하시고 딸기와 과자도 좀 드셨다.

기운을 되찾으실 동안 두 차례씩 계속 가 뵈어야겠다.

09.
05.
23.

병실에 들어서는 나를 마침 어머니 곁에 있던 장 여사가 보고 "어제보다도 많이 좋아지셨어요. 아침 식사도 깨끗이 비우셨어요." 하자 그 옆에 있던 채 여사가 "저희한테 쌍욕도 하셨다고요." 하고 둘이 깔깔 웃는다. "미안합니다. 무슨 욕을 들으셨어요?" 물으니 장 여사가 "잘 하시는 거 있잖아요?" 하곤 둘이 서로 눈길을 나누며 합창한다. "이, 쌍년아!"

지난 2월 주 여사 자리를 채운 채 여사는 세 분 중 제일 나이가 적어 아내와 비슷하고, 또 연길 출신이다. 그런데 어느 날 얘기하다 보니 아내가 연변에서 근무하던 주 서점(연변신화서점)에서 무척 가까이 지내던 동료의 하나인 신 과장의 친구임을 알게 되었다 한다. 그 후로는 아무 얘기나 더더욱 스스럼없이 해주게 되어 마음이 매우 든든하다.

채 여사의 친구 신 과장은 나도 여러 번 만나본 사람이다. 입이 형편없이 더러우면서도 아무에게도 기분 상하게 하는 일이 없는 사람. 입만 뻥끗했다 하면 뒤집어질 준비를 해야 하는 사람. 아내 이야기로, 식사 중에 신 과장의 기습 조크에 걸려 사레 들려보지 않은 사람이 동료 중에 없다고 한다. 그런데 나는 신 과장만 만나봤지만 그의 쌍둥이 동생은 형보다도 사람 웃기는 재주가 한 수 더 위라고 하는데, 채 여사는 두 형제와 함께 학교를 다니면서 동생 쪽과 더 가까이 지냈다고 한다. 형제의 결혼 관계도 코믹하다. 아내들이 또 쌍둥이 자매라니! 형제간에 동서간이요, 자매간에 동서간인 집안이다.

채 여사도 유머 감각이 여간 아닌 분 같다. 다른 환자분들 대하는 걸 보면 아주 능동적이다. 꼭 해야 할 일 아니라도 해드릴 일을 잘 찾아서 기분 좋게 열심히 하고, 성질이 고약한 환자들에겐 냉정하고 단호하다. 저번에 어머니 옮겨 모실 가능성을 여사님들께 얘기해드릴 때도 채 여사의 반응은 매우 솔직했다. "할머니 가시면 여기 병원 생활 심심해서 어떻게 하지?"

아내가 얼마 전에 전해준 얘기. 한번은 어머니가 눈을 부릅뜨고 입을 떼시는 걸 보고 무슨 소리가 나오실지 뻔해서 채 여사가 선제공격을 했다고. 환자와 간병인이 눈을 똑같이 부릅뜨고 마주 보며 "이, 쌍……"까지 합창이 나오다가 어머니가 어리둥절한 표정으로 바뀌더니 욕을 끝맺지 않고 딴전을 피우시더라고.

여사님들이 기분 좋게 받아드리니까 그들을 향한 어머니의 욕설은 매너리즘에 빠지는 경향을 보인다. 어쩌다 간호사가 혈압 재러 들어왔다가 잘못 건드리면 적대적인 표정을 곁들인 오리지널 욕설이 나오시지만, 여사님들에겐 일상적인 취미 활동으로 들리는 경쾌한 가락에 얹으신다. "이, 쌍~ 년아~"

엊그제 내가 산에 간 동안 아내가 혼자 가 뵈었는데, 내가 돌아오자 기다렸다는 듯이 보고한다. 자기 보는 앞에서 어머니가 채 여사에게 욕설을 내뱉으려 하시는데 채 여사가 눈치를 채고 "이, 쌍~"까지 맞춰드리니까 뒷부분을 삼켜버리셨다가, 잠시 후 호흡을 가다듬고 다시 "이, 쌍~"까지 하신 다음 채 여사의 부릅뜬 눈을 보시고는 한 템포 쉬어서 "예쁜아~" 하시더라고. 채 여사가 그대로 흉내를 내

드리니까 그 창작품이 마음에 드시는 듯 "이, 쌍~ 예쁜아~"를 몇 차례고 되풀이 하시더라고.

이번 주 들어 식사는 죽 한 그릇을 꼬박꼬박 비우시지만 간식은 그리 많이 드시지 않는다. 여사님들도 아직 조심스러워서 많이 권해드리지 않는다고 한다. 그리고 기력이 보름 전보다 많이 떨어지셔서 식사 후에 오래지 않아 잠에 빠지신다. 식사 후 30분가량은 소화를 위해 윗몸을 일으킨 자세로 계시는데, 그 자세로 잠에 빠지실 때가 많다. 노래를 불러드리면 입을 오물거리는 정도라도 따라 하시고 오래 버티시는데, 수필을 읽어드리면 여축없이 잠드신다.

어머니 마음에 보내는 편지
09. 05. 30.

매일 잠깐씩이라도 어머니랑 놀아드리는 생활 패턴을 지키기는 하고 있으면서도 지난 1주일간 제 마음은 다른 데 쏠려 있었습니다. 세상에 큰 변화가 있었고, 제 마음에도 적지 않은 변화가 있었습니다. 이것을 계기로 앞으로 제 생활과 활동에도 꽤 변화가 있을 것 같습니다.

어머니 지금 상태에서는 상관하실 일이 아니라 여겨져서 말씀은 드리지 않았죠. 그러나 언제라도 말씀드릴 수 있는 때가 오기를 바라며 지금의 심경을 적어둡니다. 혹시 이 일을 함께 토론할 만한 기회가 없다 하더라도 이 아들의 마음이 무엇에 그리 쏠려 있는지, 어머니 마음에 전해지기 바라며 생각을 모아봅니다.

저는 노무현 씨가 대통령에 당선될 때부터 꽤 깊은 호감을 가지고 있었지만 그의 재임 기간 내내 그 사람에 관해 더 깊이 알려고 애쓰지 않으며 지냈습니다. 대통령이란 큰 자리를 얻었으면 뜻을 펼칠 기회를 아쉬움 없이 누리게 되었으리라 생각했죠. 더러 석연치 않은 정책 방향 얘기가 들릴 때는 제아무리 큰 인물이라도 그 자리엔 역시 모자라는 게 아닌가 갸우뚱하기도 했지요.

그런데, 어머니 병원에 누우실 무렵부터의 일입니다만, 퇴임에 임하는 태도, 그리고 퇴임 후의 생활 자세를 보면서 그 사람이 점점 더 크게 보이게 되었습니다. 대통령이란 자리도 작게 보일 만큼 그 사람이 큰 사람이라는 생각을 하게 되었습니다. 사람의 크기가 우선 그렇고, 게다가 알게 될수록 그 인간미가 참 좋은 분이더군요.

그 사람이 악당들의 음해에 몰려 소인배들의 비방을 받는 것을 보며 그를 변호하러 나설 마음이 들었습니다. 아니, '변호'가 아니라 '반격'을 저는 바랐습니다. 마침 저는 얼마 전부터 〈프레시안〉에서 필자 대접을 잘 받고 있던 터라, 그 지면을 통해 작은 목소리라도 낼 길을 가지고 있었죠.

그래서 최근 두어 달은 원래 추진하던 일들도 한옆으로 치워놓고 이 마음을 어떤 작업으로 풀어낼 수 있을까 하는 생각에 몰두하고 있었습니다. 시간이 지날수록 노 씨의 역경은 더욱 깊어지고, 그에 따라 반격의 뜻은 제 마음속에서 더욱더 커지고 있었습니다. 그래서 지난주에는 그 사람 곁에 가서 일할 수는 없을까 하는 생각까지 들어 유시민 씨를 찾아가 길을 찾아봐 달라는 부탁도 했지요.

그런데 이 양반이 어느 날 아침 갑자기 세상을 떠나버린 거예요! 세상을 "떠났다"고 했어요. 죽은 게 아니라 "잘 있거라, 나는 간다." 하고 떠나버린 거예요!

어머니, 제 성격 아시죠? 웬만한 일에 잘 놀라지도 않고 감동도 잘 안 하는 냉소주의자. 그런데 그분의 별세 소식에는 곧장 실신에 가까운 아노미 상태에 빠져버렸어요. 며칠 동안은 어머니를 미옥 씨한테 맡겨놓고 세상을 떠나서 지내고 싶은 게 제 첫 반응이었죠. 그분에 대한 제 애착을 웬만큼 알기 때문에 천하의 현실주의자 미옥 씨까지도 하고 싶은 대로 하시라고 풀어주데요.

결국은 마음을 가다듬고 책상을 지키기로 했습니다. 어머니께도 아무 일 없는 것처럼 매일 가서 뵙고요. 일산 시내의 분향소에 한 번 다녀온 것 외에는 아무 모임에도 나가지 않았습니다. 그러나 제가 글 쓸 수 있는 능력은 그분의 뜻을 기리는 데만 집중하고 싶었습니다. 그래서 틈나는 대로 적던 일기도 치워놓고 있었습니다. 어제 영결식을 치렀으니 이제 저도 정상적인 생활로 돌아와야죠. 앞으로 제 글쓰기는 그분의 뜻을 받드는 것이 큰 비중을 차지하겠지만, 이제 천천히 해나갈 일입니다.

어머니보다 다른 분께 마음을 더 많이 쏟았다 해서 너무 서운해하지 마세요, 어머니. 정우 기억하시죠? 대학 때 명륜동 집에 종종 놀러 오던 얌전한 친구. 아까 그 친구한테 위문 전화를 걸었어요. 그 친구는 돌아가신 분을 가까이서 여러 해 모셨으니, 제가 위로를 해줘야죠. 그런데 그 친구가 뭐라는가 하면, 자기 아버님 돌아가셨을 때보다 눈물이 더 나더라는 거예요. 그 친구에게 아버님은 단순한 아버님이 아니라 스승 노릇이 더 크셨던 분인데. 자식이란 게 키워놓으면 다 소용없는 거예요.

기협 올림

09.
06.
10.

며칠 전 큰형 편지에선 전화로 듣는 어머니 목소리가 약해지신 것 같다고 했다. 큰아들인 줄 알아듣기는 하시는데, 그 이상 대화가 많이 안 된다는 것이다.
일기를 얼마 동안 소홀히 하면서 형을 좀 지나치게 걱정시킨 것 같아 미안한 생각이 든다. 노 대통령 생각에 참 많이 몰입해서 지냈다. 많은 사람들이 그렇겠지만, 가신 분에게 큰 숙제를 받은 느낌이다. 그래도 이제 시간을 두고 그 숙제를 풀어나갈 자세가 안정되어간다.
노 대통령 일을 어머니께 말씀드린 것은 영결식 며칠 후였다. 다른 날보다도 정신이 맑아 보이셨고, 늘 하는 대로 쓰셨던 글 한 꼭지를 읽어드렸더니 거기서 연상이 이어지는 대로 6·25 시절을 기억하는 말씀을 꽤 길게 하셨다. 그래서 이 정도 정신이시면 무슨 일인지 이해하실 것 같아 얘기를 꺼냈다.
"어머니, 노무현 씨 아시죠?"
"노무현? 대통령 말이냐?"
"네, 어머니. 그 사람이 며칠 전에 죽었어요."
잠깐 어리둥절한 표정에서 아득한 표정으로 넘어가신다. 뭘 더 묻지도 않으신다. 그리고 잠시 후 눈물을 주루룩 흘리신다. 한참 아득한 표정으로 말없이 계시다가 가볍게 고개를 한 차례 흔들고 눈길을 내게 돌리면서 다른 얘기를 꺼내신다. 조금 전의 얘기는 잊어버리신 것처럼.
텔레비전도 없는 방이고, 간병인 여사님들은 한국 정치에 관심이 적은 중국인들이니 소식을 그때까지 전혀 못 듣고 계셨기가 쉬운데, 내가 드린 말씀에서 무슨 생각을 떠올리신 것인지. 노 대통령 취임할 무렵에는 벌써 기억력 감퇴가 꽤 심각하실 때였는데. 모시고 앉았을 때 텔레비전에 노 씨가 나오는 것을 보고 "저 사람 생긴 게 참 기분 좋게 생겼어." 말씀하신 적이 있었던 것 같다.

봄감기에서 완전히 회복되신 지는 보름쯤 된다. 그런데 행동양식이 그 전과 상당히 달라지셨다. 외향적인 편에서 내향적인 편으로 바뀐 점이 제일 두드러진다. 조그만 자극이 있어도 열렬한 반응을 보이고 표현을 많이 하려 애쓰시던 것이, 지금은 미니멀리즘으로 취향이 바뀌셨다. 전화로 반응을 살피는 큰형이 보기엔 어머니가 많이 위축되어 계신 것처럼 느껴질 수도 있겠다.

마음이 가라앉아 있는 내 상태에 영향을 받으신 걸까? 별로 그럴 것 같지 않다고 생각해왔는데, 지금 생각하니 그런 면도 있을 수 있겠다. 요즘은 오래 앉아 있기 힘들 때가 있어서 식사 때를 피해서 많이 간다. 가서 놀아드리는 건 노래, 어머니 글 낭독, 불경, 이렇게 틀이 잡혀 있다.

걱정스럽게 생각되는 상태는 아니시다. 음식도 잘 드신다. 다만, 전처럼 "더, 더, 더!" 를 시종일관 외치는 대신, 권해드리는데도 "더 먹어도 좋겠지만 꼭 그럴 필요가 있나?", "아무리 맛있어도 지나치게 먹는 일은 피해야지." 하는 식으로 먹물 티를 내실 때가 많다. 특히 나를 대하시는 태도가 정중하시달까? 어린애가 어버이에게 의지하는 것처럼 앞뒤 안 가리고 대하시던 분이, 요즘은 체면 차리는 기색이 많으시다. 매우 진지한 말투로 "고맙다." 불쑥 말씀하셔서 "뭐가 그리 고마우세요, 어머니?" 하면 "모든 게 고맙다." 하시든지 "이렇게 매일 와주는 게 고맙다." 하는 식이다.

전체적으로 보아 당신 자신을 하나의 객체처럼 바라보는 일이 익숙해지시는 것 같다. 연초의 회복 때는 그 이전에 대한 기억이 아주 미약해서 갓난아이 같은 마음 상태셨다가, 그 이후 생활 경험도 쌓이고 과거의 기억도 차츰 더 확충되시는 데 따라 일어나는 변화일 것 같다.

단 하나 확실히 이해가 되지 않는 것은 때때로 보이시는 조울증 비슷한 현상. 며칠 전 아내가 혼자 가 모시고 있다가 곤욕을 치렀다고 한다. 편안하게 응대해드리고 있었는데, 제자인 줄 생각하고 계시던 이 여자가 며느리란 사실이 밝혀지자 거의 광적인 적대감을 엄청난 집착을 가지고 표현하셨다고.

엊그제는 저녁 식사가 한참 지난 시간에 내가 들어가니 누워서 입술을 달싹달싹 혼잣말을 하고 계시는데, 나를 힐끗 보고도 한참을 계속하시기에 "네, 어머니, 말씀하세요." 했더니 갑자기 목청껏 "나니모 나라나캇다." 외치시는 것이었다. 내가 놀라서 "아무것도 안 되었다고요? 뭐가요, 어머니?" 하니까 목소리는 좀 낮추면서 같은 말을 똑같이 몇 번이고 되풀이하시는 것이었다. 한참 그러다가 내가 말을 섞어드리려고 애를 쓰다 보니 다른 이야기로 넘어가기는 했는데, 그 말씀의 뜻보다도, 왜 그렇게 소리치고 반복하셔야 했는지, 그 강박이 무엇인지가 궁금한

데, 짐작 가는 것이 없다. 그렇게 답답해하실 때가 종종 있는지 여사님들에게 물어보니 목욕이나 기저귀갈이 등 몸에 손을 댈 때 욕을 많이 하시지만, 크게 신경 쓰일 만큼 특별한 정도는 아니시라고 한다.

그렇게 참을성 없는 행동을 때때로 보이시면서 스스로 '참을성'에 대한 생각을 하시는 모양이다. 어제는 들어가 모시고 앉자마자 난데없이 "너는 참 참을성이 있구나." 하시기에 어리둥절한 기색을 감추고 "네, 어머니. 제가 참을성이 좀 있죠. 근데 참을성밖에 다른 게 없어서 탈이에요." 능청을 떠니까 피식! 웃고는 "네가 참을성이 있어서 참 고맙다. 우리 집 사람들한텐 그게 없어." 하신다. "왜요, 어머니. 영이 보세요. 영이가 얼마나 참을성 많아요?" 하니까 풋! 웃고는 대꾸도 않으신다. 그래서 이번엔 큰형을 들고 나와 봤다. "기봉인 어때요? 그만하면 참을성 많지 않아요?" 하니까 그건 그럴싸하다는 듯이 고개를 주억거리신다.

그래서 조금 더 깊이 찔러봤다. "어머니, 기봉이랑 나랑은 어머니를 안 닮아서 참을성이 있는 거 아닐까요?" 했더니 바로 낚이신다. "그렇지, 나 닮았으면 참을성이 없어야지. 느이들은 누굴 닮아서 그렇게 참을성이 있는 거냐?" 정통으로 한 방 넣어봤다. "어머니, 기봉이랑 나랑은 아버지 닮아서 그런 거 아닐까요?" 그런데 반응이 뜻밖이었다. 정말 어리둥절한 표정으로 "아버지? 아버지가 누구지?" 내가 더 어리둥절해져서 "어머니 남편 말씀예요. '김 서방'이라고 계셨잖아요?" 그래도 무슨 얘긴지 모르겠다는 듯이 잠깐 어리둥절한 채로 계시다가 다른 데로 이야기를 돌리셨다.

이건 정말 생각 밖이다. 어머니 인생을 그렇게 오랫동안, 그렇게 강하게 묶어놓아 온 그분 생각에서 이렇게 깨끗이 벗어나실 수 있다니. 금년 들어 기운과 정신을 되찾으신 후 전반적으로 마음이 편안하신 것을 다행스럽게 생각해왔는데, 이만큼씩이나 그 오랜 상처의 통증에서 벗어나실 수 있다니. 기간이 얼마가 되든 이제 누리고 계시는 여생은 작년까지 허우적거려오신 고해에서는 크게 벗어난 인생이 되실 것이다.

09.
06.
15.

"아! 기협아! 네가 오니까 참 좋구나."
얼굴을 보자마자 싱글벙글이시다. 오늘은 모시고 앉았기가 꽤 편하겠다.
"네, 어머니. 어머니야 제가 곁에 있건 없건 늘 행복하시잖아요?"
"그야 그렇지. 허지만 네가 있으면 더 좋은걸?"
"그러세요? 그렇게 말씀해주시니 제 마음이 기쁩니다. 아부도 참 잘하시네요."
"아부? 아부? 아부야 네가 잘하지."
기분 좋은 표시를 하느라고 눈까지 쫑긋쫑긋 하시다가 급기야 내 얼굴 쪽으로 손을 뻗치신다. 얼굴을 대드리니 두 손으로 만지다가 손을 멈추고 한 마디. "너 어째 이렇게 이쁘냐?"
이렇게 흥이 나셨을 때는 최대한 재미있게 끌고 가야 오래 즐기실 수 있다. "아니, 어머니! 이 얼굴이 이쁘다고요? 아부가 너무 심하신 거 같아요."
"아니야, 진짜로 이뻐!"
분위기를 한 차례 묵직하게 잡아드린다. "어머니, 어머니 마음이 편안하고 즐거우시니까 이 아들까지 이쁘게 보이시는 거 아닐까요?"
묵직한 분위기로 따라오신다. 고개를 주억거리며 "그래, 내 마음이 편하니까 네가 이뻐 보이고 고마운 마음도 드는 거겠지."
시간이 3시였다. 점심과 저녁 식사의 딱 중간. 과자를 드리기 적당한 시간 같아서 슬그머니 말을 꺼냈다. "어머니, 어머니께 글도 읽어드리고 싶고 과자도 드리고 싶은데, 어느 쪽을 먼저 할까요?"

'과자' 소리에 모드가 확 바뀌셨다. "야, 뭐 먹을 거 없니? 배가 고파 죽겠다." 서랍을 열어 보니 드시던 홈런볼과 웨하스가 반 봉지가량씩 남아 있었다. 한 차례에 다 드리기엔 좀 많아 보였다. 그런데 드린 것을 입에 넣으시자마자 더 달라고 손을 휘저으시는 기세가 예사롭지 않다. 이만하면 충분하시겠지 하고 홈런볼을 몇 알 남긴 채 서랍을 닫았더니 아직 입을 우물거리시면서 손만 휘저으시는 게 아니라 눈알까지 굴리며 몹시 벼르는 기색이시다. 꿀떡! 삼키시자마자 예상대로 호통 모드다. "더 줘!!!" 얼른 응하지 않으니까 표현이 자꾸 거세지신다. "더 달란 말이야!!!" "먹을 거 내놔!!!" 복도에서 간호사까지 들여다볼 정도로 맹렬한 호통이었다.

두유를 입에 대드리며 얼러드렸다. "어머니, 그만큼 잡수신 것도 대단히 훌륭하신 일이에요. 더 드시지 않아도 저는 어머니를 존경합니다."

두유를 삼키신 다음에는 구걸 모드로 돌아와 계셨다. "기협아, 내가 점심을 못 먹었어. 너무너무 배가 고파." 표정도 말씨도 그렇게 애절하실 수가 없다.

곁을 지나가던 채 여사가 이 말을 듣고 발길을 멈췄다. "할머니, 그렇게 잘 잡숫고 못 먹었다 그러시면 저희는 뭐가 돼요?" 내게 고개를 돌리고 말한다. "오늘은 좀 유별나세요. 아까는 아침도 안 드셨다고 잡아떼시더니."

채 여사가 내게 말하고 있는 동안 벌써 어머니의 호통이 그에게 쏟아지고 있었다. "야! 내 점심 내가 못 먹었다는데 네가 뭘 아는 척하냐!"
채 여사가 킥킥거리며 물러간 뒤 내가 진지한 표정으로 여쭀다. "어머니, 정말로 점심을 못 드셨어요?"
"못 먹었어! 넌 네 에미 말도 못 믿냐?"
"어머니, 아침도 못 드셨어요?"
호통기가 완연히 누그러지신다. "아침? 아침이야 먹었겠지, 뭐."
"어머니, 여태 점심을 못 드셨으면 많이 시장하시겠어요. 여기 과자가 여섯 알 있는데 어머니 다 드세요." 하며 한 알을 손에 집으니까 입을 짝 벌리신다. 통제가 효과적으로 되려면 공세를 유지하는 편이 좋다. "어머니, 점잖지 못하게 입으로 받으시려 하세요? 손으로 받으세요."
손을 내밀어 받아 들면서 뭔가 불평하고 싶은 기분이신가보다. "야, 쩨쩨하게 한 개씩 주냐? 이런 건 한 번에 두 개씩 주는 거야."
"네, 어머니. 어머니는 역시 위대하십니다." '위대'하다는 건 어렸을 때 형제간에 '밥통 큰' 놈이라고 놀릴 때 쓰던 말인데, 아직도 기억하고 계시다.
"그래, 나는 위가 대하다. 그래서!"
두 개씩 두 개씩 해서 다 드렸는데도 탐욕스러운 눈길을 거두시지 않는다. 빈 갑을 뒤집어 보이며 달래드리고 있는데 성격이 쾌활한 강 여사가 지나다가 한 마디 잘못 건드렸다. "할머니, 점심도 제가 얼마나 많이 먹여드렸는데, 그 과자를 다 드시고 또 달라 그러세요?"

대뜸 '년' 자가 쏟아져 나온다. 옮겨 적을 만큼 조리 있는 얘기도 아니고 향기로운 얘기도 아니다. 강 여사가 "할머니, 잘못했어요." 하고 깔깔대며 달아난 후 나를 향해 손을 내미시는데, 3초 안에 새 봉투를 따서 과자를 쥐어드리지 못했으니 그 다음 말씀은 내가 들어 싼 말씀이다. "이 쌍놈아! 먹을 거 줘!"

여사님들에게도, 며느리에게도 "쌍년"은 입에 달고 계시는 말씀이지만 그것을 변형해서 내게 적용시키시는 건 모처럼의 일이다. 잘 않던 짓을 하셨으니 분위기 전환을 위해 좋은 빌미다.

"어머니, 지금 제게 '쌍놈'이라고 하셨어요?" 정중히 묻는다.

"그랬다, 이 쌍놈아!" 조금 어리둥절하신 듯, 욕에서 기운이 좀 빠진다.

"어머니, 제가 쌍놈이면 쌍놈 어머니인 어머니는 뭐가 되세요?"

"쌍놈 어머니면 그야…… 쌍년이지, 뭐." 그 말씀이 스스로 생각해도 재미있으신 듯, 누그러진 기분으로 "쌍놈"과 "쌍년"이 든 말을 만들어 이리저리 경쾌하게 해 보신다. 그동안 웨하스 한 봉지를 새로 따서 한 개 잡숫고 있는데 주 여사가 방으로 들어오는 게 아닌가?

주 여사는 11월부터 2월까지 이 방에서 일했으니 어머니의 초기 회복 과정을 살펴봐준 분이다. 성격이 활달하고 일에 열심이면서도 처신이 반듯하고 조심성도 있어서 겪어본 여사님들 중 자유로병원의 조 여사와 함께 가장 믿음직한 분이다.

한 달쯤 다니러 간다고 고향 갔다가 여태 안 와서, 그런 분 말씀도 그대로 믿을 수 없는 건가, 의아해하고 있었다.

이틀 전에 돌아와 다른 층에서 일하고 있으면서 틈날 때마다 어머니께 들러 뵙는데, 나랑은 오늘에야 마주친 것이다. 잠깐 어머니를 상대해드리는데, 역시 아주 능란하고 편안하다. 어머니도 뚜렷이 기억은 못하시지만 믿을 만한 상대라는 정도 기억은 어렴풋이 깔려 있는 것 같다. 하기야 의식이 아주 미약하실 때부터 의지하셨던 상대니까.

주 여사가 상대해드리는 동안 먹을 것에 대한 집착도 풀어지셨다. 쥐어드린 과자를 주 여사 먹으라고 권하신다. 주 여사가 사양하다가 마지못해 절반을 잘라 먹으니 흐뭇한 표정으로 나머지 반쪽을 입에 넣으신다. 주 여사가 간 뒤 또 한 쪽을 드리니까 내게 권하신다. 절반으로 잘라 드리니 반쪽을 드시고는 먹을 것 타령이 끝나셨다.

노래 네 곡을 함께 불렀는데, 갈수록 가닥이 잘 잡히신다. 〈섬집아기〉 2절을 부르는 동안 누가 방에 들어오는 것을 보고 눈길을 그리 돌리고도 가사를 외워 계속 부르신다. 생각보다 진도가 빠르시다. 반야심경을 함께 외운 다음 금강경은 내가 읽어드리는데, 들으시는 표정을 보니 내용이 대개 기억되시는 것 같다. 그런데 수필은 〈지구는 하나(1)〉를 읽어드렸는데, 당신이 쓰신 글이라는 사실이 명확하게 인식되지 않으시는 것 같다. 그 정도 복잡한 얘기를 어렵지 않게 이해하시는 걸 보면 기억에는 깔려 있으신 건데.

한 시간 반이면 좀 길게 모시고 앉았던 편인데도 오늘은 오랜만에 칭얼 모드를 보여주신다. "기~협~아 네가 가면 난 어떡하니?" 눈썹을 찌푸리고 목소리도 간드러지게 맞추셨지만, 절박감이 별로 없다. 나 이런 모드도 보여줄 수 있어, 하고 재미로 해보시는 것 같다.

"어~머~니~ 떠나가는 제 마음도 아파요~" 하고 일단 호응해드린 다음 차분한 진압 작전이다. 반박하실 수 없는 그럴싸한 말씀을 길게 늘어놓아 칭얼 모드가 풀릴 시간을 버는 것이다. "어머니, 제가 곁에 있으면 어머니가 더 기쁘시다니까 어머니 곁에 늘 있고 싶어요. 하지만 저는 일도 해야 하거든요. 그래도 제가 곁에 있을 때나 없을 때나 어머니가 늘 행복하시다는 사실이 제게는 큰 위안이에요. 혼자 앉아 일하다가도 어머니 생각이 떠오르면, 아, 지금 아들이 곁에 없어도 어머니는 행복하고 편안하게 계시겠구나, 하는 생각으로 마음 놓고 일할 수 있다는 것이 정말 고마운 일이에요. 어머니, 저는 이만 물러갑니다. 제가 곁에 없으면 좀 심심하실 수도 있지만, 제가 일하고 있으면서도 어머니께 고맙다는 생각 하고 있는 줄 아시고 편안히 계세요." 이 정도 쏟아부으면 에구, 잘못 건드렸구나, 하는 표정으로 "그럼 뽀뽀나 하고 가려무나." 하고 뺨을 내미신다. 오늘도 그렇게 빠져나왔다.

09.
06.
23.

요양원으로 옮겨 모실 궁리는 3월부터 해온 것이다. 연초부터 식사를 시작하시고 회복이 좋으셔서 3월 되어서는 이제 병원 아닌 요양원에 가서 지내셔도 아무 문제 없겠다는 의견을 닥터 한이 주었다.

병원에서는 어머니가 관리 대상인 환자다. 간병인과 간호사들이 아무리 친절을 다한다 해도 생활의 주체가 되시는 데 한계가 있다. 매일 가서 응대해드려야 하는 필요도 여기에 있다. 어머니다운 생활을 최소한으로라도 확보해드리기 위해 우리랑 노는 시간을 마련해드려야 한다. 용태가 좋으실수록 그 필요가 더 크다.

요양원에서는 '환자' 아닌 '생활인' 대접을 받으신다. 텔레비전도 보고, 날씨 좋을 때는 정원에서 햇볕도 바람도 쐬고, 무엇보다 다른 노인들과 이야기를 나누실 수 있다. 대등한 상대와 이야기를 나누시는 것, 이것이 생활다운 생활을 위해 제일 요긴한 것이라 생각한다.

기본 비용도 매달 40만 원 정도 절약되고, 우리가 살펴드려야 하는 시간도 줄어든다. 모든 것이 다 좋은데, 의료 서비스 수준만이 병원보다 못하다. 방침을 정하고 괜찮은 시설들도 답사해놓은 상태에서 석 달 동안 늦춘 것이 그 때문이다. 마침 감기에 한 차례 걸리셨는데, 가벼운 감기 하나로 여러 날 동안 기력이 푹 떨어지시는 것을 보니 옮기시는 것을 가급적 늦추게 되었다.

그런데 이제 더 늦출 수 없게 되었다. 여름부터 일이 바빠질 것을 예견하고는 있었는데, 생각보다도 빡빡한 상황이 코앞에 닥쳤다. 그리고 계절도 더 늦추기가 아깝다. 정원 좋은 요양원에 가서 햇볕과 바람 즐기는 생활을 내년에 또 누리실 수 있다고 장담할 수 있는 일도 아닌데.

지난 금요일, 세 군데를 둘러보려고 나섰다. 안성 죽산의 파라밀요양원은 불교계 시설이고 병원이 같은 구내에 있다는 장점이 있지만 권위주의적 분위기랄까, 노인들을 관리 대상으로 여기는 분위기가 마음에 걸렸던 곳. 용인 백암의 백암너싱홈은 좀 작은 규모지만 분위기가 좋아 보였다. 두 달 시차를 두고 다시 둘러보아 분위기의 안정성을 확인하고 싶었다. 또 한 군데는 인터넷상으로 그럴싸해 보였지만 아직 가본 적이 없던 이천의 세종너싱홈.

세종으로 제일 먼저 갔다. 그리고 다른 두 군데 가보려던 계획은 취소했다. 시설이 너무 좋고 운영도 잘하는 것 같아서 바로 결정했기 때문이다. 적성의 진인선원에 못지 않은 생활여건으로 보였고, 위치가 훨씬 더 좋으니까.

이천 읍내에서 5킬로미터가량 떨어진 세종너싱홈에 도착했을 때는 점심시간이었다. 입구의 주차장에 차를 세워놓고 잘 가꿔진 정원 사이로 100여 미터 올라가니 현관 앞 비치파라솔에 앉아 있던 작업복 차림의 영감님이 맞이해준다. 인상 좋은 영감님과 몇 마디 기분 좋게 이야기를 나누고 있는 중에 원장님이 식사를 마치고 내려와 인사를 하는데, 알고 보니 영감님이 이사장이었다. 요양원 세우기 전에는 장애인 시설을 이곳에서 꾸렸다 하고, 이사장님은 내내 정원을 가꿔왔고 지금도 정원 일을 계속하고 계시단다.

간호사인 원장님도 꽤 연만해 보이시고(내 연배쯤?) 언행이 침착한 분인데, 원내에서 생활하신다고 하여 더욱 마음 든든하다. 이사장님도 정원 속의 아담한 집에서 사시고.

다른 요양원보다 한 달에 15만 원 정도 비싸지만 시설만으로도 그만한 가치가 충분히 있다. 지금 상태의 어머니로서 자연을 즐기실 수 있는 최적의 조건으로 보인다. 수안보의 작은형이 쉽게 찾아올 수 있고, 내가 부산 쪽에 가서 지내는 동안에는 한 달에 한 번 차 몰고 다니러 올 때 들르기도 쉬운 편이다. 일산에서 지낼 때는 차로 두 시간가량이니 주 1회 다니기가 그리 부담스럽지 않다.

어머니께는 옮길 계획을 말씀드리지 않고 있었다. 무슨 의미가 있는 일인지 이해하실 수 있을 것 같지가 않았다. 일요일에 간병인 여사님들에게 제일 먼저 알렸다. 월요일엔 닥터 한과 병원 관계자들에게 알려야 할 텐데, 어머니를 가장 가까이서 살펴드리던 분들이 나중에 알게 하고 싶지가 않았다.

나오는 길에 강 여사에게 얘기하니 어머니께 쪼르르 쫓아가서 "할~머~니~ 할머니 가시면 우리 심심해서 어떻게 살아요?" 재롱을 떤다. 조금 어리둥절한 채로 몇 마디 대꾸하시다가 기본 개념이 파악되신 듯, 나를 쳐다보고 말씀하신다. "난 여기가 좋다. 다른 데 안 갈란다." 그러자 여사님들이 번갈아 나서서 아드님이 매우 좋은 곳을 찾아서 모시려는 것이니, 우리는 서운하더라도 할머니는 가셔야 한다, 우리도 시간 나면 찾아뵙겠다, 하고 달래드리니까 애매한 표정으로 고개를 끄덕이신다.
월요일 오후에 다시 가 뵈니, 그 사이에 여사님들과 몇 차례 이야기가 있었던 듯하다. 내 얼굴을 보자마자 정색을 하고 말씀하신다. "기협아, 나 여기 그냥 있으면 안 되니? 난 여기가 좋은데." 서두를 일이 아니다. "어머니, 여기가 편안하시다니까 제 마음도 기쁩니다. 여기 그냥 계시고 싶으면 그렇게 하세요. 그런데 그쪽은 제가 보기에 여기보다도 더 좋던데요? 조금 있다가 기목이 올 테니까 기목이 생각도 한번 들어보세요."
3시에 온다던 형은 5시 반이 되어서야 나타났지만, 어머니 얼러드리는 솜씨는 확실히 나보다 윗길이다. 형이 다녀가고서는 옮기는 것이 어머니 마음에도 당연한 일이 되었다.
오늘도 2시 반쯤 가 뵈니 기분이 괜찮으시다. 엑스선 사진 찍으러 휠체어로 다녀오시는데, 힘든 기색이 전혀 없으시다. 병원에선 휠체어 타시는 일도 목욕하실 때 외엔 없었는데, 요양원에선 가급적 침대에 누워서보다 휠체어에 앉아서 많이 지내시게 해드린다니 그것만 해도 무척 좋아하실 것 같다.
결단을 내리고 나니 마음이 편안한 것을 넘어, 오는 금요일 이후 어머니 생활을 생각만 해도 기쁘다. 병원급 의료 서비스가 현장에 없다는 한 가지 이유 때문에 주저주저 해왔는데, 지난번 감기 정도 대응에는 아무 문제 없겠고, 이천의료원이 10분도 안 걸리는 위치에 있으니 더 큰 필요가 있더라도 큰 걱정은 없겠다.

3 /
꽃은
어디에 피어도
예쁜 거예요

09.
06.
26.

8시 45분 병원에 도착하자 여사님들이 휠체어에 바로 앉혀드렸다. 그런데 원무과에서 정산이 빨리 되지 않아 10시가 되어서야 출발할 수 있었다. 기다리다가 하도 늦어져 내려가 재촉하니, 간병비 한 항목의 책임자가 연락 닿기를 기다리고 있다고. 그래서 넉넉히 놓아두고 갔다가 나중에 정산하자고 했더니, 그러실 것 없이 그냥 가시고 나머지는 나중에 연락드릴 때 납부해달라고 한다. 병원에서 돈 덜 받은 채 퇴원시켜주는 건 첨 봤다. 세상이 좋아진 건지, 내가 신용을 잘 쌓은 건지.

꼬박 한 시간 동안 휠체어에 앉아 계시는 걸 괴로워하시지 않을까 걱정했는데, 노상 누워 계시던 것보다 기분이 좋은 기색이시다. 정말 모두들 친절하게 대해드렸지만, 병원이란 곳은 어쩔 수 없다. 그만큼 회복이 되셨으면 몸에 자극이 늘어날 길을 찾아야 할 텐데, 3월에 재활치료 며칠 시도해보다가 포기한 이후로는 너무 몸을 움직이지 못하고 지내셨다. 병원은 생존하는 곳이지, 생활하는 곳이 아니다.

오락가락하다가 틈틈이 아내가 모시고 있는 어머니께 가보면 휠체어에 앉아 싱글벙글하고 계시다가 "기협아, 난 여기가 좋은데, 여기 그냥 있으면 안 되니?" 하신다. 긴장을 풀어드리는 편이 좋다. "여기 좋으시면 여기 계세요, 어머니. 그런데 저쪽에도 좋은 면이 좀 있어요. 한번 가보세요. 갔다가 시원찮으면 바람 쐬고 돌아오시는 셈이죠, 뭐." "그래그래, 네가 알아서 해라." 하면서도 미심쩍은 기색이 잘 걷히지 않으시고, 한참 있다간 또 한 차례.

그래도 막상 떠날 때는 오랜만에 차에 앉으시는 게 싫지 않으신 기색이다. 굳이 앰불런스를 부를 필요까지 없겠다는 닥터 한 의견에 따라 내 차 뒷자리에 아내가 모시고 앉았다. 조심조심 두 시간 가까이 달리는 동안 아무 불평 없다가 거의 다 가서 "아이고, 궁둥이가 아프구나." 하셔서 아내 무릎을 베고 누우셨다. 출발 직후 구일산을 지날 때는 밖을 열심히 내다보며 "야! 뭐, 구경할 게 많다!" 하셨는데, 외곽고속도로에 오른 후로는 눈길을 두리번거리지 않고 꼿꼿이 앉아 계셨다. 그러나 눈을 내내 활짝 뜨고 계신 걸 보면 풍경을 새롭게 받아들이고 계셨던 것 같다.

아내가 방에 모시고 가 짐을 정리해드리고 첫 식사를 간병인과 함께 보살펴 드리는 동안 나는 사무실에서 계약서 등 필요한 절차를 밟았다. 그리고 올라가 보니 도착한 지 40분밖에 안 된 어머니께서 "야 기협아, 여기 참 좋다. 나 다른 데 안 갈란다." 다른 환자들과 아직 제대로 어울려보지 않으셨지만, 어울릴 만한 사람들이 주변에 가득하다는 걸 눈치채신 것 같다. 그리고 건물 안의 분위기만 해도 병원의 살풍경과는 차원이 다르다. 열린 창문으로 불어 들어오는 바람부터.

아내와 너싱홈에서 나와 해장국으로 점심을 하고 남한강변까지 한 바퀴 돌아본 뒤 2시 반쯤 돌아와 보았다. 침대에 누워 계셨다. 우리가 모시고 정원을 산책하고 싶다고 양해를 얻어 휠체어를 가져오는 참에 간식이 나왔다. "먹을 거다!" 외치며 손을 막 뻗치신다. 초코파이 하나와 크림샌드('크라운 산도' 같은 것) 두 쪽인데, 간병인이 어릿어릿하는 사이에 초코파이를 움켜쥐셨다. 누운 채로 입에 우겨 넣으시는 바람에 침대 등을 올릴 경황도 없이 등을 받쳐 일으켜 앉혀드리고, 아내가 작동 레버를 찾아 침대 등을 올려드렸을 때는 초코파이가 이미 자취를 감춘 뒤였다.

잘 잡수시던 과자(웨하스와 홈런볼)와 과일통조림을 상당량 가져가기는 했지만, 너싱홈의 간식으로 바로 적응이 되실 것 같다. 더 달라는 타령이 없으신 것이 막 옮겨서 얼떨떨하신 탓도 있을지 모르지만, 다른 분들도 다 함께 간식을 받아 드시니까 혼자서 더 내놓으라고 난동을 피우기도 좀 뭣하실 게다.

휠체어로 모시고 나오다가 외출에서 조금 전 돌아온 원장님과 마주쳤다. 강남성모병원에서 30년 가까이 근무했다는 원장님, 다시 봐도 사람이 참 끌끌하다. 잠깐 몇 마디 나눠보면서 상대가 어떤 사람인지 파악을 하는 것 같다. 이런 일에 종사하는 분들 중엔 자기가 좋은 사람이란 인상을 주려고 자기 표현에 열중하는 이들이 많이 있는데, 여기 원장님은 상대를 파악하는 데 집중하는 태도가 분명하다. 어머니에 대해선 '참 재미있는 어른 오셨구나.' 하는 인상이 금세 잡히는 것 같다.

아내는 현관 앞 비치파라솔에서 쉬게 하고 휠체어를 밀어 정문까지 한 바퀴 다녀왔다. 150미터가량, 수준급의 정원, 참 기분 좋은 곳이다. 더운 날씨지만 길 한

쪽으론 나무 그늘이 짙다. 다람쥐도 꽤 많은지, 다닐 때마다 눈에 띈다. 길가의 꽃나무 가지가 길 안쪽으로 드리워진 곳에서 어머니는 손을 뻗어 잎새도 만져보고 꽃도 만져보신다. 작년 4월 자유로병원에서 산책시켜드린 후로 처음이란 생각에 어머니께 미안한 마음이 든다.

현관 앞에 돌아와보니 원장님과 원무실장님이 나와 있었다. 공무원에서 퇴직했다는 원무실장님은 나보다 몇 살 위가 분명한데, 마음은 훨씬 더 젊은 것 같다. '교수님', '박사님'을 대단하게 여기는 티를 너무 많이 내서 나도 듣기가 좀 거북스러운데, 어머니는 "하! 교수? 그게 뭐 별거라고!" 하며 태연하시다. 원장님은 살아오면서 응대해온 범위가 넓었음을 확인할 수 있을 만큼 태도가 자연스럽다.

기억력 테스트도 겸한 듯, 원장님이 묻는다. "어르신, 제가 누군지 아세요? 아까 말씀드렸죠." 나는 당연히 "아, 당신이야 내 제자지." 하실 줄 알았는데, 어머니는 뜻밖에 잠깐 머뭇하시더니 "당신? 누구지? 나 잊어버렸어." 하시는 것이었다. 아마 원장님이 '제자'로 얼렁뚱땅 묶어내는 범위를 벗어나는, 특별한 역할을 가진 사람이라는 인상이 그 사이에 자리 잡히신 것 같다.

원장님이 "네, 다시 가르쳐드릴게요. 제가 여기 원장이에요." 하자 대뜸 "원장? 당신 어마어마한 사람이구만!" 하시는 바람에 다들 크게 웃었다. 내가 "어마어마한 분은 아니라도, 여기서 저희들 대신 어머니 살펴드릴 분이세요. 어머니께선 어마어마하게 보셔도 돼요." 했더니 정색을 하고 원장님을 똑바로 쳐다보며 "그거 참 고마운 분이군요." 하고 멀쩡하게 인사를 차리신다. 원장님도 살짝 눈짓으로 내 한 마디에 감사의 뜻을 표한다. 표현을 아끼는 사람이지만 전혀 모자라지 않다. 참 믿을 만한 사람이다.

방에는 원장님이 모셔드리겠다고 해서 현관 앞에서 바로 작별하고 떠났다. 가지 말라고 붙잡지도 않으신다. 어머니 마음에 아마 원장님도 믿음직하고, 장소도 편안하게 느껴지시는 것 같다. 가기 전에 아내와 그 근처에서 하룻밤 자고 내일 아침에 편안히 자리 잡으신 것을 확인하고 돌아오자고 의논했었다. 그런데 그럴 필요 없겠다 판단하고 바로 돌아왔다. 다음 주 화요일 아내가 중국으로 떠난 뒤, 봉하 가는 길에 들러서 뵈어도 괜찮을 것 같다.

09.
06.
27.

뭐든 꼬투리를 찾아 너싱홈에 전화를 한 번 해봐야겠다고 생각하고 있는데, 원장님이 먼저 전화를 줬다. 밤새 잘 주무셨다는 소식부터 전하고, 몇 가지 디테일을 제공한다. 어제 저녁에는 7시까지 건물 밖에서 노인분들과 어울려 담소를 즐기시고, 아침 식사 후에도 어울려 앉아 계시는데, 계속 기분이 좋아 보이신다고. (전화받은 시간이 8시 반이었다.) 식사를 홀에 나와서 하신다는 소식도 반갑다. 어제 점심은 방에서 하셨고, 떠먹여 드리려면 방에서 하셔야만 하는가 생각했는데, 많은 분들과 함께 앉아 식사를 하실 수 있다면 정말 좋은 일이다.
보호자를 안심시켜주려고 전화 한 통 하는 내용을 봐도 우리 원장님, 참 센스가 훌륭한 분이다. 어떤 측면을 내가 요긴하게 여기는지 정확하게 파악이 되신 게 분명하다. 내가 마음을 놓는 데 필요한 얘기는 효과적으로 다 담겨 있고, 군더더기는 별로 없다. 그렇게 파악이 되어 있다면 어머니와 관계된 어떤 판단과 결정도 나보다 더 잘 해줄 것을 믿을 수 있다.
7월 22일 중국으로 떠나기 전까지는 매주 한 차례씩 찾아갈 수 있겠지만 그 뒤는 기약하기 힘들다. 7월 9일 작은형이 미국에서 돌아오면 역할이 되겠지. 친구나 제자분들 중에 아직 기동력 있는 분들이 찾아뵙기는 병원 계실 때보다 나을 것 같다. 2년 전까지 대자암 계실 때보다 생활도 편안하시고 손님 맞이하기도 편리하게 되셨으니 이제 마음이 놓인다.

09.
07.
01.

요양원에 모셔놓고 1주일 만에 가 뵙는데, 이모님을 모셔 갈 생각을 했다. 어머니보다 열세 살 아래의 하나뿐인 이모님은 자식이 없어서 우리라도 좀 살펴드리고 싶은 마음이 있는데, 여의치 못하다. 연전에 여주 어느 산골 구석의 가톨릭 시설에 들어가 계신데, 그리로 가 뵙지도 못하고 있었다.

여주치고는 아주 외진 곳이라 하셨지만, 이천과 붙어 있는 여준데 멀면 얼마나 멀겠나, 그리 가서 어머니 요양원으로 모셔 왔다가 나중에 도로 모셔다 드리는 게 과히 어렵지 않을 것 같았다. 점심 후에 모시러 갔다가 저녁 전에 돌려보내 드릴 수 있을 것 같았다.

군포의 사촌 형님께 들러 점심을 하고 바로 일어섰는데, 4시가 넘어서야 이모님께 도착했다. 생각보다 멀었고, 영동고속도로가 심하게 막혔다. 이모님 계신 파티마 성모의 집은 일종의 실버타운이랄까, 열 평 남짓한 아파트를 쓰시고 세 끼 식사는 식당에 내려가 먹는 곳이다.

이모님 성모의 집에서 어머니 너싱홈까지 꼭 40분. 5시 정각에 도착하니 식사를 막 시작하셨다. 수십 명 노인분들이 식사하는 저쪽 끝 식탁 앞에 휠체어를 대놓고, 간병인이 떠먹여 드리는 죽을 받아 잡숫고 있다가 이모님과 내가 다가오는 것을 보고 한 차례 환하게 웃으시고는 한 순갈 받아 잡숫고, 또 한 차례 우리 보고 웃으시고 또 한 순갈…….

식사를 끝내신 후 20분가량 정원에 모시고 나와 옅은 햇볕을 쪼이며 꽃구경을 시켜드렸다. 그 사이에 습관이 하나 생기셨다. 병원 떠나기 전부터 조금씩 재미를 붙이기 시작하셨던 것인데, 열 자가량 길이의 말씀 하나를 하시고는 리듬감에 얹어 서너 차례 되풀이하시는 것이다. "우리 아들은 신통강아지", "꽃은 어디에 피어도 예쁜 거예요.", "아무리 먹어도 나는 배가 고파요." 등등.

정신이 흐릿해서 하신 말씀을 또 하고 또 하시는 것과는 다르다. 언어에서 새로운 맛을 찾으시는 게 아닌가 내게는 생각된다. 그러고 보면 노래 수준이 근래 달라지셨다. 가사를 보시면서도 옆에서 거들어드리지 않으면 시 낭송이 되거나 엉뚱한 학도가 가락으로 흐르시던 것이, 요즘은 이 가락, 저 가락이 쉽게 잡히신다. 〈반달〉 같으면 가사를 안 보고도 2절까지 완벽하게 부르신다.

건물로 들어와 거실 한 쪽 구석 의자 한 줄을 벽에 붙여놓은 앞에 휠체어를 주차시켰다. 다른 분들과 어떻게 어울리시는지 보고 싶어서. 의자에 한 분, 어머니보다 조금 연하로 아주 선량하고 소심한 인상의 할머니가 앉아 계시다가 어머니와 웃음을 조금 나누시고는 덕담을 하신다. "할머니도 점잖으신데, 아드님도 점잖게 생겨서 참 보기 좋네요." 어머니는 뭐라 응대할지 막연한 듯, 애매한 웃음만 띠신다. 내가 찔러드렸다. "어머니, 여기선 욕도 안 하고 지내시나봐요. 어머니 보고 점잖으시대요." 역시, 눈을 부릅뜨고 소리를 버럭 지르신다. "이놈아! 내가 왜 욕을 안 해!"

앞의 할머니는 어머니가 그렇게 소리 지를 줄 아는 분인 줄 모르셨던 듯, 일견 놀라며 일견 재미있어하는 기색이시다. 그러나 사회 활동을 않으시던 분인 듯, 어찌 대응할지는 잘 모르시겠는 눈치다. 어머니의 고함이 조금 떨어져 있던 분들 두엇을 끌어들였는데, 그중 한 분이 어머니와 족히 50합은 겨루실 만한 공력의 소유자로 보였다.

깔끔한 얼굴에 스타일 있는 안경과 헤어스타일로 보아 인텔리가 분명한데, 80 안쪽으로 보이지만 일본어에 능통한 것으로 보면 더 되셨는지도. 교사나 전문직에 종사하신 분이 아닐까 싶다. 어머니 곁에 와 앉으시더니 나를 보고 말씀하신다. "아드님이 오셨군요. 어머님께서 여기 오셔서 참 반가워요. 연세가 높으신데도 얘기를 너무 재미있게 하시고, 아직 일본어까지 잊어버리지 않으셔서 깜짝 놀랐어요." 하고 어머니께 일본어로 뭐라 하시자 어머니는 "나니모 와카라나이." 하고는 거기 또 리듬을 붙여서 몇 차례 외우신다.

안경 할머니는 어머니가 어떤 엉뚱한 반응을 보이셔도 '대화'를 이어갈 수 있는 능력이 있는 분이다. 두 분이 한참 이야기를 나누는데, 어머니의 엉뚱하실 수 있는 능력을 익히 아는 나로서도 실소를 금치 못할 대목이 거듭거듭 나오는 것을 이 할머니는 제대로 즐길 줄 안다. 아들이 몇이냐는 질문에 어리버리한 표정으로 나를 돌아보며, "난 몰라요. 셋째야, 넌 아니? 나한테 아들이 몇 갠지?"

"어머니, 제가 셋째면 적어도 세 개는 되나보죠?" 하니까 "셋? 그렇게 많아?" 확인해드리느라고 "보세요, 어머니. 여기 한 개 있잖아요? 그리고 미국에 또 한 개 있죠?" 하니까 "그래, 기봉이 있지. 그리고?" "또 하나 기목이라고 있잖아요, 어디 있는지 잘 모르겠는 놈." 나는 어머니 듣기 편하시라고 형들 이름에 대고 '놈' 자도 붙이는 건데, 작은형에 대해서는 뭔가 못마땅한 기분이 묻어나는 것인지 예민하게 반응하신다. 아니, 내가 형을 좀 우습게 보긴 하지만 미워하는 건 아닌데, 크게 묻어날 게 없다. 이건 작은형에 대한 어머니의 특별한 보호 본능이다.

"기협아, 남들은 형을 놓고 무슨 소리를 하더라도, 너는 형을 아껴줘야지."로 시작해서 지금까지의 어리버리와 영판 다른, 조리 있는 일장 훈시를 너무나 자연스럽게 펼치시는데 옆의 할머니들은 어안이 벙벙하다. 당장 어디 가서 고등학교 교장 선생 하시라 해도 전혀 꿀릴 데가 없으시다. 훈시가 마무리될 조짐이 보여 얼른 "네 어머니, 남들은 뭐라 해도 저는 기목이를 사랑할게요." 했더니 흡족한 웃음을 지으신다.

그러고 나서 이런저런 어리버리한 말씀을 하시다가 아이쿠, 내게 또 벼락을 내리신다. "이 쌍놈아!" 이젠 곁의 할머니들도 어머니 가닥에 꽤 익숙해져서 실실 웃으며 구경들 하시는 중에 맨 처음부터 계시던 착한 할머니가 순진하게 나를 구원하러 나오신다. "할머니, 이렇게 착한 아드님을 왜 그렇게 야단치세요?" 어머니는 씨익~(진짜 '씨익~', 아주 터프한 웃음이다.) 웃고는 "착한 아드님이요? 세상에 쓰잘 데 없는 녀석이에요." 나는 쓰잘 데 없는 표정으로 쩔쩔매는 시늉을 하고 있는데 또 한 할머니가 나서신다. "쓰잘 데 없다니요? 이렇게 어머님 말씀을 잘 듣는 분을!" 여기에 어머니 대꾸가 진짜 어머니다우시다. "그러니까 쓰잘 데 없죠. 내 말 듣는 거밖에 잘하는 게 아무것도 없어요."

이 대목에서 안경 할머니는 끼어들지 않고 그저 웃으며 구경만 하고 있는데, 즐기시는 기색이 완연하다. 정신이 뚜렷하지 않으실 때도 어머니는 나름의 유머 감각을 아주 잃어버리지는 않으시는데, 그걸 즐길 줄 아는 분이 한두 분만 계셔도 어머니 생활에는 큰 덕이 될 것이다. 그 유머 감각을 깊이 이해하지 못하는 분 같으면 어머니가 쾌활하실 때는 좋아하다가도 심술 피우실 때는 가까이하지 않으려 할 것이다. 일단 안경 할머니는 어머니 편으로 확보가 된 것 같고, 함께 있던 다른 두 분 할머니도 30분가량의 어머니 공연을 즐기며 어머니께 꽤 가까워지신 것 같다.

연출을 마무리 짓는 단계에서 통상적인 수법을 여기 와서는 처음으로 써먹었다. "어머니, 가기 전에 뽀뽀 좀 해도 될까요?" 오만상을 찌푸리며 "안 돼!" 곁의 할머니들, 완전 뒤집어지신다. "어~머~니~ 한 번만요! 살살 할게요." 하니까 얼굴에서 빛이 날 정도로 환한 웃음을 띠고 얼굴을 내미신다. 병원에서 수십 차례 연습한 대목인 걸 모르는 할머니들, 신기해서 어쩔 줄들을 모르신다.

09.
07.
06.

이제 당분간 매주 한 번도 찾아뵙기 어렵게 될 사정을 앞두고 틈나는 대로 다시 찾아뵈었다. 한 시간 남짓밖에 모시고 있지 못했지만, 생활의 틀이 며칠 사이에도 더 든든히 자리 잡으신 것을 확인할 수 있었다.

도착했을 때 노인들께서 현관 앞 테라스에 많이 둘러앉아 여흥을 즐기고 있었는데, 어머니는 보이지 않았다. 안경 할머니가 보이기에 다가가 인사했더니 돌아보고 반가워하며 어머니는 방에 계시다고 일러주신다. 휘 둘러볼 필요도 없이 그 자리에 안 계신 것을 이미 알고 있다는 건 어머니가 계시고 안 계시고를 신경 써 주신다는 표시 아니겠는가. 그런 분이 몇 분만 계시면 어머니 생활은 괜찮으신 거다.

다들 즐겁게 노시는 자리에 끼지 못하고 계신 건 무슨 까닭인가 조금 걱정도 되었다. 2층에 올라가니 간호사 서 선생이 얼굴 보자마자 알아보고 방을 옮기셨다고 일러준다. 스테이션 바로 옆방인데, 전의 방보다도 더 환하고 좋다. 전의 방에는 거동 못하는 분들만 계셨는데, 이 방은 어머니 침대 외에 모두 비어 있는 걸 보니 다 거동하시는 분들인가보다. 활동력 있는 분들과 함께 계시는 것이 생활환경은 나을 게 분명한데, 어머니가 활동력은 없어도 표현력이 넉넉하시니까 배려해준 것 같다.

서 선생에게 물었다. 밖에 못 나가고 계신 게 무슨 문제라도 있으신 건 아닌가 하고. 서 선생이 수줍게 웃으며 걱정하실 것 없다고 말해준다. "엉치가 아프시대요. 의자에 너무 오래 앉아 계시더니." 간호사씩이나 하는 분이 그만 일에 수줍어까지 할 거 있나, 우스운 생각도 들었지만, 30대 초반으로 보이는 서 선생, 참 순박한 느낌이 드는 분이다. 모시고 왔을 때 수속을 밟느라고 잠깐 같이 얘기를 하면서는 좀 너무 고지식한 분 아닌가 하는 느낌도 들었는데, 한 차례 더 올 때마다 어머니에 대한 진정한 애착을 조그만 말 한 마디에서도 느끼며 고마운 마음이 든다.

반야심경 외우고, 노래 몇 곡 하고, 오랫동안 해온 일들을 권해드리는 대로 따라 하시는데, 전에 병원 계실 때에 비해 열정이 다소 줄어드신 듯하다. 요모조모 기색으로 볼 때, 생활의 내용이 그때보다 다양하고 풍성해졌기 때문에 집중도가 줄어든 것 아닌가 생각된다. 같은 말씀을 몇 차례 반복하시는 패턴은 이제 더 분명히 이해가 된다. 병원에서보다 많은 사람들을 접하게 되시면서 표현의 정형화를 통해 자극을 완화하시는 것이라 할까? 대여섯 살 된 아이들이 많이 보이는 표현 양식과 비슷한 것으로 생각된다.

식사 시간이 되어 휠체어로 모시고 나와 세 분 할머니가 먼저 앉아 계시는 식탁으로 모셔 가는데, 앉아 계시던 할머니들이 자연스러운 웃음으로 맞아주시는 것을 보며 마음이 크게 놓인다. 오신 지 열흘이 되었는데 여러 분들이 동거인으로 이만큼 흔쾌하게 받아주신다면 이제 이곳은 어머니의 집이 된 것이다.

어머니가 별난 분이시라는 건 어쩔 수 없는 사실이다. 그런데 그 별난 면이 대다

수 동거인들에게 재미있게, 그리고 불편 없이 받아들여진다는 데서 이 요양원의 운영이 잘 된다는 것을 알아볼 수 있다. 그리고 어머니 당신도 평생 묶여 계시던 긴장 상태를 금년 초의 회복 이후 크게 벗어나신 것이 참 다행한 일이다.

집에 돌아와 책상머리에 앉아 일을 하다가 한 차례 바람이라도 쏘일 생각이 들 때, 병원에나 가볼까 하는 생각이 불식중에 들었다가 혼자 쓴웃음을 짓게 된다. 생각나는 대로 바로 가 뵐 수 없는 곳에 모셔놓으니 뵙고 싶은 생각이 떠오를 때마다 그대로 마음에 고이게 된다. 이렇게 찾아뵙고 싶은 마음이 저절로 들고 저절로 쌓이게 되다니, 이러다가 내가 정말 효자 돼버리는 거 아닐까?

09.
07.
12.

늦은 아침 식사 후에 공주를 떠나 폭우를 뚫고 요양원에 도착하니 11시 55분. 인사를 나누고 있는데 점심 식사가 나왔다. 원장님이 한번 식사 대접을 해보라고 권해서 이곳에 모신 후로는 처음으로 식사를 떠먹여 드렸다.
손을 씻고 와 보니 된장국에 벌써 밥을 말아 한 숟갈 떠 잡숫고 있었다. 이제 숟갈질도 좀 급하면 하실 만큼 팔이 풀리신 것은 반가운 일인데, 아직 불안한 수준이시다. 식판 위에 흘려놓으신 밥이 입에 넣으시는 밥의 절반 분량은 되어 보인다.
이빨 없이 식사를 하시니 병원에선 꼭 죽으로 대접하고 반찬도 믹서로 갈아서 내왔었다. 그런데 여기서는 밥을 드리고 반찬도 원래 모양대로 드려보았더니 소화에 아무 문제가 없으셔서 계속 그렇게 드리기로 했단다. 정상적 생활에 최대한 접근시켜드리려는 노력이 가상하다.
묵직한 놋그릇과 놋수저를 쓰는 것도 참 탐탁한 일이다. 집단 배식이기 때문에 아무래도 집체 생활의 분위기를 가지지 않을 수 없는데, 질 좋은 그릇과 수저를 쓴다는 것이 '생활의 질'을 추구하는 자세를 은연중에 보여주는 것으로 느껴지기 때문이다.
내가 도착하기 전에 얼마 동안 휠체어에 앉아 계셨는지 모르겠지만, 허리가 아프다며 눕고 싶어 하신다. 그래도 식후 바로 눕혀드릴 수 없어 30분가량 휠체어 산책을 시켜드렸다. 엘리베이터 앞에서 마주친 이사장님이 3층은 아직 비어 있으니 산책에 더 편할 거라고 안내를 해주었다. 복도 끝, 바닥까지 유리창으로 되어 있어 휠체어에 앉아서도 밖을 넓게 내다볼 수 있는 곳에 주차시켜드렸더니 하염없이 내다보시다가 불쑥 한 마디 하신다. "고향에 온 것 같다."

더 일찍 모셔 오지 못한 것이 안타깝다. 지난 2년간이 어머니께는 '잃어버린 세월'이다. 숲을 바라보실 수 있고, 정원의 풀과 꽃을 만져보실 수 있고, 함께 지내는 노인분들과 이야기를 나누실 수 있는 생활을 빼앗기고 계셨던 것이다.

그러나 그 빼앗긴 세월이 지금의 평안을 뒷받침해주는 조건이 되기도 했다. 그래서 지금은 주어진 것들을 편안하고 고마운 마음으로 받아들이실 수 있는 것이다. 내가 찾아갔다가 떠날 때 "고맙다. 와줘서." 하시는 말씀도 내 반응을 헤아리기보다 자연스럽게 나오시는 것으로 느껴진다.

내가 곁에 더 있어드렸으면 하는 마음도 물론 있으시다. 식사가 나올 때 내가 손 씻으러 가려니까 곁에 있던 원장님에게 "저놈 또 도망가네, 도망가." 하는 말씀은 장난기가 곁들인 것이긴 하지만, "도망"이란 말이 불쑥 나오신 것은 붙잡고 싶은 마음을 반영한 것 아니겠는가. 산책을 끝내고 침대에 눕혀드린 다음 담배 한 대 피우러 "어머니, 저 잠깐 나갔다 올게요." 했더니 "야, 자꾸 도망가지 마라. 네가 없으면 나 심심해." 하고 칭얼 모드로 나오신다.

직원들이나 다른 노인분들을 대하시는 방식은 어리숙 모드를 기조로 하시는 것 같다. 아버지 일기에 붙이신 글을 보면, 경성제대 나온 여자가 시골마을에서 살림하고 들어앉아 있으면서 행여 마을 사람들에게 위화감을 일으키지 않도록 어리숙한 체하신 이야기가 있다. 당시 여성으로서 0.0001%의 고학력자가 세상을 순탄하게 살아가기 위해서는 어리숙한 체하는 노력을 부단히 기울이지 않을 수 없었을 것이다. 그게 몸에 배어, 요양원에서도 인간관계의 긴장감을 피하려는 노력이 무의식중에 나타나시는 것 같다. 내가 도착한 것을 보고 곁에 있던 원장님이 "이분 누구세요?" 하면 "내 아들이구만." 하시지만 이어 "몇째 아드님이세요?" 여쭈면 "잘 모르겠어요. 야! 너 몇째냐?" 천연덕스럽게 나오시는 것이다.

차에 가서 담배 한 대 피우고 돌아오는데 현관 앞에 있던 이사장님이 커피 한 잔 하자고 청한다. 생각 밖으로 얘기가 길어져 한 시간 가까이 앉아 있었다. 그분이 얘기하고 나는 듣는 식인데, 얘기 내용은 요양원 사업을 이렇게 잘하려고 애쓴다는 홍보지만, 무리한 자기과시가 별로 없어서 맞장구쳐 드리며 앉아 있기가 그리 힘들지 않았다.

미국의 형이 9월 하순에 어머니 뵈러 올 계획을 이사장님도 알고 있었다. 우호적인 분위기에서 담소를 나눈 김에 혹시 싶어서 그 얘기를 꺼냈다. 이천 시내 호텔에 묵으면서 어머니 뵈러 들어오려 하는데, 식사 때마다 오락가락하기가 힘드니 여기서 직원들과 같이 식사를 할 수는 없겠냐고. 그러자 펄쩍 뛰면서 뭐 호텔에 묵으실 필요가 있냐, 며칠 같으면 자기 집에서라도 지내게 해주겠다고.

한 건 올려놓은 흐뭇한 기분으로 더욱더 열심히 맞장구를 쳐드리며 앉아 있다가 이사장님의 원래 사업 분야가 종이 장사였다는 이야기가 나왔다. 그러자 영규 형님 생각이 떠올랐다. 연배도 비슷하고 사업 규모도 비슷한 차원이었을 것 같았다. 그래서 "우리 사촌 형님도 그 분야 사업을 하신 분이 있는데……" 얘기를 꺼냈더니 누구냐 묻고, 이름을 댔더니 깜짝 놀라신다. 사업하던 시절에 아주 가깝게 지낸 사이라며, 이런저런 집안 사정까지 다 짚어서 이야기를 하신다. 그러고는 나를 남 아닌 사람으로 대하시는 기색이 역력하다.

집에 돌아와 영규 형님께 전화를 드려 그곳 이사장님이 형님 아는 분이더라 했더니 어리둥절하다가 이름을 대드리니 역시 깜짝 놀라며 반가워한다. 그분이 하는 요양원이라면 잘할 것을 믿을 수 있다, 외숙모님도 뵙고 그 친구도 보러 빨리 한번 가봐야겠다고 덧붙인다.

영규 형님. 묘골 박씨 댁으로 출가한 둘째 고모님의 4남 1녀 중 맏이 대규 형님과 두 분이 계시다. 남북 분단에 직격탄을 맞은 집의 하나다. 고모부님은 일찍 돌아가셨고, 고모님은 둘째 준규 형님, 그리고 삼규 누님과 함께 전쟁 때 북으로 가셨다. 대규 형님은 아버지가 금융조합에 넣어주신 인연으로 농협에서 정년까지 지냈지만, 반공독재 아래서는 늘 불안하게 살아왔다. 10년 전만 해도 이 정도 그 집 일을 드러내 밝히기가 힘들었다.

몇 해 전 연변에 있을 때 형님들 부탁으로 아내가 삼규 누님 만나던 일이 생각난다. 아내가 다리를 건너가 회령 쪽 다릿목에서 누님을 만나는 동안 연변 쪽 삼합에서 기다리며, 불원간 나도 갓난아이 때 보았다는 누님을 만날 날이 오려니 생각했는데…… 그러고도 6년이 지났다.

그거 참…… 영규 형님 가까운 분이 하시는 데로 모시게 된 것도 공교로운 일이지만, 그런 사정이 이렇게 바로 밝혀지게 된 것도 쉬운 일이 아니다. 내가 전에 비해 남의 얘기 들어주는 능력은 확실히 늘어났다. 이사장님이 편안하고 재미있는 얘기 상대로 여겨주지 않았다면 아마 영규 형님이 언제고 어머니 뵈러 왔다가 그분과 얼굴을 맞닥뜨리기 전까지는 모르고 지낼 수도 있는 일 아니었겠나. 아무튼 이사장님이 어머니를 남 아닌 분으로 여기게 되었으니 어머니 생활에 이것도 적지 않은 보탬이 되겠구나.

09.
07.
20.

일요일 밤을 요양원에서 지내본 것은 9월 하순 큰형이 다니러 올 때를 대비한 것이다. 며칠 틈을 내 다녀가는데 숙소 계획이 불안정해서는 안 되니까 확인해두는 것이 좋겠다는 생각이었다. 그런데 막상 아침에 일어나 생각하니, 이렇게 식전 새벽에 어머니를 뵙는 게 참 모처럼의 일이었다. 병원에 계실 때 거의 매일 찾아갔지만, 새벽에 막 깨어나신 모습을 뵌 적은 없었다.

한 주일 전 와 뵐 때에 비해 이런저런 일에 대한 반응이 무뎌진 느낌을 받았는데, 새벽 시간의 모습을 뵈니 이곳의 일상에 익숙해지신 결과라는 생각이 분명히 든다. 바람을 쐬어드릴까, 불경을 함께 외울까, 책을 읽어드릴까, 뭘 권해드려도 큰 열정 없이 "뭐 그래도 좋겠지." 정도 반응이시다. 처음에는 기운이 없으시거나 마음이 어두우신 건 아닌가 걱정도 살짝 됐는데, 그런 건 아니다. 생활의 여러 요소들이 만족스럽고 편안하게 자리 잡아서 어떤 일에도 "꼭 그래야지." 하는 집착이나 열정이 안 일어나시는 것 같다.

이야기하시는 태도에서 이 점이 제일 분명히 확인된다. 원장님이나 안경 할머니가 자극을 드리기 위해, 또는 얘기의 재미를 위해 어머니 말씀 내용을 걸고 들어갈 때, 좀체 말려들지 않으신다. 아무려면 어떠냐 하는 태도시다. 말씀을 하시더라도 "들으려면 듣고 아니면 말고." 식으로 상대방이 그 말씀을 꼭 듣게 하려는 욕심 없이 그냥 떠오르는 생각을 털어놓으신다. '소통'을 거부하시는 건 아니다. 다만 그에 대한 집착을 벗어나신 것이다.

새벽부터 내 얼굴이 보이니까 기분 좋은 기색이시다. 빙긋이 웃음을 띠고 가만히 누워 한참 아무 말씀이 없으시다. 지난주 왔을 때, 낮잠에서 깨어 내가 와 있는 것을 보셨을 때와 비슷하시다. 좋은 건 좋은 건데, 요란을 떨 일은 아니고, 그냥 조용히 누리면 되는 일.

한참 웃음을 입가에 걸고 누워 계시다가 불쑥 뜻밖의 한 마디. "어째 그리 훤하냐?" 어리둥절한 내 표정을 보고 덧붙이신다. "니 얼굴."

밝은 쪽으로 표현이 나오실 때는 수선을 피우거나 너스레를 떨어 그 기분을 북돋워드리는 게 좋다. "어머니, 그게 제 마음도 밝고 어머니 마음도 밝으신 덕분 아니겠어요? 제 마음이 어두우면 얼굴이 훤할 리가 없고, 어머니 마음이 밝지 못하시면 제 얼굴이 아무리 훤한들 훤하게 보이겠습니까?"

이런 상대주의 관점에는 거의 본능적으로 긍정 태도를 보이신다. 고개를 마구 끄덕이시는 것을 보며 한번 찔러보았다. "어머니, 근데 지금 제 얼굴이 훤하다고 하시는 건 전에 훤하지 않던 것과 비교하시는 말씀 같아요. 제가 전에는 얼굴이 훤하지 못했죠?"

보이는 것에 비추어 보이지 않는 것을 짚어내는 이런 화법이 바로 파악이 되실지 자신이 없지만 시도해본다. 금강경 강독할 때를 비롯해 철학 토론 비슷한 화법을 기회 있을 때마다 어머니에게 시도하는데, 생각 밖으로 쉽게 받아들이실 때가 많다. 90 노인이 현상을 넘어서는 추상적 사고력을 능란하게 구사하시는 걸 어쩌다 옆에서 보는 사람들은 기절할 것처럼 놀라기도 한다.

확실한 자신 없이 찔러본 말씀이 제대로 먹혀들었다. 바로 생각에 잠긴 표정이 되어 한참 말없이 계시다가 좀 어눌하게 한 마디 하신다. "그래…… 네가…… 참 어두웠지." 기억력이 크게 퇴화하셨지만, 이런 식의 자극에는 꽤 깊이까지 생각이 돌아가시는 것 같다.

아침 식사도 깨끗이 비우셨다. 전날 저녁과 아침 식사 모두 방에서 내가 먹여드렸다. 그곳 생활 방식대로 홀에 나가 노인들 틈에서 드시게 하고 싶기도 했지만, 요번에는 좀 바짝 관찰을 하고 싶었다. 이빨 없이 식사하시는 데 별 문제를 느끼지 않으신다. 김치를 한 쪽 드려보니 맛은 다 빨아 잡숫고 섬유질 덩어리를 혀로 밀어내 잇몸 바깥에 모아놓고 치워달라는 시늉을 하신다.

휠체어에 세 시간가량 앉아 계시더니 "힘들다." 말씀을 거듭하신다. "누우시겠어요?" 했더니 고개를 끄덕이신다. 눕혀드리니 금세 잠이 들어 코까지 고신다. 9시 반. 원래 계획보다 한 시간 빨리 곁을 떠나게 되었다.

09.
08.
17.

11시 반쯤 도착했다. 7월 19일 와서 하룻밤 묵어간 후 근 한 달 만이다. 그 사이에 원장님이 여러 번 메일과 전화로 잘 지내신다고 확인해줘서 마음에 불안한 것은 없다. 다만, 2년 동안 매일 보다시피 하던 녀석을 모처럼 오랜만에 보시면서 반응이 어떨지 무척 궁금했다.

우리 부부가 나타나니 직원과 간병인들이 모두 반가워하며, 아내에겐 고향 잘 다녀왔냐는 인사, 내게는 몸이 괜찮냐는 인사를 건넨다. 간호사 서 선생은 "교수님 이번 몸살이 심하셨나봐요. 이천까지 소문이 났어요." 하고 웃는다. 처음에는 서 선생에게 매우 소심하고 순진한 분이란 인상을 받았는데, 지내며 보니 아주 개성적인 활기와 유머 감각을 가진 분이다.

열렬한 환영이 더욱 마음을 놓게 해준다. 영규 형님이 친구인 이사장님도 만날 겸 어머니께 인사드리러 다녀간 것도 VIP 대접에 도움이 되었겠지만, 이 사람들이 우리를 대하는 태도가 이처럼 밝고 따뜻한 것은 어머니가 이분들께 사랑받고 계시다는 증거 아니겠는가.

테라스에서 바람 쐬고 계시다기에 나가 보니 저쪽 끝에서 이쪽을 향해 앉아 계시다가 우리가 나타나는 것을 보시고는 아주 짧은 순간 놀라움의 표정이 스쳐 지나가고는 빙긋이 웃음을 띠고 우리가 다가오는 것을 쳐다보신다. 옆의 노인분들이 "아드님 오셨네요." 하니까 그게 뭐 별일이냐 듯이 "그런 것 같군요." "몇째 아드님이세요?" 하니까 상투적인 "몰라요. 야! 너 몇째냐?"

"어머니 한번 맞춰보세요. 잘 맞추시면 상 드릴게요." 했더니 "상도 있냐? 그거 좋구나." 하시고는 잠깐 생각하시는 척하다가 "셋째. 너 셋째 맞지?" 어머니 곁으로 가서 "네 잘 맞추셨습니다. 상을 드리겠습니다." 하고 이마에 뽀뽀를 해드리니까 실눈을 하고 "아~ 상 타니까 좋다~"

옆에서들 이제 아내를 가리키며 "이분은 누구세요?" 하니까 흐뭇한 웃음을 입가에 걸치신 채 아내를 올려보고 내려보시고는 "그거야 누구 꼬랑탱이 따라왔는지 보면 알지. 너 셋째 며느리지?" 아내는 알아봐 주시는 것만으로도 마음이 기쁘다. "네, 어머니. 잘 맞추셨습니다." 하고 고개를 숙이는데 어머니는 "넌 상 없냐?" 하셔서 모두들 큰 웃음을 터뜨렸다.

주변에 계시던 노인분들이 모두 어머니의 언행을 재미있어하는 것을 잠깐 사이에도 느낄 수 있었다. 그래도 가족 간에 회포 푸시라는 뜻인지 하나둘 자리를 비켜주셔서 세 식구와 간병인 김 여사가 남아 잠깐 동안 이야기를 나눴다. 김 여사는 '박사 할머님' 덕분에 자기네 같은 일꾼들도 그곳 생활이 더욱 즐거워졌다고 거듭거듭 확인해주었다.

"여기 일하는 사람들, 간호사고 간병인이고, 모두 할머니께 '쌍년' 소리 많이 들었죠. 그래도 화내고 싫어하는 사람이 없어요. 미워서 하시는 욕이 아닌 줄 다 아니까. 저한테는 며칠 전부터 쌍욕 안 하겠다고 약속도 해주셨어요." 우리에게 이야기하다가 어머니를 돌아보고 묻는다. "할머니, 저한테 욕 안 하겠다는 약속 하셨죠?" 어머니는 어리둥절한 표정으로 "약속? 무슨 약속? 난 모르겠는데?"
김 여사가 열심히 확인한다. "할머니, 엊그제 그러셨잖아요? 우리 여사님들이 다 좋은 사람들인데, 좋은 사람들한테 나쁜 욕 하면 안 되겠다고 그러셨잖아요?" 그러니까 석연한 표정으로 고개까지 끄덕거리며 말씀하신다. "그래, 내가 '쌍년' 소리 안 하겠다고 그랬지." 그리고 다음 순간 고개를 빳빳이 세우고 눈을 부릅뜨시고는 한 마디 내뱉으신다. "쌍!" 김 여사는 완전히 뒤집어진다. 우리도.
웃고 즐기는 사이에 식사 시간이 되었다. 한 달 전 생각을 하고 내가 김 여사에게 물었다. 앉아 계신 지 오래 되었느냐고. "네, 아침에 머리 깎아드렸는데, 그때부터 쭉 앉아 계셨어요." 대답하다가 묻는 뜻을 깨닫고 덧붙인다. "요새는 몇 시간 앉아 계셔도 힘들어하지 않으세요. 앉아서 식사하실 수 있어요." 곁에서 듣던 어머니, 같잖다는 듯이 끼어드신다. "앉아서 먹지 않으면, 누워서 먹으란 말이냐?" 참 용 되셨다.
지난달 왔을 때는 방에서 침대에 기대 누우신 자세로 내가 떠먹여 드렸었다. 오늘은 식당에서 드시게 하고 우리는 밖에서 기다리기로 했다. 식당에는 노인분들이 다 모여서 함께 식사하시기 때문에 방문자들이 끼어들지 않는 게 좋을 것 같았다. 그때 외출에서 돌아온 원장님이 우리에게 위 테라스보다 선선한 아래층 바깥 테라스에서 기다리고 있으면 식사가 끝나신 후 모시고 나오겠다고 한다.
아래 테라스에서 아내가 쉬는 동안 정원을 둘러보러 내려갔다가 이사장님과 마주처 그늘에 앉아 한참 이야기를 나눴다. 영규 형님과 정이 꽤 두터운 사이였던 모양이다.

테라스로 올라와 아내랑 합류하니 두 달 전 생각이 난다. "우리 내외가 여기 처음 와서 이 자리에서 이사장님 만났던 생각이 납니다. 그 사이에 어머니를 이렇게 편안히 모실 수 있게 되었으니 이사장님과 여러분께 고마운 마음입니다." 이사장님도 "나도 생각납니다. 교수님 내외분 처음 볼 때부터 참 인상이 좋았어요. 어머님을 모시게 되어 우리도 기쁩니다." 화답해주신다.

잠시 후 원장님이 어머니를 모셔 온 뒤 이사장님은 식사하러 가시고 세 식구가 얼마 동안 앉아 있었다. 뾰족이 할 얘기도 없고 재미나는 일도 없는 자리인데, 이런 자리에서 어머니 마음이 편안해지신 것을 더 분명히 느낄 수 있다. 지루해하거나 불편해하는 감각을 잃어버리신 것 같기까지 하다.

허리 아픈 감각은 안 잃어버리셨다. 아마 네 시간째 앉아 계셨을 것이다. 허리가 아프다고 하시기에 방에 가서 누우시겠냐고 하니까 고개를 끄덕이신다. 침대에 눕혀드리고 있는 동안 같은 방의 세 분이 다 들어와 누우셨다. 모두 휠체어로 다니시는데, 70대 후반에서 80대 초반, 인상이 다들 좋으시다. 다른 방에는 어둡고 괴로운 인상을 가진 분들도 더러 계시는데, 이 방은 속 편한 분들 모아놓은 것 같다.

아내에게 곁을 지켜드리라 부탁하고 원장님과 이야기를 나눴다. 내가 먼저 얘기했다. "이제 마음 푹 놓았습니다. 어머니 모시는 일은 이제 여러분께 맡겼으니 제가 곁에서 도울 일 있으면 말씀하세요." 그걸 칭찬으로 받아들이는 센스가 원장님에겐 있다. 센스만이 아니라 실천하는 힘까지 가진 분이다. 요양원장으로서의 기능을 넘어 자식 노릇 대신 해드릴 역량과 소질을 가진 분이다.

잠깐 얘기를 나눈 뒤 원장님이 자진해서 나서준다. 사모님을 같은 고향 분들에게 인사시켜드리겠다고. 방에 가니 어머니는 내가 적어드린 〈반달〉과 〈섬집아기〉 가사를 놓고 며느리, 김 여사와 함께 열창 중이셨다. 그 두 곡은 여사님들도 다 아는 곡이라서 자주 꺼내 함께 불러드리는 모양이다.

원장님이 아내를 끌고 나간 뒤 반야심경을 권하니 낭랑하게 외우시는데, 하나도 거침이 없으시다. 금강경을 꺼내니 "그건 네가 좀 읽어다고." 하시고 내가 읽는 데 따라 입을 오물오물 하신다. 제7분을 읽는 동안 눈이 감기시고 제9분에 가서는 코를 골기 시작하신다.

나와 보니 방 바로 앞 탁자에 이사장님이 앉아 계시다. 시간은 1시 반. 여태 식사를 안 해서 어쩌냐고, 간식이라도 좀 드시라고, 옆의 너스 스테이션에 준비를 부탁해주신다.

다니는 동안 눈길을 끈 장애인 남자 한 분이 있었다. 나이를 정확히 모르겠지만 나보다는 아래가 분명해 보이는데, 정말 도움을 많이 필요로 하는 이로 보여서 볼 때마다 안됐다는 마음이 드는 사람이었다. 이사장님과 앉아 있는 동안 남자 간병인 한 분이 그를 이쪽으로 데려와 휠체어에서 이사장님 등 뒤의 소파에 옮겨 앉혀주었다. 이사장님이 잠깐 몸을 돌려 앉히는 것을 도와주고는 다시 내게 몸을 돌리며 말씀하신다. "내 아들입니다."

전에 들은 적은 있다. 아드님 한 분이 장애인이어서 장애인학교를 만들 생각으로 이 터를 원래 장만하셨던 것인데, 학교 설립은 여의치 않았고, 곡절 끝에 이 요양원을 차리게 되었다고. 그런데 그 아드님을 여기 수용하고 계신 사실은 이제야 알게 되었다.

다른 이야기를 나누면서도 "내 아들입니다." 한 마디가 계속 머릿속에 울리고 생각이 퍼져 나갔다. 장애인인 아들의 행복한 생활을 위해 이분은 어떤 노력을 기울여왔는가. 장기요양보험제도 시행으로 인해 요양원이 유망한 사업 분야로 떠오르기는 했지만, 이 요양원의 엄청난 시설 수준으로는 이득을 바라보기 힘든 사업 방식이라는 것이 내 눈에도 분명했다. 이제 납득이 된다. 이사장님은 시설비에 딸린 간접비용은 생각지 않고 직접비용만 감당할 수 있으면 아들을 위해 이 사업을 지켜나가려는 의지라는 것을.

이것이 바로 '나눔의 철학' 아닐까? 생활 능력 없는 아들을 격리시키고 보호하려 들기보다 이 요양원을 아들과 함께 집으로 여기고 그 안의 생활을 함께 누릴 '식구'들을 모아주는 것. 나부터 어머니를 편안하고 즐겁게 모실 이 장소를 마련하는 데 그의 역할에 고마움을 느낀다. 그 고마운 뜻을 장애인인 아들이 직접 받아들이지 못한다 하더라도 많은 사람의 고마운 마음이 그의 인생에 의미가 없을 수 없을 것이다.

아내와 함께 케이크와 과일을 조금 먹고 들어가 보니 어머니는 또 초롱초롱하시다. 몇 마디 나누고 바로 일어났다. 우리가 아직 점심 식사도 못한 불쌍한 신세임을 원장님이 그 사이에 입력시켜드린 듯, "너희들 점심은 먹었냐?" 물으시는데 냉큼 "네, 이제 먹으러 갈게요." 했더니 "그래, 가서 잘들 먹으렴." 선선히 말씀하시고는 "와줘서 고맙다." 덧붙이신다.

오랜만에 왔다가 일어설 때 이렇게 선선히 보내주시는 것은 무엇보다 이곳 생활이 아쉬움 없이 즐겁고 편안하신 덕분 아니겠는가? "효도도 손발이 맞아야 한다."지만, 이렇게 마음 편하신 어버이를 상대로는 세상에 효자 못할 놈 누가 있겠나?

09.
08.
27.

이천에 12시 도착, 둘이 점심부터 먹고 요양원으로 향했다. 점심을 먹지 않고 바로 가면 오후에 오래 앉아 있을 수가 없기 때문이다. 12시 45분 요양원에 도착해 현관에서 벨을 누르고 올라가니 원장님이 어머니를 모시고 2층 문 앞에서 기다리고 있었다.

우리 얼굴이 보이자마자 곁에서 묻기도 전에 "아~ 내가 아는 사람들이구먼!" 하시고, 복도 가의 탁자에 앉은 뒤 옆에 앉은 며느리 손을 쥐신다. 곁에서 "이분 누구신데요?" 하니까, 서슴없이 "내 며느리예요." 이렇게 거침없이 며느리 알아보시는 건 우리 결혼 후 처음이다.

자나 깨나 최대 관심사는 먹는 것인 듯, 다른 얘기 별로 나오기도 전에 "나는 아까 뭘 먹은 거 같은데, 너희는 뭐 먹었냐?" 병원 계실 때 금강경 읽다가 식사가 나오면 "어머니, 금강경도 식후경이죠." 하던 생각이 나서 "네 어머니, 저희 밥 먹고 왔어요. 어머님도 식후경이란 옛말이 있잖아요?" 하니까 "뭣도 식후경? 그게 무슨 뜻이냐?" "어머님도 식후경이요. 아무리 어머님 뵙고 싶어도 식사는 먼저 해야 한단 뜻이죠." 했더니 "예끼, 그런 말이 어딨어?" 하시고는 한 숨 쉬고 표정을 가다듬은 뒤 "이 쌍놈아!" 통렬하게 한 마디 내뱉으신다.

지난주 뵐 때도 이제 쌍욕 안 하기로 약속하셨다고 김 여사가 자랑한 일이 있고, 며칠 전 원장님도 통화하는 길에 어머니 입에서 "쌍년" 소리가 거의 없어졌다고 좋아하며 얘기한 일도 있다. 그렇지만 욕을 잊어버리신 게 아니란 사실을 확인하니 더더욱 안심이 된다. 욕을 먹을 만한 놈에게 정확하게 쓰시는 걸 보면 요즘 욕을 안 하시는 게 건전한 판단력에 입각한 것임을 알 수 있다. "욕을 벌으셨네, 벌으셨어!" "할머니, 그런 덴 욕을 하셔야 해요!" 옆에서 웃고 좋아하며 한 마디씩 들 한다.

영천에서 부친 복숭아가 어제 도착해서 한 차례 돌렸다고 한다. 우리도 먹으라고 한 접시 내오면서 어머니 앞에도 얇게 썬 것을 작은 접시로 놓아드렸다. 이빨 없이도 우물우물 잘 잡수신다. 이 정도면 틀니 없어도 식생활 즐기실 수 있는 폭이 충분하겠다.

4시경에 요양원을 떠났다. 지난주에 비해 우리 응대를 요긴해하시는 눈치다. 금강경 읽어드려도 졸지 않으시고, 노래도 싫증을 안 내신다. 그런데 이제 떠나야겠다 싶어 "저희 그만 가겠습니다." 했더니 "그래? 그럼 내일 또 올래?" 하시는데 "내일은 못 오고요, 머지않아 또 올게요." 하니까 "그래, 잘들 가거라. 또 오렴." 선선하시다.

지난주 뵐 때 황홀한 행복에 빠져 계신 것처럼까지 보이시던 데 비해서는 현실의 양면을 있는 그대로 받아들이시는 것 같은 느낌이다. 한 달 후 큰형이 찾아뵐 때 기쁨을 느끼실 발판은 이쪽이 더 탄탄할 것 같기도 하고……

4 / 이젠 노래나 부르고 살겠어

09.
09.
17.

지난 월요일에 가 뵈려다가 그날 마침 차현실 선생님이 찾아가신다기에 늦추고 오늘 부산에서 올라오는 길에 들렀다. 요즘엔 자주 가 뵙지도 못하는데, 방문자가 같은 날 겹치면 한계 효용 체감의 법칙에 따라 같은 노력에 의한 효용이 줄어들 테니까.

그래서 전번 방문 후의 간격이 좀 길었는데, 그 사이에 노시는 방식이 크게 달라졌다. 제일 드러나는 현상은 무슨 말씀을 하시든 노랫가락에 실어서 흥얼거리시는 것이다. 글자 수가 맞아떨어지지 않을 때 그걸 맞추기 위해 변조를 더하는 방식도 아주 익숙하신 게, 하루 이틀 닦은 솜씨가 아니시다. 하실 말씀 빠트리지도 않고 다 챙기시는 것 같다.

인사드리고 자리 잡아 앉자마자 원장님이 선물 보따리를 들고 나와 보여주신다. 어머니 팬을 자처하는 에스터 엄마가 보내준 것이 바로 전날 도착했다고. 계명대학 시절 제자인 에스터 엄마, 내 제자가 어머니 제자들보다 더 알뜰하게 나서니 참 묘한 인연이다. 그 시절 제자들로 연락 이어지는 사람이 몇 안 되는데, 미국 간 지 오래되는 이 친구는 〈프레시안〉 연재를 보며 나를 기억해주고, 내 블로그에 찾아와 '시병일기'를 읽으며 어머니를 좋아하게 되었다. 기독교의 '사랑' 정신을 참 잘 보여주는 사람이다.

캐시미어 목도리도 정말 좋은 것이 왔고 과자도 아주 맛있게 드신다. "어머니, 맛있어요?" 여쭈니까, "맛은 무우슨~ 맛이 있겠어요~ 맛이 없어도~ 잘 먹어야죠~" 능청스런 가락을 뽑으시며 잘도 드신다. 양초 세 개도 향이 좋은데, 그것은 원장님께 맡겼다. 적당한 행사에 쓰시라고. 한참 사양하시다가 생일파티에 쓰면 좋겠다고 간수해두신다. 물건 하나라도 어머니가 공동체에 기여할 기회를 가지시는 것이 좋은 일이다.

조금 후에 엉뚱한 가락이 불쑥 튀어나오신다. "똥구멍이 아파요~ 똥구멍이 아파~ 드러눕고 싶어요~" 눕혀드리러 방에 들어가는데, 간병인 6, 7명이 다 몰려 들어간다. 나중에 내가 어머니 모시고 앉아 있는 동안 아내가 여사님들에게 들은 얘기로 여사님들 사이에 어머니 인기가 짱이란다. 기력이 떨어진 노인분들 사이에서 어머니가 활기 있고 재미있는 태도를 보이시니까 틈만 나면 어머니 곁에 몰려들게 된다고. 그런 인기가 또 어머니 딴따라 기질을 북돋워드려서 독특한 화법까지 개발하시게 된 게 아닌지.

눕혀드린 뒤 한참 지나 여사님들이 대부분 물러간 뒤(그때까지도 두 분이 어머니 '쇼'에 미련을 버리지 못하고 방에 남아 있었다.) "어머니, 금강경 읽어드릴까요?" 했더니, "좋아요~ 금강경~ 재미있게 읽어주세요~" 그래서 금강경 경문을 어머니 흥얼거리시는 가락에 맞춰서 읽어드리니까 흐뭇한 미소를 입가에 걸고 내 입을 뚫어져라 쳐다보신다. 그런데 적혀 있는 경문을 읽으면서도 가락에 딱딱 맞추기가 힘들어 자꾸 버벅거리게 된다.(내 '쇼'는 재미없으니까 여사님들도 다 나갔다.) 하고 싶은 말씀을 그렇게 가락에 얹으시는 게 보통 재주가 아니시다.

강독 시간 중에는 노랫가락이 아닌 평상 화법을 쓰신다. 옆자리의 할머니도 열심히 들으신다. 처음에는 방해가 될까봐 목소리를 한껏 낮췄더니 뒤에서 내 등을 툭 치고는 "나도 듣게 목소리 좀 높여줘요." 하셨다.

4시 15분쯤 되어 식사 전에 바깥바람 쐬어드릴 것을 원장님께 허락받고 테라스로 모시고 나갔다. 빈 테라스에서 노래를 마음껏 부르셨다. 병원에서부터 집중적으로 부르던 몇 곡 중에서 〈반달〉은 더욱 발전하셨는데, 〈아리랑〉은 좀 낯설어지신 것 같고, 〈섬집아기〉와 〈꿈길〉은 기억이 흐려지신 것 같다. 동요가 더 좋으신 것 같다. 〈찌르릉〉은 전보다 흥이 더 나시는 것 같고, 〈송아지〉는 언제나처럼 좋아하신다. "얼룩송아지" 버전의 뒤를 이어 "신통강아지", "예쁜병아리", "얼룩망아지"를 행진시키면 하나 나올 때마다 이번엔 뭐가 나오나 하는 기색으로 눈이 초롱초롱하시다.

노래 밑천도 다할 때쯤 마침 원장님이 나와서 지내시는 이야기를 이것저것 해주신다. 어머니 입에서 쌍욕을 들은 지가 오래됐다는 얘기부터 이곳 환경에 잘 적응하시는 것이 놀랄 만큼 순조로우시다고. 그동안 복숭아 몇 상자 들여보낸 공도 있고 어머니 경력을 존중하는 면도 있겠지만, 어머니는 지금의 모습, 바로 그것을 가지고 함께 지내는 분들, 일하시는 분들의 사랑을 모으고 계신 것이다. 어머니의 황금시대다.

식탁에 앉혀드리니 "너희도 먹어라." 하신다. "집에 가서 먹겠어요. 어머니 안녕히 계세요." 하니까 선선히 "그래 잘 가거라." 하신다. 우리가 나타나면 기쁘고 즐거우시지만, 없어진다고 하늘이 두 쪽 나는 게 아니니까. 이래도 좋고~ 저래도 좋고~ 노랫가락으로만 입을 떼시는 마음이 편안하게 느껴진다. 계단 어귀까지 배웅해준 원장님께 "여기 모시고는 돌아설 때 발길이 가볍습니다." 하고 치사를 드리니까 "아이고~ 저희가 고맙지요~" 하고 기뻐하신다.

돌아오면서 생각했다. 병원에 계시는 2년 동안은 어머니 의식 내용을 거의 빠짐없이 우리가 파악하고 있으면서 필요한 조건을 마련해드렸다. 그런데 이제는 어머니가 필요한 생활 조건을 스스로 빚어나가기 시작했고, 무엇을 어떻게 누리고 지내실 수 있을지, 우리의 이해 범위를 넘어서셨다. 건강 상태도 너무나 좋아 보이신다. 이제 지난 2년간보다는 거리를 두고 어머니를 바라보는 위치로 돌아오게 되었다. 아이가 커서 학교 다니며 제가 알아서 친구 사귀고 놀이를 찾아내는 모습을 바라보는 어버이의 마음이 이런 걸까?

09.
09.
30.

11시 안 돼 이천에 도착했지만 은행을 찾아 큰형이 환전하는 데 30분 넘게 걸리고 보니 점심시간이 임박했다. 점심을 먹고 12시 반에 요양원에 도착했다.
식사가 막 끝나고 아직 식사하던 자리에 앉아 계실 때였다. 우리가 다가오는 것을 보고 간병인이 휠체어를 밀고 나오니 어머니는 왜 나만 먼저 내보내냐, 어리둥절한 표정이었다가 "누가 오셨나 보세요." 소리에 눈을 들어 큰형이 보이자 순간적으로 깜짝 놀라신다. "너 기봉이 아니냐?" 웃음이 얼굴을 채우고 한 순간 뒤 말씀을 이으신다. "너 먼 데 있지 않았냐?"
잠깐 동안이지만, 어머니 건강 상태를 형도 충분히 알아볼 수 있었을 것이다. 형이 와서 이틀 묵을 예정을 직원들이 모두 알고 있었고 어머니께도 틈틈이 말씀드렸을 텐데, 그런 기억은 이 순간에 없으셨다. 그저 큰아들 얼굴을 바로 알아보셨고, 이 아들이 쉽게 찾아올 형편이 못 된다는 사실을 분명히 알고 계신 것이다.
어머니는 형이 "네, 어머니. 어머니 뵈러 미국에서 왔어요." 하면서 내미는 손을 우선 잡으셨다가 얼른 손을 뻗쳐 얼굴도 한참 만져보신다. 그러다 흥분이 가라앉으셨는지 형의 손을 쥔 채 노랫가락 화법으로 돌아가신다. "우리 아들이~ 날 보러 왔어요~ 착한 아들이~ 날 보러 왔어요~"
둘러선 여러 사람을 둘러보며 아들 타령을 한동안 하신다. "이 녀석이~ 내 큰아들이요~ 큰아들은~ 착한 아들이요~ 저 녀석은~ 내 셋째 아들이요~ 셋째 아들도~ 착한 아들이요~" 이런 잘난 체를 둘러선 분들이 다들 곱게 봐주시는 기색인 것을 보면 어머니의 인기가 나쁘지 않음을 알 수 있다.

아들 타령이 한참 나가다가 아들이 셋도 되고 넷도 된다. 큰형이 보고드릴 틈을 찾았다. "아들이 넷이면 영이까지 아들인가요? 어제 오랜만에 영이 보니까 잘 지내데요." 영이 얘기가 나오니까 주춤, 보통 말투로 물으신다. "영이를 봤어? 밥은 잘 먹든?" "네, 밥도 잘 먹고, 잘 지내는 것 같데요." 대답을 듣고는 도로 노랫가락이다. "그러면 됐어~ 밥 잘 먹으면 됐지~ 그러면 됐지~ 뭘 더 바라겠니~" 잊지는 않으셔도 걱정 또한 않으시는 것을 보며 형이 정말 마음이 놓이는 기색이다. 아들 타령을 오래 끌다 보니 망발에 가까이 가셨다. "우리 큰아들~ 참 잘난 놈이요~ 다른 놈들은~ 아무것도 아니지~" 둘러섰던 분들이 "셋째 아드님도 얼마나 잘하시는데요." 항의들 하시는데, 내가 짐짓 삐진 시늉으로 "어머니, 잘난 큰아들이랑 잘 노세요. 아무것 아닌 소자는 물러가옵니다." 했더니 끄떡도 않으시며 노랫가락을 이으신다. "갈 테면 가라, 이놈아~ 이놈은 아무것도 아니어서~ 내가 제일 좋아하지요~ 아무것 아닌 게 나는 좋아요~" 모두들 손뼉 치며 웃는다.

정말 대단하시다. 노랫가락에 이렇게 중층적인 정감을 담아 풀어내시다니. 옛날 음유시인이나 고급 광대가 쓰던 표현 기법이 이런 것이었을까? 노랫가락으로 이야기하시는 까닭이 뭐냐고 나중에 형이 여쭐 때는 웃음을 잠깐 거두고 보통 화법으로 대답하셨다. "말하면서 산다는 게 너무 힘들어. 그동안 너무 힘들었어. 이젠 노래나 부르고 살겠어."

오늘도 욕 한 차례 얻어먹었다. 나이 얘기가 나와 "내 나이가 얼마냐?" 묻다가 주변에서 아흔 소리가 나오는 걸 듣고 "내가 아흔이냐?" 나를 향해 물으신다. 장난기가 동해서 "아흔씩이나 되셨겠어요? 마흔이겠죠." 잠깐 어리둥절해서 "마흔?" 하다가 장난을 알아채신 듯 인상을 한 차례 북~ 긁고 "에잇! 이 쌍놈!" 한 방 지르시고는 바로 웃음으로 돌아가신다.

이사장님이 올라와 어머니를 모시고 4층의 형이 묵을 방을 보고 나서 그 옆의 아늑한 거실에 넷이 한참 앉아 이야기를 나눴다. 이사장님과 큰형이 주로 얘기를 주고받는데, 어머니가 이따금씩 끼어드는 화법이 여간 절묘하지 않으시다. 말씀을 혼자 많이 하실 때보다 그 묘한 점이 더 뚜렷하다. 다른 사람들 사이의 대화에 방해가 되지 않는 한도 내에서 흥을 돋워주시는 것이다. 어리숙한 체하는 화법을 원래도 많이 쓰셨지만, 지금은 아주 자연스럽게 체화되어 있는 것 같다.

우리가 도착한 지 두 시간이 되어가는데도 피곤한 기색을 보이지 않으셔서 바람 쏘이러 테라스로 모시고 나갔다. 꽃을 보고 좋아하신다. 그늘에 앉으시겠는가, 볕에 앉으시겠는가 여쭈니 싱긋 웃으며 볕 쪽으로 고개를 돌리신다. 아무래도 볕을 쪼이시는 시간이 넉넉지 못한 모양이다. 형이 있는 동안 간병인들을 재주껏 구워삶아 놓겠지. 날씨가 괜찮은 동안 바깥바람을 최대한 쏘여드릴 수 있도록.

아들들이 모시고 앉은 동안 노랫가락 화법을 많이 안 쓰시는 걸 보면 접대용 화법인 모양이다. 가끔 아들들에게도 접대할 마음이 드실 때는 수시로 쓰신다. 형이 "어머니, 작년 뵐 때보다 더 예뻐지셨어요." 하니까 같잖다는 듯이 하! 헛웃음 뒤에 "우리 아들이~ 날보고 예쁘대요~ 칭찬을 들으니까~ 기분이 좋아요~" 노래가 나오고 내가 "어머니, 지금 들으신 건 칭찬이 아니고 아첨이었어요." 하니까 곧바로 "칭찬도 좋고요~ 아첨도 좋아요~ 좋은 말 들으니까~ 기분이 좋아요~" 이어지신다. 이런 끼가 있으셨던가, 감탄스럽다.

3시 가까이 되어 눕고 싶으시다기에 방에 모셨다. 금강경을 읽어드릴까 여쭈니 즉각 "그래, 읽어다고." 하신다. 경문을 꺼내면서 "먼저 반야심경부터 한 번 외우시죠. 마하반야바라밀다……" 하니까 바로 따라 외우시는데 거침이 하나도 없으시다. 금강경을 읽어드리니 또 내 입을 뚫어지게 쳐다보신다. 뭔가 실수가 나올까봐 감시하시는 건지, 소리가 나오는 발원지를 바라보면 더 잘 들릴 것 같아서 그러시는지. 한 꼭지 읽고 나서 "잘 읽었죠?" 하니까 심각하던 표정에 웃음을 떠올리면서 "그래, 잘 읽었다." 다음 꼭지를 읽기 시작하니까 다시 심각한 표정. 자주 뵙지 못하니 이런 것은 아쉽다. 금강경 듣기 좋아하는 걸 형이 봤으니 혼자 모시고 있을 때 읽어드리려고 애를 쓰겠지. 예수쟁이가 익숙하지도 못한 경문 읽느라 버벅거릴 모습을 상상하니 웃음이 나온다.

제일 긴 꼭지, 제13분까지 읽은 뒤에 "어머니, 저는 가볼게요. 큰형이랑 잘 노세요." 하니까 순간적으로 서운한 표정을 떠올리며 "어디 가려고?" 하셨지만 "집에 가서 일 좀 하려고요." 대답하는 동안 편안한 표정으로 돌아가 "그래, 잘 가거라." 하신다. "뽀뽀를 뺨에 해드릴까요, 이마에 해드릴까요?" 하니까 조금 멋쩍은 표정으로 "아무 데나 하렴." 하신다. 뽀뽀는 원래 큰형 전매특헌데, 그동안 내게 허용하신 데 죄책감을 느끼시는 걸까? "괜찮으시면 양쪽에 다 할게요." 하고 입술을 댈 때는 또 편안한 표정으로 돌아가 계시다.

배웅하러 나온 형과 정원에 앉아서 잠깐 얘기를 나눴다. 어머니 상태가 기쁘다는 얘기, 시설이 상상 외로 좋다는 얘기에 이어 형이 한 가지를 묻는다. 이사장님 아까 말씀 중 다른 요양원에서 30, 40만 원까지 깎아내리는 바람에 운영이 힘들다는 얘기가 무슨 뜻이냐고. 내가 이해하는 대로 설명을 해줬다. 장기요양보험이 1인당 120만 원씩 나오니까, 수익성 위주로 경영하는 업자들이 원가를 줄여서 달려든다고. 1인당 비용을 20만 원 줄이면 요양원 수입을 10% 줄이면서 본인 부담을 40% 줄여줄 수 있으니까 보험 적용을 위한 최소 조건에만 맞추려 하고, 여기처럼 수준 높은 서비스를 제공하려 애쓰는 요양원이 불리한 입장이 된다고. 시혜적 복지에 일반적으로 따르는 문제라고 바로 알아듣는다.

65세에 요양원 임시 입원한 큰형을 뒤로 하고 집으로 향했다. 작은형이 6시에 강의 끝난 뒤 온다고 했으니 7시까지 기다리면 3형제가 모처럼 함께 어머니를 모시고 앉을 수도 있겠지만, 작은형이 약속 지킬 것을 믿고 투자하기에는 네 시간이 너무 아깝다.

09.
10.
15.

예정했던 10시보다 5분 늦게 세종문화회관 앞에서 접선, 이정희 선생님과 강인숙 선생님을 모시고 요양원으로 향했다. 가는 중에도 이 선생님이 MB 정부 욕하고 싶은 기색을 내내 보이시는 것을 나는 운전에 집중하느라 응대해드리지 못하고, 강 선생님은 좋은 경치 구경 좀 하시라고 살살 빼셨는데, 식당에 가서 앉으니 봇물이 터졌다. 제일 먼저 이 장관이(강 선생님 부군 이어령 교수) 어느 자리에선가 "건국 60주년" 운운하셨다며 '건국'이 당키나 한 소리냐며 핏대 올리신다. 《뉴라이트 비판》에서 나도 깠던 거지만, 이 선생님 앞에선 나는 온건파다. "건국의 의미가 아주 없는 일은 아니죠. 너무 과장하는 건 문제지만." 하는 정도로 누그러뜨려 드리기 바쁘다. 늘 같이 다니시는 김호순 선생님이 감기 때문에 오늘 같이 못 오셨다는데, 이 선생님의 고담준론을 피하신 게 아닌가 하는 생각까지 든다. 연세가 이제 엎어지면 아흔이신데, 세상 걱정은 좀 젊은 사람들한테 맡겨놓으시면 안 되나?

1시에 요양원에 도착, 강 선생님이 가져오신 고구마 상자를 부엌에 들여놓은 다음 두 분을 모시고 2층으로 올라갔다. 먼저 나타난 강 선생님이 "저 아시겠어요?" 하니 "알 것 같은데……" 말끝을 흐리시다가 이 선생님이 나서며 "나는?" 하니까 "당신이야 알지." 이 선생님과는 신변잡사에서부터 세상 돌아가는 이치까지 논쟁을 워낙 많이 해온 사이이고, 그 논쟁의 분위기도 아무 예절이나 규칙 없는 적나라한 때가 많았기 때문인지, 이 선생님을 알아보는 순간 장난스럽고 도발적이면서도 편안한 쪽으로 표정과 말투까지 바뀌신다. 그러면서 강 선생님이 누구인가도 바로 생각나시는 것 같다.

얼마 동안 뒷전에서 보고 있는데, 이 선생님이 "기협이가 데려다 줘서……" 하시니까 "기협이도 왔어?" 하고 고개를 돌려 나를 찾으시는데, 기쁘고 반가운 기색이 역력하시다. 꼭 대상이 내가 아니더라도, 뭐에 대해서라도 저렇게 기뻐하고 반가워하시는 건 참 좋은 일이다. 싫어하시는 게 꽤 많던 분인데, 이렇게 좋아하시는 게 많은, 행복한 분이 되셨다는 게 내 마음에도 정말 기쁘고 반가운 일이다. 복도의 테이블에 한 시간 가까이 앉아 있었다. 어머니의 마음 편하신 모습이 두 분 선생님께 기대 이상이었던 모양이다. 얘기는 어머니와 이 선생님을 중심으로 오갔는데, 다른 날에 비해 어머니가 노랫가락 아닌 평상 화법으로 많이 말씀을 하셨다. 이 선생님께 받는 자극이 크신 때문인 것 같다. 20, 30분 지나면서 노랫가락이 살아나기 시작하셨다.

2시쯤 되어 테라스로 자리를 옮겼다. 세 분을 남겨두고 사무실에 가서 볼일을 본 다음 올라가 보니 노래들을 부르고 계셨다. 이 선생님이 나를 보고, 다음에는 와서 며칠 묵어가겠다고 하신다. 큰형이 지내던 경우에 비춰 지내실 수 있는 조건을 말씀드렸다. 두 분 다 이곳의 시설과 서비스에 큰 감명을 받으셨다. 특히 혼자 지내오신 이 선생님은 이런 데서 살면 어떨까 하는 생각이 바짝 드신 모양이다. 정말 그렇게 될 수 있다면 얼마나 좋을까.

3시 가까이 되었을 때 강 선생님이 일어서야겠다고 하신다. 영인문학관에 볼일이 있으시다고. 순간적으로 좀 화가 났다. 일정이 그렇게 빡빡하시면 댁의 차로 오실 일이지, 오랜만에 뵈러 여기까지 왔다가 두 시간도 안 되어 이러실 수가 있나? 그런 사정을 미리 말씀하셨으면 모시고 올지 말지 나도 생각을 해봤을 텐데. 그래도 어른들 앞에서 화를 낼 수야 있나? 최대한 좋은 낯으로 말씀드렸다. 저도 모처럼 뵈러 온 것이니 선생님 형편이 허락하는 최대한의 시간을 말씀해달라고. 3시 반을 말씀하신다.

방에 모셔 눕혀드린 다음 선생님들 먼저 나가 정원에서 기다리시게 하고 금강경을 읽어드렸다. 먼저 반야심경을 외우니 낭랑하신 것이 근년 뵌 중 최상의 컨디션이시다. 금강경 여섯 꼭지를 읽어드리는데, 눈으로 다 따라 읽으신다.

그만 가겠다고 하니 "벌써?" 눈을 둥그렇게 뜨시고, "기~협~아~ 너 가면 난 어떡하니?" 옛 가락이 모처럼 나오신다. 나도 일어서기가 서운한데, 어머니야 더 하시겠지. 그래도 예전과는 다르시다. "어머니, 저도 더 있고 싶은데 오늘은 친구분들 모셔드려야 해요. 친구분들도 노인이신데 제가 잘해드려야 하지 않겠어요?" 하니까 "그 친구들이 널 기다리고 있냐?" 하신다. "네, 밑에서 기다리고 계세요." 하니까 "그러면 모셔드리고 도로 올래?" 하신다. "물론 도로 오죠. 오늘은 못 와도 곧 도로 올 거예요." 하니까 마음 놓으셨다는 듯이 "그래라, 와줘서 고맙다."

"뽀뽀를 어디다 해드릴까요?" 하니까 "아무 데나 하렴." "이마랑 뺨이랑 양쪽 다 해도 될까요?" "마음대로 하렴." 이마와 양쪽 뺨에 뽀뽀해드리는 동안 수줍은 듯한 미소를 띠고 "고맙다."를 몇 차례 거듭하신다.

두 분 선생님 모두 어머니의 편안한 모습에 크게 기뻐하신다. 다른 무엇보다 자식들에 대해 편안하게 생각하시는 마음에. 어찌 보면 다들 예순을 넘어서거나 바라보는 나이에 세속적인 기준으로 보면 결코 마음 놓을 처지들이 못 된다. 그럼에도 어머니가 만족스럽고 편안하게 받아들이시고, 그중의 하나가 자연스럽게 어머니 도와드리는 모습이 옆에서 보기에도 편안하신 모양이다.

강 선생님께서 자기는 아무 데나 택시 탈 수 있는 곳에 내려놓고 이 선생님 모셔다 드리라고 하시지만 굳이 댁까지 먼저 모셔드렸다. 마음속으로라도 화를 낸 일이 미안해서 그랬고, 생각해보니 강 선생님도 여든을 바라보시는 분인데, 너무 노인 대접을 안 해드린 것도 미안한 생각이 들었다. 평생을 주변 사람들 위해주는 일에 애쓰며 살아오신 분인데 이 연세에까지 일에 쫓기시는 것이 안됐고, 조금이라도 해드릴 수 있는 일이 있으면 나라도 마다하지 않아야겠다는 마음이다.

그래도 원장님과 얘기 나눌 시간이 없었던 건 아쉽다. 추석 후에 작은형이 한 번 더 다녀간 모양이고, 남지심 선생님과 대덕화 보살님이 다녀가신 모양인데, 그분들 왔을 때, 그리고 큰형 있을 때 어머니 반응이 어떠셨는지는 얘기를 좀 들어둘 수 있으면 좋았을 것을.

09.
11.
02.

양구에서 일찍 출발해 이천 가는 길에 여주 들러 오랜만에 이모님을 모셔다가 자매상봉 시켜드릴 생각을 했었다. 두 시간 반가량 더 쓰면 가능한 일이다. 그런데 아침결에 눈이 펑펑 쏟아져 출발이 늦어지는 바람에 포기하고, 대신 돌아오는 길에 군포의 대규 형님에게 들르기로 했다. 형수님이 아내를 무척 좋아하고 미더워하시는 위에, 지금 마침 새 간병인이 필요한 참이라 아내와 의논하고 싶어 한다. 하기야, 이모님은 이 형수님보다 항렬은 위지만 연세도 아래고 거동도 아직 자유로우니 형수님부터 챙겨드리는 편이 옳기도 하다.

이포 와서 점심 먹고 1시 반쯤 요양원에 도착했다. 마침 기저귀를 갈고 계시는데 문으로 누워 계시는 얼굴만 보였다. 아내가 들어가니 해맑은 표정으로 좋아하신다. 잠시 후 휠체어를 타고 나와서 나를 보시더니 놀란 표정으로 "어? 너도 왔냐?" 하신다. 아내 얼굴은 나와의 관계와 별도로 '좋은 사람'으로 입력되어 있는 것이다. 아내는 어머니가 며느리를 알아보지 못하신다고 서운해하곤 했었는데, 이제 체념이 된 셈일까? 따로따로 반가워하시는 것이 싫지 않은 기색이다.

날씨가 추워져 옥외에는 모시지 못하고 병실 앞 복도 건너편의 테이블에 두 시간 남짓 모시고 앉아 있었다. 시설이 좋아 옥내 공기도 깨끗하게 유지하고, 벽면 전체의 유리로 쏟아져 들어오는 햇볕도 좋아서 밖에 나가지 못하는 것이 그리 아쉽지 않았다. 어머니는 햇빛을 마주 보고 앉아 가끔 실눈을 뜨고 볕을 즐기시는 것을 알아볼 수 있다.

막 도착한 에스터 엄마의 선물부터 구경했다. 자리에 앉자마자 원장님이 "선물부터 보세요." 하는데 여사님이 벌써 선물 보따리를 가져오고 있다. 벌써 두 번째 도착한 에스터 엄마의 선물에 요양원의 모든 사람들이 탄복하고 있다. 내가 봐도 놀랍다. 김 여사는 정말 '선물'의 의미를 잘 아는 사람이다. 받는 사람에게 '생각지 못했던 기쁨'을 주는 의미. 제자로서 대하기 시작했던 사람이지만, 근년 연락이 이어진 이후 정말 괄목상대하게 되었다. 하기야 그도 이제 50을 바라보는 원숙한 나이가 되었으니 그럴 만도 한 일이지만, 신앙을 통해 그만한 원숙에 이르는 것이 교인 아닌 나로서는 신기한 일이다.

우리 내외가 그동안 그만하면 알뜰하게 어머니를 챙겨드린 셈이라고 생각해왔는데, 김 여사의 정성을 보며 더욱 분발할 생각이 든다. 병원에 계시는 동안에는 necessity를 충족시켜드리는 것이 우리 역할이었지만, 이제 enjoyment에 중점을 둘 상황이다. 매일 가 뵙던 것이 격주로 뜸해진 만큼, 이 노인네를 이번 가는 길엔 뭘로 좀 놀라게 해드릴까, 궁리 좀 하는 게 좋겠다.

이번 선물의 백미는 에스터가 짜준 자주색 털실 모자다. 열 살도 안 된 딸아이가 한글을 읽을 줄 알아서, '시병일기'를 엄마랑 함께 읽으며 역시 '남덕 할머니'의 팬이 되었단다. 뜨개질 배우고 첫 작품이라는 자주색 털실 모자, 참 예쁘다. 전번에 보내준 빨강 스카프를 두르고 그 모자를 쓰고 흐뭇한 표정으로 앉아 계신 어머니를 보니, 어머니의 행복한 만년이 더 두드러지게 느껴진다.

노랫가락 화법을 전보다는 절제해서 쓰신다. 평상 화법과 노랫가락 화법 사이를 수시로 오락가락하시는데, 아무래도 우리에겐 평상 화법을 더 많이 쓰신다. 메시지 내용의 집중도가 떨어지면 노랫가락으로 넘어가셨다가, 다시 집중하실 때는 평상 화법으로 돌아오신다.

지난 목요일쯤 작은형이 다녀간 모양이다. 형이 다녀갔냐고 여쭈니, 뜻밖에도 기억하고 계신다. 아내가 형에게 전화를 돌려 바꿔드리니까 바로 대화에 들어가신다. "뭐? 토요일 날 온다고?" 하시는 걸 보니 형이 방문 약속을 들이댄 모양이다. "그래, 알았다." 하고 조금 후에 어머니가 눈을 장난스럽게 부릅뜨며 전화기에 대고 큰소리를 치신다. "너 토요일 날 꼭 와야 한다. ……그날 안 오면 넌 내 자식도 아니다!"

그때만 해도 긴가민가했다. 그냥 신나는 김에 큰소리 한 번 치신 건지, 아니면 작은형을 어떻게 대해야겠다는 목적의식이 있으셨던 건지. 그런데 얘기가 몇 마디 진행되면서 어머니가 형 걱정을 어떻게 해주시고, 그 걱정이 얼마나 자상한 것인지 알아볼 수 있었다.

불쑥 나를 돌아보며 물으시는 것이었다. "기목이 그 녀석…… 풀어놓을 게 있을 때 어디 가서 풀어놓냐?" 무슨 뜻인지 짐작이 가지만 뾰족한 수도 없는 일이라 나는 건성으로 대답할 수밖에 없는데, 어머니는 집요하게 파고드신다. 결론인즉, 기협이 네놈한테 풀어놓지 못하면 그 녀석이 어디 가서 풀어놓겠냐는 말씀이시다. 요컨대 날보고 작은형 보호자까지 맡으라는 것이다. "형한테 잘 대해줘야지, 네 형인데." 결론을 내리신다.

지난 5월 하순에 이곳으로 옮기신 뒤로는 상황 판단 능력만이 아니라 기억력까지도 많이 회복되신 것 같다. 한자리에 앉아 계신 지 두 시간이 넘어 좀 답답하시지 않을까 생각되어 복도를 한 차례 돌아보시게 하는데, 처음 들어오셨던 방 앞의 복도 끝에서 산과 정원을 한 차례 내다보다가 말씀하신다. "전에 내가 요 방에 있었지." 조금 놀라서 "어머니, 그때 생각이 나세요?" 했더니 "여기 처음 왔을 때 이 방에 있었잖아?" 하시는 것이었다.

그렇게 기억하시는 기간을 석 달이나 지낸 후에 작은형이 비로소 나타난 것이다. 함께 크던 시절 작은형은 내가 결단력이 없다고 걱정을 해주곤 했었다. '위기결핍증'이란 말을 만들어 진단까지 해주곤 했었다. 그런데 지금 와서 형의 그 잘난 결단력은 어디 갔는지. 형이 착한 사람인 줄 나는 잘 안다. 어머니께 와 뵐 때는 어머니 즐겁고 편안하게 해드리려고 애를 쓰겠지.

그런데 어머니는 눈에 보이는 것만이 아니라 보이지 않는 것도 생각하고 판단하실 만큼 정신력이 회복되셨다. 형이 와서 들려드리는 좋은 말씀, 보여드리는 좋은 낯빛을 아마 흔쾌하게 받아들여 주셨겠지. 그러면서 들려드리고 보여드리는 것들의 뒤쪽을 걱정하고 계시다가 내게 말씀하시는 것이다. 한 사람이 제대로 살아가려면 무엇을 필요로 하는 것인가, 확고한 생각을 깔아놓은 위에서 찾아온 아들들의 노는 꼴을 바라보시는 것이다.

앉아 계시는 동안 여러 번 "믿을 놈은 너 하나다.", "너에 대해선 내가 걱정을 않지.", "진작부터 네 걱정은 내가 하지도 않았다." 같은 말씀을 불쑥불쑥 하셨다. 이렇게 내게 아첨하실 필요가 없는데, 하고 좀 이상하게 생각했다. 내가 쓴 책을 보여드리면 "네가 뭘 안다고 책을 써?" 호통을 치시고, 나를 석학이라고 부르는 사람들도 있다고 말씀드리면 "푸하하하!" 웃음을 터뜨리는 분이, 내가 좀 믿음직해 보인다 해서 저렇게까지 공치사를 하실 리가 없는데, 이상했.

알고 보니 둘째 아들에게도 보호자가 필요할 수 있겠다는 상황 판단을 하셔서 내게 '작업'을 거신 것 아닌가! 시병일기를 시작한 후 작은형에게는 보이지 않아왔는데(이메일로 보내도 내가 보낸 메일은 스팸 처리를 받아왔다), 이 글은 프린트해서 등기우편으로 보내서라도 각성을 좀 촉구해야겠다.

복도를 한 바퀴 도신 다음 어머니가 "야! 응뎅이가 빠개지는 것 같다." 하셔서 방에 모셔다 눕혀드리고 잠시 후에 떠났다. "어머니, 가기 전에 뽀뽀를 해드리고 싶어요." 하니까 흘깃 며느리 눈치를 보시는 듯하더니 "안 해도 괜찮다." 생각이 보이는 것과 들리는 것을 넘어서시는 것이 분명하다! 아내에게도 "와줘서 고맙다, 또 오너라." 자상하게 챙기신다.

특기사항 한 가지. 불경을 늘 침대에 누워 계실 때 읽어드렸었는데, 어제는 테이블에 펼쳐놓고 나란히 앉아서 읽었다. 그런데 금강경을 읽으면서 경문을 들여다보는 것이 아니라 경치를 구경하고 계신 것이 아닌가! 금강경도 다시 외우시는 것이다. 천수경 중의 신묘장구대다라니를 권해보니 이것도 거의 걸리는 데 없이 외우고 계셨다. 정신 건강이 몇 해 전을 능가하는 수준으로 회복되신 것을 보면 손발 놀리는 힘이 줄어들었을 뿐, 건강의 기본이 안정되신 것 같다. 봄 되면 걸음마도 새로 가르쳐드려야 할지 모르겠다.

09.
11.
17.

68년 전인지 69년 전인지 모르겠다. 이윤재 선생님, 이혜숙 선생님과 어머니가 함께 이화여전 입학하셨던 것이. 이화대학에서 함께 근무하시다가 80년대 후반에 퇴직들 하실 때까지 참 오랫동안 많은 것을 함께 하신 분들이다. 요즘 기억과 기억력을 많이 회복하고 계신 참에 두 분 방문을 받고 정말 별의별 옛일이 다 떠오르시는 것 같다.

두 선생님도 참 기뻐하신다. 쓰러지시기 조금 전이니까 벌써 2년 반이구나. 어머니가 우리 집 다니러 오셨을 때 두 분이 일산으로 찾아와 점심 함께 하셨던 것이. 그때도 사람을 잘 못 알아보실 때였지만 두 분 알아보시는 데는 아무 문제가 없었다. 워낙 오랜 친구들이시니까. 그런데 오늘은 알아보시는 것도 그때보다 더 명쾌하시고, 옛일도 더 잘 기억하신다.

김호순 선생님 역시 알아보지 못하실 수가 없는 분이다. 국문과 동료로, 열두 살 차이지만 어머니와는 꼭 자매간처럼 지내신 분. 요양원 옮긴 뒤로는 처음이시다. 시병일기를 메일로 보내드리기 때문에 어머니 상태가 좋아지신 것을 알고 무척 벼르시다가, 막상 와 뵙고는 너무너무 좋아하신다. 꼭 소녀 같으시다. 78세 노인이신데, 연상의 세 분과 함께 있으니 진짜 소녀 기분이 드신 것도 같고.

세 분과 한 분 한 분 반갑게 인사를 나누신 뒤에 뒷전에 있던 내가 눈에 띄니까 순간적으로 얼굴이 확 풀어지신다. 애기 얼굴이 되신다. 내가 반가운 건 다른 분들 반가운 것과 차원이 다르게 나타나서 민망할 정도다. 고개를 쭉 빼어 나를 쳐다보며 벙긋벙긋하시다가, 순간 실태를 깨달으신 듯 얼렁뚱땅하신다. "어? 너도 왔냐? (사람들을 둘러보며) 저 녀석이 내 아들 같은데요?" 그리고 노랫가락으로 넘어가신다. "내 아들이면 어떻고 내 아들 아니면 어떠냐? 와줘서 고맙다~"
원장님도 와서 수인사가 대충 끝난 뒤 나는 차에 돌아와 선생님들이 가져오신 귤을 부엌에 넣고, 잠시 기다려 남지심 선생님과 〈불광〉 편집장 남동화 보살님을 마중했다. 남 선생님은 그 사이 요양원에도 두어 번 다녀가셨고 남 보살님은 나랑은 초면이지만 어머니랑 오랫동안 가까이 지내온 분이라는 걸 알고 있었다. 두 분을 모시고 올라가니 역시 바로 알아보고 반가워하신다. 다섯 분 손님과 나, 원장님, 일곱 사람에게 둘러싸여 어머니 말씀, "아니 이게 웬일이야? 오늘이 또 내 생일이야?"
신종플루 때문에 위생보안이 삼엄한 때여서, 이렇게 여러 분이 오시면 3층에 앉기로 양해가 되어 있었다. 올라가서는 〈불광〉 쪽 볼일이 있으면 보시라고 세 분 선생님께서 잠시 자리를 비켜주셨지만 〈불광〉 쪽도 크게 볼일은 없었다. 불교도들끼리 앉은 틈을 이용해 반야심경을 한 차례 외웠다. 어머니가 기운차게 외우시는 모습에 남 보살님도 놀란 기색이었지만, 기력이 없으실 때부터 종종 찾아오시던 남 선생님은 정말 감동이 크신 것 같았다.
테이블에 둘러앉아 선생님들이 가져온 과자를 먹으며 꼬박 두 시간 동안 잡담이 이어졌다. 학창 시절까지 공유하는 두 분 이 선생님, 그리고 어머니 퇴임 전후 20

여 년간 제일 가까이 지내시던 김 선생님에게 둘러싸여 앉았으니 정말 별의별 얘기가 다 나왔다. 내가 새로 듣는 얘기도 꽤 있었다. 돌아가신 분들 말씀도 많이 나왔다. 살아남은 분들이 먼저 가신 분들 얘기를 하려면 뭔가 처연한 기분이 들기 쉬울 텐데, 오늘 그 자리에선 아무 거리낌이 없었다. 어머니가 기억 저쪽으로 사라졌다가 돌아오신 것 같은 느낌이 생사의 경계를 가볍게 느끼는 분위기를 만드는 것 아닌가 하는 생각도 들었다.

세 분 선생님과 함께 떠올리는 이런저런 옛 일들이 이제 막 되살아나고 있는 어머니의 감성에 자극이 강한 것이 많았을 것 같다. 오늘 말씀을 거의 노랫가락으로 일관하신 것도 그 이유 때문이 아닐까 생각된다. 정서적 완충 효과가 있으니까. 노랫가락 화법에 두 분 이 선생님도 많이 즐거워하셨지만, 특히 김 선생님은 좋아서 정말 어쩔 줄 모르신다. 처음 앉아서부터 흉내를 시도하다가, 후반부 들어서는 중창 가닥이 제법 어울리기에 이르렀다. 원래 연극 전공으로 표현력이 뛰어나신 분이니까 그렇기도 하고, 어머니와 다년간 교감의 폭과 깊이가 크기 때문이기도 할 것이다.

어머니 생활 환경이 훌륭한 것에 대해서도 세 분 선생님이 기뻐하셨다. 시설이 좋은 데 우선 놀라시고, 직원들과 간병인 여사님들 친절한 태도에 다시 놀라신다. 평생 사회 활동을 해온 분들이기 때문에 꾸민 친절과 진짜 친절을 잘 구별하시는 분들이다. 이사장님이 오랫동안 장애인 사업에 뜻을 지켜오신 배경을 설명해드리니 끄덕끄덕하신다. 사업주가 수익성에 연연하지 않고 봉사의 목적을 분명히 한다는 것은 직원들이 건전한 자세로 일할 수 있는 충분조건은 아니라도 필요조건은 될 것이다. 연규 형과 연호, 아들 형제가 다 미국에 자리 잡고 있는 이혜숙 선생님은 여기 들어와 살 생각도 나시는 모양이다. 장기요양보험을 알아보겠다고 하신다.

남 선생님과 남 보살님이 먼저 떠나고, 2층으로 내려와 세 분 선생님과 잠깐 앉았다. 한 달 전만 해도 두 시간 넘게 앉아 계시면 힘들어하시던 생각이 나서 스테이션에 앉아 있는 간호사에게 슬며시 물어보았다. 친구들 때문에 흥이 겨워 평소보다 활동량이 많으신 것 아니냐고. 요새는 평소에도 저 정도 활동은 하신다는 대답이다.

끝으로 금강경을 몇 꼭지 읽었다. 그런데 늘 하시던 독경식 낭송이 아니라 특이한 방식이라서 잠깐 어리둥절했는데, 생각해보니 노랫가락 화법을 낭송에도 적용시키고 계신 것이다. 노랫가락 화법에 어떤 의미가 있는지 앞으로도 더 생각할 것이 많다.

오랜 친구들과 모처럼 몇 시간 흥겹게 지내신 뒤에 떠나보내기가 좀 힘들지 않으실까 걱정했는데, 근래 언제나처럼 선선하시다. 욕심이 없으신 거다. 먹을 것도 사람도 있으면 즐기신다. 그렇다 해서 없다고 박탈감을 느끼지는 않으시는 것이다. 뒤에 처져 있던 내게 "넌 안 가도 되는 거지?" 하시기에 "제가 모셔다 드려야죠." 했더니, "어, 그래, 잘 모셔드려라." 하신다. 미안한 마음에 "어~머~니~ 가기 전에 뽀뽀해드리고 싶어요~ 허락해주세요~" 엉구럭을 떠니 속을 뻔히 알지만 싫지 않다는 표정으로 이마를 쑥 내밀어주신다.

돌아오는 차 안에서 세 분 선생님이 기쁜 마음을 거듭거듭 표하신다. 어머니 건강도 여러 해 전부터 안 좋으신 데다 자식들도 안정된 위치에 있지 못해서 늘 마음에 걸리셨을 것이다. 그러다가 저렇게 기운을 차리시고, 게다가 즐겁고 편안한 마음으로 지내시는 것을 보니 너무나 기쁘신 것이다. 인연이 깊으신 분들과 이런 좋은 자리 만들어드렸다는 것이 내 스스로도 대견하다.

09.
11.
27.

전날 공주에 가 영이 이사를 도와준 다음 오랜만에 혼자 뵈러 갔다. 2시에 도착해 보니 침대에 누워 계셨다. 반기기는 반기시는데, 조용한 반응에서 마음 편안하신 것을 느낄 수 있어 좋다. 학교 다녀온 아들 맞으시는 것 같다. 좋긴 좋은 일인데, 요란스럽게 기뻐할 별난 일이 아니라 그냥 보통스러운 삶 속에 보통스럽게 나타나는 조그만 기쁨의 하나.
담담하게 받아들이시는 조그만 기쁨이지만, 그것이 저절로 흥을 일으켜드린다. 방에 들어설 때의 무덤덤한 표정에 기쁨의 빛이 짙어지더니 학도가 가락이 나오신다. "우리 셋째 아들은 복덩이래요 / 우리 셋째 아들은 복덩이래요 / 마주치는 사람은 다 좋아해요 / 그럼 됐지, 그럼 됐지, 뭘 더 바래요."
음, 오늘은 내 역할이 복덩이구나, 복덩이 노릇 잘 해야지, 속으로 생각하며 여사님에게 물어봤다. 오전에 많이 앉아 계셨냐고. 좀 앉아 계셨지만 너무 피곤하실 정도는 아니라고. 그러지 않아도 좀 있다가 앉혀드리려던 참이라며 휠체어에 앉혀드린다.
에스터 엄마의 세 번째 선물 보따리가 온 것을 바로 알아볼 수 있었다. 양털 슬리퍼와 양털 쿠션. 발을 부드럽게 감싸는 슬리퍼도 편안해 보이시지만, 쿠션은 어머니 행복을 더해드리는 것이 한눈에 보인다. 가슴에 내내 끌어안고 계시는데, 몸 앞부분을 따뜻하게 지켜드릴 뿐 아니라 안고 계시는 자세 자체가 어떤 만족감을 드리는 것 같다. 거기에 스카프와 모자까지, 완전히 에스터 패션이다.

병원 계실 때 대덕화 보살님이 이따금 별미를 갖춰드리는 것을 보며 감탄하곤 했는데, 에스터 모녀가 멀리 떨어져 있으면서도 좋아하는 분의 행복을 이처럼 알뜰하게 보살펴 드리는 것을 보며 정말 탄복하지 않을 수 없다. 처음엔 남도 해드리는 걸 자식이 못 해드린다는 데 자격지심도 들었지만, 이제 두 손 들었다. 성질도 습관도 살갑지 못한 놈이 억지로 흉내 낼 일이 아니다. 황새는 황새고 뱁새는 뱁새다. 나는 어머니에게 필수품 노릇만 하면 된다. 기호품과 사치품이 들어오는 길을 가로막지만 않으면 된다.

그리고 보면 상대적으로 볼 때 작은형은 기호품 노릇, 큰형은 사치품 노릇을 하는 셈이다. 작은형이 거의 매주 들른다니 다행이다. 직접 얘기를 듣지 못해도, 그만하면 지낼 만하니까 어머니께도 들를 수 있는 거겠지. 어머니도 한 달 전처럼 걱정하는 기색을 보이지 않으신다. 그때 형 걱정해주시는 것 보고는 정말 놀랐었다. 상황 인식을 그만큼 포괄적으로 하실 수 있을 줄 모르고 있었었다.

사고력이 늘어나면 그만큼 현실에 대한 비판이나 불만도 늘어나실 수 있지 않을까, 한쪽으로 걱정도 했는데, 그렇지는 않으시다. 영이 이사한 얘기를 해드렸는데, 큰형 왔을 때 영이 본 얘기 듣고 "잘 먹고 살더냐?" 한 마디만 물으시던 것보다는 더 구체적으로 묻기도 하셨지만, 그리 깊이 캐묻지는 않고 "그래, 네가 살펴주니 마음 놓는다. 고맙다." 하시고는 더 말씀 않으신다.

홀 끄트머리에서 정원을 내려다보며 모시고 앉았다가 일본어 소리가 들려 돌아보니 텔레비전에서 분청사기에 관한 기획물이 나오고 있다. 그런 프로그램은 보실 만할 것 같아서 잘 보이는 곳에 자리 잡아 드렸더니 한참 보시다가는 나를 돌아보고 다른 말씀을 몇 마디 하시다가 또 텔레비전을 보시다가, 오락가락하신다. 내용 일부를 짚어 여쭤보니 민망한 표정으로 "무슨 소린지 잘 모르겠어." 하신다. "아무것도 모르겠는 건 아니죠? 알 듯 말 듯 하시죠?" 하니까 "그야 물론이지." 텔레비전을 향한 채로 말씀하시고는 뭐가 생각났다는 듯이 나를 돌아보며 회심의 미소(내게는 그렇게 보였다.)를 띠고 말씀하신다. "모르는 거 모른다고 하니까 참 편하고 좋다." 떠오르는 생각이 있어서 짚어드려 보았다. "교수 하시는 동안 모르는 거 아는 척하느라고 힘드셨죠?" 고개를 마구 끄덕거리며 "그래, 그래!" 하신다.

원장님이 다과를 가지고 와 어머니를 사이에 두고 앉아 한참 이야기를 나눴다. 얘기 오가는 중에 수시로 어머니의 이해 범위를 벗어나는 내용이 나오기도 하는데, 어머니는 최대한 따라오려고 애는 써도 100% 이해하지 못하는 것을 크게 불만스러워하지는 않으신다. 텔레비전 보시는 태도도 그와 비슷하다. 무슨 소린가, 조금 어리둥절해서 쳐다보고 계시다가 이해되는 맥락이 늘어남에 따라 더 주의력이 깊어지시는 것 같다.

원장님이 일어난 뒤 남아 있던 과자 때문에 '돼지' 우스개가 나와 한바탕 웃음꽃이 피었다. 그보다 앞서 무슨 얘기 끝에 어머니가 이런 말씀을 하셨었다. "너는 어렸을 때 그렇게 욕심이 많더니, 그 욕심이 다 어디 갔냐?" 어렸을 때 내가 먹성이 좋았던 생각이 나셨던 것 같다.

나를 보고 남은 과자를 다 먹으라고 성화를 부리시는 것이었다. 음식 남기지 못하는 습성은 정말 어쩌실 수 없다. 아까 하신 말씀이 생각나 농담을 드렸다. "어머니, 저 옛날엔 욕심이 많았지만 지금은 안 그래요. 아들을 자꾸 돼지 취급하지 마세요." 했더니 "돼지"란 말이 마음에 드셨는지 붙잡고 늘어지신다. "한 번 돼지면 영원한 돼지야! 돼지가 돼지 아닌 척하면 못쓴다." 해병대도 안 가보신 분이 왜 이러시나!

식탁 저쪽에서 빨래 정리하던 여사님들 중에 알아듣고 킥킥거리기 시작하는 분들이 있다. 내가 짐짓 엄살을 했다. "어머니, 목소리 좀 낮추세요. 아들이 돼지라고 온 동네 소문내셔야 되겠어요?" 예상대로 흥이 나셨다. 목소리가 반 옥타브 올라가신다. "돼지를 돼지로 아는 게 뭐가 잘못됐냐? 네가 돼지라는 걸 온 세상 사람들이 알면 좋겠다. 난 돼지 같은 아들이 좋은걸~" 여기서 즉흥 '돼지 타령'으로 이어진다. 그 내용은 차마 여기 적지 못하겠지만, 여사님들 빨래 정리 작업이 한동안 중단되었다는 사실만 밝힌다.

한 시간 반쯤 앉아 계시다가 침대에 누우셨다. 누워서도 양털 쿠션은 가슴에 꼭 안고 계신다. 불경은 반야심경만 외웠다. 불경은 앉아 계실 때 독경집을 펼쳐놓고 읽으시는 편이 좋은데, 오늘은 돼지 타령에 시간을 너무 썼다. 다 외우신 뒤에

"어머니, 쉬세요." 하니까 너무 당연히 할 일이라는 듯이 눈을 감으신다. "머리 긁어드릴까요?" 했더니 "하고 싶은 대로 하렴."
금세 잠이 드신다. 계속 살살 긁어드리고 있으려니 코까지 골기 시작하신다. 시선을 문밖에 두고 내 생각에 잠겨 있는데 어느새 깨어 말을 거신다. 무슨 말씀인지 지금 생각이 나지 않는다. 옆에 늘 있는 녀석에게 툭 던지듯, 아무 긴장감을 느끼지 않게 하던 분위기만 기억난다.
떠날 때 대범하신 태도, 마치 "학교 갔다 오겠습니다." 하는 인사 받으시는 것 같은 태도가 무엇보다 어머니 마음 편안하심을 보여준다. "저 갈게요." 하니까 입술로 뽀뽀 시늉을 하신다. "어디다 해드릴까요?" 상투적 질문에 "너 이마 좋아하지 않냐?" 이마에 뽀뽀해드리니까 나직하게 "고맙다, 잘 가라." 몇 마디 더 하다가 "뺨에도 하고 싶어요." 하니까 "좋지." 왼쪽 뺨을 살짝 올려 대주시고 다시 나직하게 "고맙다, 잘 가라."
원장님께 고마운 일 하나가 또 생각난다. 작은형이 왔다가 일어설 때 "셋째 아드님은 다녀갈 때 꼭 뽀뽀를 해드리던데요?" 하고 일깨워줘서 작은형도 뽀뽀질을 시작했다고. 원래 큰형이나 하던 짓인데, 이제 3형제가 다 달려들게 되었으니 어머니가 뽀뽀 알레르기를 일으키게 되시지나 않을지.

09.
12.
10.

며느리 얼굴 보시는 게 근 두 달 만이었다. 아내를 먼저 들어가게 하고 잠시 후 뒤따라 들어갔더니, 역시 잘 알아보지 못하고 계셨던 모양이다. 내 얼굴을 보고 "어, 너 왔니?" 하고는 눈길을 며느리에게 돌리고 "저게 내 셋째 아들인데, 따라 들어오는 걸 보니까 너는 내 며느린가보구나." 하신다. 추리력은 괜찮으시다. 기억력이 문제지. 그리고 기억 잘 안 되시는 것 가지고 별로 답답해하시는 기색도 없다.

아무래도 기억의 출력 문제보다 입력 문제에 비중이 있는 것 같다. 몇 주 전 전문학교 시절부터의 친구인 이윤재 선생님과 이혜숙 선생님이 오셨을 때는 근 70년 전 일까지 떠올리며 환담을 나누셨는데. 오히려 10여 년 이내에 있었던 일은 잘 기억 못하시는 것이 많다. 뇌 기능이 퇴화하신 뒤 겪으신 일은 기억이 잘 안 되시는 것 같다. 그런데 이곳 오신 후 반년간의 일은 기억이 꽤 되시는 걸 보면 뇌 기능이 많이 회복되신 것 같다.

아내랑 먼저 시간을 가지게 해드리려고 사무실 다녀올 생각으로 "어머니, 저는 볼일 좀 보고 올게요." 하니까 "볼일? 오줌이냐, 똥이냐?" 하신다. 이럴 때는 짐짓 장난치시는 건지 어떤 건지 잘 분간이 안 된다. 장난치시는 것 같은데, 시치미가 여간 아니시다.

사무실에 가 입원비를 내고 돌아올 때 마침 보험공단 직원이 도착했다. 장기요양보험 갱신을 위한 조사를 나온 것이다. 조사하는 동안 입회해 있는데, 못 보던 사람과 안 하던 일 하는 것을 재미있어하신다.

조사원의 질문에 대답하실 때마다 "네, 어머니, 훌륭하십니다." 추임새를 넣어 흥을 돋워드리는데, 하다 보니 신이 너무 나셨다. 뭐든지 잘한다고 주장하시는 것이었다. 밥도 손수 잡숫고, 화장실도 혼자 가시고…… 조사원이 정말 곧이들으면 보험 수혜 자격이 잘릴 지경으로 다 잘한다고 우기시는데, 내가 계속 "네, 어머니, 잘하십니다." 하고 있으니 조사원이 나를 쳐다보고 씩 웃는다.

조사원이 가고 가족끼리 앉자 내 칭찬을 한참 하신다. 그런데 칭찬의 메시지가 단순한 형태가 아니다. 똑똑한데 똑똑한 체하지 않고, 잘났는데 잘난 체하지 않으니까 그것이 착한 거다, 겸손한 거다, 이런 복합적인 틀이다. 수준 높은 사고력을 회복하신 것이다. "어머니도 잘난 체 않고 겸손하셨잖아요?" 했더니 눈을 동그랗게 뜨고 입을 오므려 익살스런 표정으로 "나야 잘난 체하기 바빴지." 내가 당신에게 잘해드린다는 칭찬까지 나왔을 때 "어머니도 외할머니, 외할아버지께 잘해드렸으니까 저도 닮아서 그런 거겠죠." 능청을 떨어봤다. 옛날 일에 대한 기억이 어떠신지 살피고 싶어서였다.

머리를 절레절레 흔들며 "나는 그분들께 잘해드린 게 하나도 없다." 하다가 잠깐 생각에 잠기신다. 그리고 갑자기 결연한 표정을 짓고 다시 말씀하신다. "그래도 그분들께 불명예는 끼쳐드리지 않았다. 천내리 살 때부터."

천내리 쪽으로 내가 이야기를 끌어드리니까 그 시절의 기억이 여러 가지 나오신다. 명확하지 않은 곳도 더러 있지만 그래도 꽤 분명하게 기억하시는 것이 많다. 천내리 가기 전의 기억은 거의 없고 천내리에서 지내던 때부터 기억이 연결된다는 말씀도 하셨다.

천내리. 함경남도(지금은 강원도) 문천군에 속해 있다가 해방 후 천내군으로 분리됐다는 얘기를 들었다. 3·1운동 이후 쫓기는 몸이 된 외할아버지가 충청도 고향에 외할머니 뱃속의 어머니를 두고 금강산으로 달아났다가 곡절 끝에 정착해 해방 때까지 사신 곳이다. 큰 시멘트 공장이 들어서는 바람에 공업도시 하나가 산골에 생겨났는데, 외할아버지는 산판과 상점을 경영해 지역의 유수한 사업가로 행세하셨다고 한다.

어머니는 일고여덟 살 때 외할머니를 따라 그리 갔고, 거기서 소학교를 다닌 다음 통신강의로 중등 과정을 하다가 스무 살쯤 되어 전문학교 진학을 위해 그곳을 떠나셨던 모양이다. 소학교 다닌 것이 어린 소녀에게 강렬한 경험이었던 듯, 전에도 그 시절 얘기를 떠오르는 대로 해주시곤 했는데, 오늘 또 그 얘기가 나오신다.

일본인 학교로 한국인과 중국인 학생들도 같이 다녔는데, 거기서 1등만 하신 일이 아직도 마음에 통쾌하신 모양이다. 그냥 1등이셨겠는가? 2등이 어디 있나 보이지도 않는 1등이셨겠지. 게다가 운동이고 뭐고 공부 외에는 모두 젬병이었다는 게 나랑 비슷하셨던 모양이다. 유아독존의 성향을 키우기에 딱 좋은 조건이다.

외할아버지와 외할머니 얘기를 끌어내 보려고 약간 시도해봤지만 성과가 신통치 않았다. 그분들 말년에 더 잘해드리지 못한 것이 마음에 걸리시는 것 같다. "그분들께 불명예는 끼쳐드리지 않았다."는 말씀도 방어적인 뜻인 것 같다.
이야기가 성글어졌기에 휠체어에 태워 모시고 나왔다. 그런데 패션이 달라졌다. 모자는 에스터가 떠준 것 맞는데, 캐시미어 스카프와 양털 슬리퍼 대신 굵은 털실로 짠 숄과 덧신이다. 날렵하고 투박한 차이가 있지만 이 차림도 편안해하신다. 이종숙 선생님이 손수 떠 보내준 것이 일전에 도착했다는 얘기를 그제야 들었다. 국문과 제자로 영이의 중고등학교 선생님이었던 이 선생님은 멀리 프린스턴에 사시면서도 어머니를 참 잘 챙겨드려 왔다.
공교롭게 미국 있는 분들이 요즘 어머니를 잘 챙겨드린다. 정말 고마운 분들이다. 물건 자체를 누리실 뿐 아니라, 어머니가 많은 분들에게 사랑받는 분이라는 사실을 함께 지내는 분들에게 인식시켜주는 만큼 그분들도 어머니를 더 존중하는 마음이 들지 않겠는가.
유리창 넓은 곳에서 바깥 내다보는 것은 늘 좋아하신다. 그러나 오늘은 부슬비가 내리고 어두운 날씨라서 그런지 그리 오래 창가에 머물지 않고 거실로 돌아왔다. 텔레비전에서 김삿갓 이야기가 나오고 있었다. 전공에 가까운 얘기라서 쉽게 파악이 되시는 것 같다. 처음에 장면이 바뀔 때 "저게 어디냐?" 두어 번 물으시고는 꾸준히 시청하신다. 한참 보다가 나를 돌아보며 "무슨 소린지 이해가 안 돼."

하시기에 "알아보실 만한 내용도 많이 있죠?" 하니까 고개를 끄덕이며 "그야……" 하신다.

전번 왔을 때 도자기 이야기 나오는 것을 보면서도 같은 말씀을 하셨던 생각이 난다. 상당 시간 관심을 이어갈 만큼은 이해가 되시는데, 확실한 파악은 안 되시는 모양이다. 아마 일상생활을 파악하시는 데 비해서 확실하지 못하다고 느끼시는 것이 아닐까. 정말 생활에 대한 파악은 확실해 보인다. 3년 전, 쓰러지시기 전과 비교해 못해 보이지 않는다.

모시고 있은 지 두 시간도 안 되어 "눕고 싶다." 하셔서 방에 모셔다 드렸다. 크게 힘들어 보이시지는 않고 조금 졸려 보이시는 정도였다. 그런데 눕혀드린 뒤에는 도로 초롱초롱해져서 간병인에게 "당신은 누구신데 나한테 이렇게 잘해주슈?" 로 시작해서 한참 잡담을 즐기시다가 문득 생각난 듯, "너희는 가보렴. 와줘서 고맙다." 하시는 것이었다.

나오는 길에 원장님과 얘기를 나눴다. 메모해놓은 것을 보며 지난 토요일에 작은형이 다녀간 일, 엊그제 고종누님 내외분이 다녀간 일을 다 말씀해주신다. 다른 직원들도 대개 어머니를 좋아하고 잘 대해드리는 것 같지만, 나보다 한 살 위인 원장님은 어머니의 특성을 정말 잘 이해해드리는 것 같다. 10여 일 만에 찾아온 아들, 며느리에게 두 시간 만에 "잘 놀았다, 가봐라." 하시는 것도 다 믿을 데가 있으니까 그러시는 거겠지.

09.
12.
21.

이모님을 모시고 갔다. 이모 계신 곳은 여주시 강천면 도전리의 가톨릭 노인 시설. 3년 전부터 여주에 계시다는 말씀을 듣고도 그리 가 뵙지를 못하면서 그냥 평야지대의 야산자락을 떠올리고 있었고, 어머니를 이천에 모시면서는 "이제 자매간에 가까이 지내시게 되었군." 생각했는데, 막상 모시러 가보니 강원도 같은 경기도, 여주 시내에서 꽤 먼 곳이었다. 7월 초, 어머니 옮기신 직후에 한 번 모셔드리고 근 반년 만에 다시 모셨다.

어머니와 열세 살 차이로 터울이 큰 자매간이지만 이모 성품이 차분한 편이어서 터울에 비해 서로 가까운 사이였다. 오늘도 이모 보고는 어머니가 참 편안해하신다. 내가 먼저 눈에 띄어 한참 수작을 하시다가 뒤늦게 이모를 알아보고는 눈이 둥그레져서 "야! 네가 웬일이냐?" 하시고는 금세 예전 그대로 언니 노릇을 하신다. 전번 왔을 때에 비해 너무나 총명하고 활달한 모습에 평소 어떤 일에든 표현을 아끼는 이모까지 싱글벙글.

한 20분 정도 회포를 푼 다음 이모님은 뒷전에 앉아 관찰하는 위치로 돌아가신다. 내가 어머니와 놀아드리는 방식이 무척 재미있으신 모양이다. 나중에 모셔다 드리는 길에 "야, 너 어디서 그렇게 애교가 늘었냐? 어려서부터 봐도 그런 애교가 너한테 있는 줄은 생각도 못했다." 하시기에 "정말 저도 몰랐어요. 습관이란 게 참 무서운 거네요." 했더니 "참 별일이다." 하고 빙글빙글 웃으신다. 초등학교 들어가기 전 외가에서 1년간 살 때부터 나는 성격이 부드럽지 못하고 표현력이 모자라는 아이로 표가 나 있었으니까.

앞서 원장님이 메일로 알려준 일이 있었다. 요즘 들어 어머니가 기저귀 갈 때, 휠체어에 앉혀드릴 때 등 자세를 바꿀 때 허리를 많이 아파하신다고. 원장님은 어제 없었지만 간호사, 물리치료사, 간병인이 모두 그 문제를 잘 알고 있어서 의견을 두루 들으며 관찰할 수 있었다. 통증 호소가 심한 것은 아니지만, 요즘 표현이 점잖으신 것을 감안하면 꽤 아프신 것 같다. 최악의 경우 약해진 뼈에 금이 간 상태까지 상상할 수 있는데, 그것을 확진한다 하더라도 뾰족한 수가 없다는 치료사 김 선생의 설명이다. 그 연세에는 설령 부러진 뼈가 있더라도 가만히 누워 계시게 하는 것밖에 다른 수가 없다는 것.

가능성이 큰 추측은 근육이 약해져서 자극에 민감해진 것인데, 꾸준히 관찰하면서 적절한 도움 방법을 천천히 모색해나가겠다고 한다. 인생은 고해라는데, 그 정도 문제라면 다행으로 여겨야겠다. 그 연세에, 그 약하신 몸에, 더 심각한 문제도 얼마든지 있을 수 있는 것 아니겠나. 연전까지 달고 계시던 혈압, 혈당 문제가 보이지 않는 게 어딘가. 그런 문제는 훨씬 더 여러 가지 길로 고통을 가져다 드릴 수 있다. 휠체어에 일단 앉은 상태에서는 큰 통증을 느끼지 않으시는 것을 보면 그리 심각한 문제는 아닌 것 같다.

윤정옥 선생님, 이효재 선생님과 통화를 시켜드렸다. 꽤 긴 대화를 자연스럽게 나누신다. 통화 끝에는 내게 바꿔주셨는데, 두 분 다 무척 기뻐하신다. 이대 동료들 중 사회와 정치에 대한 태도를 공유해서 '3총사'로 통한 분들. 이 선생님은 요즘도 내 글 마음에 드는 것을 보면 이따금 전화로 격려해주신다. 윤 선생님은 어머니 목소리를 듣고는 얼굴 보고 싶은 것을 참을 수 없으신지, 데려다 달라고 부탁해서서 28일 모실 것을 약속해놓았다.

다른 노인분들과 수작하시는 걸 보면 정말 수준 있는 처세술을 확보하고 계시다. 치매 걸린 한 분이 이모님과 나를 붙잡고 자기를 어디다 데려다 달라고 집요하게 칭얼대는데, 어머니가 한참 보고 있다가 적당한 시점에서 적당한 방법으로 꾸짖는 것을 보고 정말 탄복했다. 직원들이 감싸드리지 않아도 동료 노인분들에게 충분히 존중받으실 만한 자세를 아주 자연스럽게 보여주신다.

저녁 식탁에 모셔다 드리고 떠났는데, 식탁에서 몇 발짝 남았을 때 휠체어를 세우고 "어머니, 다른 분들 안 보게 살짝 뽀뽀해드리고 싶어요." 하니까 눈을 꿈적꿈적하고 뺨을 얼른 대주신다. 이모와 나를 떠나보내며 조금도 아쉬운 기색이 없으시다. "너희들 오고 싶으면 오고, 가고 싶으면 가. 와주면 더 좋지만 안 와도 내 인생엔 문제없어." 하시는 것 같다.

09.
12.
28.

예약했던 대로 윤정옥 선생님을 모시고 갔다. 어머니보다 5세 아래로 30년 가까이 동료로 지냈고, 이효재 선생님과 함께 이대 교수들 중 반독재 '3총사'로 통한 분이다. 어머니 퇴직 후 이 선생님과 함께 정신대대책협의회 공동대표를 맡았을 때 많은 사람들이 놀랐었다. 어머니와 이 선생님에 비해 윤 선생님은 표현을 완곡하게 해오신 편이라서 '투쟁'에 몸소 나서신 것이 뜻밖이었던 것이다. 그러나 가까이서 외유내강한 그분 성품을 봐온 나로서는 뜻밖일 것이 없었다.

10시까지 모시러 가기로 예정해뒀지만, 전날 밤 일기예보를 보고 전화드려 1시 반으로 늦췄다. 워낙 눈이 많이 와서, 오전 중에는 길 사정이 어려울 것 같았다. 1시 40분에 댁 앞에서 출발, 3시 반에 요양원에 도착했다. 길 사정도 생각보다 괜찮아서 오랜만에 선생님과 이런저런 얘기 나누면서 운전하는 것이 힘들지 않았다.

어제 보낸 메일을 보고 원장님이 아무개 선생님 오신다고 말씀드려두었지만 소용이 없다. 얼굴을 보자 "아니, 당신이 여기 웬일이야!" 나쁘지 않은 일이다. 누구 오신다는 말씀 들을 때는 그 말씀 듣는 것으로 기쁘고, 얼굴 보일 때는 '뜻밖의 반가움'에 조금도 빠지는 것이 없다. 기억력이 좋은 사람이라면 심심할 수 있는 단조로운 생활에 불만 느끼지 않고 즐겁게 지내시는 한 가지 조건이 기억력 퇴화일지도 모른다. 모든 일이 새로우니까.

어머니의 노랫가락 화법이 윤 선생님께는 좀 당혹스러운 것 같다. 지난주 통화하신 뒤에도 그것이 혹 무슨 증세는 아니신지 내게 물으셨는데, 직접 대하면서 유심히 관찰하시는 것 같고, 돌아오는 길에도 그 의미에 대한 내 생각을 물으셨다. 몇 시간 관찰하면서 꽤 이해가 가시는 것 같지만, 김호순 선생님이 즉각 신나서 호응하시던 것과는 다르다.

한 시간가량 홀에 앉아 있었는데, 다른 때보다 대화에 많이 집중하신 편이다. 윤 선생님 차분한 성격 덕분도 있을 테고, 아마 손님이 한 분이라서 집중이 더 잘 되신 면도 있을 것이다. 집중하시는 만큼 지난 일 기억도 쉽게 많이 되시는 것 같았다.

치료사 김 선생이 지나가다가 잠깐 멈춰 어머니 허리 상태에 관한 이야기를 해줬다. 지난주까지 예민하시던 것이 많이 풀려 지금은 큰 고통을 느끼지 않으시는 것 같다고 한다. 원장님과 간병인 여사님도 쫓아와 관찰한 소견을 함께 말해줬다. 생활에 지장될 문제가 전혀 아니라는 쪽으로 거의 안심이 된다고.

4시 반쯤 되어 홀에 저녁 식사 준비를 시작하기에 방 안에 모시고 들어갔다가 5시 정각 식탁 앞에 모셔드리고 떠났다. 방 안에서는 내가 응대해드리고 윤 선생님은 구경하셨다. 반야심경을 낭랑히 외우시는 것을 보고 윤 선생님은 너무 놀라신다. 기억력 퇴화를 심하게 겪은 분이 그 길고 암호문 같은 글을 술술 외우시는 것이 놀라울 수밖에! 금강경을 나와 번갈아가며 네 쪽지 읽었는데, 이것은 완전히는 암송이 되지 않으신다. 글자를 보며 읽다가 암송하다가 오락가락하신다.

식사 시간이 되어 우리가 일어설 때도 자연스러운 일상으로 받아들이신다. 뽀뽀 해드릴 때는 차분한 말씨로 "고맙다." 미니멀리즘 취향이시고, 식탁 앞에 모셔드 린 다음 계단 앞에까지 와서 돌아다보니 벌써 옆의 할머니와 대화에 열중하고 계 시다. "저 녀석 오늘은……" 하면서 아들 온 게 별일 아니라는 말씀이 귓전에 들 리는 것 같다.

계단 앞에서 이사장님과 마주쳤다. 두 달 가까이 마주치는 일이 없어 혹 무슨 일 이라도, 걱정이 들기 시작하던 참인데 여전하신 모습이 반가웠다. 그리고 보니 아까 홀에서 아드님과 잠깐 마주친 일이 생각난다. 앉아 있는 앞을 지나가다가 잠깐 멈추고 약간 정중한 기분이 들 만큼 고개를 숙여 인사했더니 잠시 '이게 뭐 야?' 하는 듯 어리둥절한 표정을 떠올리다가 얼굴과 눈에 웃음기가 떠오르더니 고개를 오른 쪽 옆으로 푹 숙이는 것이었다. 답례를 한다는 뜻이 분명했다. 그리 고는 왼손을 내 쪽으로 쭉 펼쳐 내밀었다. 그 손을 살짝 잡았더니 자기도 아주 부 드럽게 잡는 것이었다. 표현에 심한 제약을 가진 사람이지만 부드럽고 따뜻한 심 성을 충분히 느낄 수 있는 제스처였다. 여러 번 마주치면서 내게는 마음을 풀 수 있다는 인상을 받아온 모양이다. 이분뿐 아니라 할머니들도 내게 스스럼없이 대 하는 태도가 늘어나 왔다. 어머니도 쓰러지신 이후 제2의 인생을 펼치기 시작하 셨는데, 나도 덩달아 예전과 다른 부드럽고 따뜻한 사람으로 제2의 인생을 시작 하는 기분이다.

10.
01.
07.

오늘은 아내와 둘이서 갔다. 아내는 한 달 만에 가는 것이고, 나는 그 사이에 세 번째다. 아내가 한 달에 세 번 쉬는데, 그중 한 번을 시어머님께 바치는 정도가 적당한 것 같다. 어머니가 요양원에서 편안하신 것을 확인하니까 이렇게 여유가 생겼다. 시내의 병원에 계실 때는 특별한 형편이 아니라도 일 끝난 뒤 병원 들르는 것을 당연한 일과로 여겼었는데.

아내를 먼저 올려 보내고 나는 아래층에서 볼일 본 다음 10분 후에 올라갔다. 아내와 함께 복도 가 테이블에 앉아 계시다가 다가오는 나를 쳐다보는 눈길이 오늘은 좀 시큰둥하시다. 뭔가 심사가 복잡하신 것 같다.

아니나 다를까, 몇 마디 나눈 뒤 얼굴을 찌푸리며 밑도 끝도 없는 말씀을 하신다.

"야, 기협아, 난 참 마음이 슬프다."

"네, 어머니? 뭐가 슬프세요?" 나도 최대한 슬픈 표정을 지어야 말씀이 잘 나오실 것 같다.

"이제 살날이 길지 않은 것 같아서……"

"네, 어머니, 그 말씀 들으니 저도 마음이 슬프네요." 일단 맞장구는 쳐놓고 이게 무슨 가닥인지 눈치를 살핀다. 같이 지내던 분 중에 돌아가신 분이 계셨나? 무슨 이상한 꿈이라도 꾸셨나?

한참 말씀이 더 없으셔서 내가 반격에 나섰다. "어머니, 슬프긴 하지만…… 사람 산다는 게 원래 그런 거 아니에요? 그래도 어머니가 그걸 똑바로 바라보실 수 있다는 게 저는 다행스럽고 고마워요. 언젠가 떠나시리라는 사실을 똑바로 바라보지 못하신다면 어머니도 얼마나 더 힘들고 저희들도 얼마나 더 괴롭겠어요?" 고개를 끄덕이고 잠시 묵묵하시다가 분위기를 일신하듯 노랫가락 화법으로 다시 넘어가신다.

이런 대목에서 노랫가락 화법의 의미가 잘 드러나는 것 같다. 기억력에는 한계가 있는데 사고력은 원활하시고, 몸은 부자유스러운데 생각에는 거침이 없으시다. 혼자 누워 한바탕 생각에 잠기셨다가 누가 와서 말을 걸거나 식사하러 움직이려면 잠겨 있던 생각을 벗어나고 잊어버리시지만 여운이 아주 사라지지는 않을 것이다. 그래서 짙고 엷은 여러 층위의 생각들이 마음속에 겹쳐져 움직일 것이다. 누군가 특정한 상대를 응대할 때, 마음속의 여러 층위 생각이 혼란을 일으키지 않도록 노랫가락의 힘에 의지하시는 것 같다. 또, 서로 다른 특성을 가진 여러 사람을 응대하실 때는 어느 상대에게도 적당히 통할 수 있는 융통성을 역시 노랫가락의 힘에서 얻으시는 것 같다. 치밀하게 따져서 화법을 선택하시는 것은 아니겠지만, 가르치는 일을 오래 한 습관이 거의 본능처럼 그런 힘을 가진 화법을 끌어내는 것이 아닐까 싶다.

생각해보면 퇴직 후 다년간 수필 쓰신 필법에도 이 노랫가락 화법과 통하는 면이 있었다. 특정한 개인의 특정한 경험과 생각을 서술하면서 독자들의 폭넓은 공감을 불러일으킨 것은 내 입장에 집착하지 않는 관조의 자세 덕분이었다. 경험과 생각의 주체인 자아를 객체화시킴으로써 독자와 사이에 벽을 허물고 함께 나누실 수 있었던 것이다. 자식들과 제자들을 가르쳐온 습관과 퇴직 후의 집중적 수행이 겹쳐져 관조의 자세가 이뤄지신 것이리라. 수행하실 때 염불선을 좋아하신 흐름이 지금의 노랫가락 화법에 이르신 것 같다.

노랫가락 화법으로 넘어가신 뒤에는 짓궂은 장난기가 평소보다 많으셨다. 특히 나를 욕하는 재미가 쏠쏠하셨다. 몇 마디 오고 가다가 내가 드린 무슨 말씀에 대꾸가 불쑥 "그렇다, 이 쌍놈아~"로 나오셨다. 지금 기억은 안 나지만 내가 드린 말씀에 욕먹을 아무 빌미도 없었는데 제풀에 욕이 나오셨다. 두어 차례 "쌍놈" 소리 들은 뒤에 정색하고 "어머니, 저를 욕하시는 게 재미있죠?" 하면 "그래, 이 쌍놈아~ 세상에서 제일 재미있는 일이 너 욕하는 거다, 이 쌍놈아~ 그 재미에 나는 산다, 이 쌍놈아~" 흥에 겨워 저절로 증폭되는 것이었다.

2년간 계시던 병원을 떠나 반년 전 이곳으로 옮기신 후 늘 마음이 편안해 보이시거니와, 나를 "쌍놈"으로 몰아붙이실 때는 정말 더할 수 없이 마음이 편하고 흥겨우시다. 나 꾸짖는 재미는 병원에서부터 붙이신 것이다. 병원에서 내가 한바탕 호통을 듣고 나온 뒤에 간병인 한 분이 "아드님이 그렇게 잘하시는데 왜 꾸짖으세요?" 여쭈니까 흐뭇하게 웃으면서 "그놈이 나한텐 꿈쩍 못한단 말이야." 하시더라는 얘기를 전해 듣기도 했다.

그때는 꽤 다양하던 욕설 내용이 지금은 노랫가락 "쌍놈"으로 정형화되었다. 병원에서는 간병인, 간호사들에게도 "쌍년" 소리를 많이 하셨는데, 이곳에 와서 두 달가량 지나면서 욕을 끊으셨다. 그러고서 조금씩 다시 시작해 요즘은 꽤 다시 즐기시게 되었는데, 분노의 마음이 전혀 안 담긴, 순전한 애교성 욕설이다. "쌍놈" 타령 들으러 모여든 간병인 몇 분이 오늘 아침 목욕시켜드리면서 "쌍년" 소리 많이 들었다고 서로 자랑하듯 한다.

아침의 욕설 사태 고발이 이어지고 있는 동안 어머니는 "무슨 얘기 하는 거야? 나랑은 상관없어." 하는 표정으로 시치미를 떼고 아무 말 없으시다. 자아를 객체화하는 관조의 자세가 정말 경지에 오르셨다. 그러다가 치료사 김 선생이 끼어들어, 요즘 자세 바꾸실 때나 치료해드릴 때는 괜찮으신데 목욕 때는 조금 힘들어하시는 것 같다고 얘기하자 고개를 끄덕이신다. 그러나 입은 아직 떼지 않으신다. 욕설 사태에 대한 책임 문제가 아직 지나가지 않았으니까. 다 알아들으면서 저렇게 시치미를 떼시다니, 정~말 교활하시다.

한 시간 반가량 모시고 앉았다가 피곤하다고 해서서 눕혀드렸다. 오랫동안 앉아 계셔서 자세가 불편했을 뿐인 듯, 누워서도 정신은 초롱초롱하시다. 반야심경 암송에는 아무 거침이 없으셨고, 금강경 몇 꼭지 읽는 데는 평소처럼 눈으로 읽다가 머릿속에서 외우다가 오락가락하신다. 그런데 외우시는 대목에서는 통상적인 독경 방식을 벗어나 노랫가락 화법을 쓰려는 경향이 전보다 더 뚜렷이 나타난다.

독경이 끝났을 때 외출에서 돌아온 원장님이 들어왔다. 〈불광〉 12월호와 1월호에 실린 내 글을 틈날 때마다 읽어드리면 좋아하신다고 얘기하니까 어머니가 내게 눈을 돌리고 "그 글을 네가 쓴 거냐?" 물으신다. 그렇다고 대답하면서 "네가 뭘 안다고 글을 써!" 불호령이 떨어질 각오를 하고 있는데, "그러냐? 잘 썼다. 고맙다." 하는 부드러운 말씀.

잠시 후 "그래 〈불광〉에 계속해서 글을 쓸 거냐?" 물으시기에 "네, 어머니께서 안 써주시는데 저라도 써야지요. '꿩 대신 닭'이라고 하잖아요?" 했더니 고개를 바로 하고 한참 허공을 바라보다가 말씀하신다. "그래, 거기 쓰는 건 좋은 일이다. 잘 쓰거라."

다른 어느 일에 대해서보다 구체적인 관심을 분명하게 보여주신 일이다. 〈불광〉에 글 쓰기가 그분에게 오랫동안 매우 중요한 일이었던 사실을 비춰 보여주는 관심이다. 그리고 내가 어머니 글 쓰기를 이을 만한 마음가짐이 되었다고 판단해주시는 것 같다. 그동안 아버지 일을 이어서 한 것은 이것저것 꽤 있었지만, 이제 어머니 일도 잇는 것이 있다니, 이런 일 생각하면 내가 효자 중에도 특종 효자 같은 기분이 든다.

원장님과 이사장님이 내 〈불광〉 글 쓰기를 반가워하는 데는 또 다른 의미도 있을 것이다. 이 요양원은 시설이나 서비스나 매우 훌륭한데, 그 사실이 충분히 알려지지 못한 것이 내가 보기에도 안타까운 일이다. 그래서 이런 글에서 이곳의 좋은 점이 조금이라도 드러나는 것이 반가울 것이다.

나도 어머니가 편안하고 쾌적한 생활 조건을 누리시는 이곳의 좋은 점을 더 많이 드러내고 싶은 마음이 있다. 좋은 조건 제공하는 데 보답하고 싶기도 하고, 어머니가 함께 지내시기 좋은 도반들께서 이곳을 고려할 기회가 더 많아지기 바라는 실제적 동기도 있다. 그러니 내 글에 더러 세종너싱홈(www.sejonghome.co.kr) 홍보물 같은 냄새가 나더라도 독자들께서 혜량해주시기 바란다.

10.
01.
30.

지난 7일 다녀온 뒤 23일 만에 갔다. 중국 다녀올 때를 빼곤 최장 결석 기록이다. 그 사이에 세 번이나 갈 예정을 세워놓았다가 당일 아침에 취소했다. 그동안 일이 너무 힘들어, 겨우 원고 보내고는 탈진해서 길에 나설 엄두가 안 나는 상태가 되고, 조금 쉬고 나면 다음 원고가 마음 놓을 수 없는 상태였다. 이제 겨우 고비를 넘긴 것 같다.

덕분에 어머니가 나를 그리 많이 필요로 하지 않는다는 사실을 확인했다. 내 얼굴이 보이니 벙긋, 입이 벌어지시는데, 닷새 만에 보실 때나 한 달 만에 보실 때나 차이가 느껴지지 않는다. 음식도 사람도 있으면 즐기시되 없다고 괴로워하지 않으시는 것이다.

왜 그렇게 오랫동안 안 왔느냐고 따지지 않으심은 물론 마음 상한 기색도 전혀 보이지 않으시지만, 말씀하시는 내용을 보면 느낌이 아주 없지는 않으신 것 같다. 너 참 착하다, 욕심 없다, 겸손하다 등등 셋째 아들 추켜올리는 말씀이 한참 계속되었다. '이렇게 듣기 좋은 말 해주는데도 니가 자주 안 올 거야?' 하는 기세다. 아마, 나타날 때쯤 되었는데도 안 나타나니까 생각나실 때가 있고, 나타나면 이런 말 해줘야지 하고 준비해두신 것도 같다. 요양원 식구들 붙잡고 리허설을 하신 것일지도 모른다.

"네 덕분에 내가 이렇게 행복하단다. 더 바랄 수 없이 행복하다." 하시는 데서 절정에 올랐다. 준비해두신 대사처럼 느껴지기도 하고, '행복' 여부에 대해 긴장

된 생각을 하시는 것 같아서 마음에 걸렸다. 그래서 살짝 비틀어봤다. "어머니, 행복하신지 어떤지는 몰라도 참 편안하신 것 같아요. 거기다 행복까지 하시다니 더 좋네요."

역시 멈칫하시고 잠깐 평상 화법으로 되돌아오신다. 준비되어 있지 않던 주제에 생각을 집중하시는 것이 느껴진다. "그래, 편안한 게 무엇보다 중요한 거지……" 잠깐 오락가락 몇 마디 하신 다음 다시 노랫가락으로. "어머니, 노래 참 잘 부르시네요." 했더니. "그럼요, 이게 내 직업인걸요~ 노래 하나야 잘 부르지요~" 하시기에 "가수가 되셨군요, 어머니." 하니까 노랫가락을 멈추고 눈을 동그랗게 뜨고 물으신다. "가수가 뭐냐?" "직업적으로 노래 부르는 사람요, 어머니." 하니까 와하하! 웃으신다. 이런 파안대소가 오늘은 여러 차례 있었다.

복도 가의 테이블에 내내 앉아 있었다. 말씀이 조금 뜸해졌을 때 반야심경 암송을 권하려고 "어머니, 반야심경……" 하는데 벌써 외우기 시작하신다. 낭송이 갈수록 유창해지셨는데, 오늘은 힘까지 잘 들어가신다. 다 외우시고는 낭송이 잘된 데 흡족해하시는 기색이다. 금강경을 가져와 한 꼭지씩 번갈아 읽는 것도 이제 습관이 되신 듯, 한 꼭지 읽으신 뒤에는 내가 읽도록 눈길로 재촉하시고, 내가 한 꼭지 끝내면 자연스럽게 뒤를 이으신다.

몇 꼭지 지나 내가 읽고 있을 때 한 할머니가 곁에 와 "여기 앉아도 돼요?" 하고는 함께 앉아서 어머니에게 말을 거는데, 치매가 심한 분인 듯 말이 오락가락하고, 언사가 좀 거칠다. 그런데 어머니가 응대를 참 잘하신다. 다른 할머니들한테 깍듯하게 대하는 것과 달리 말을 탁탁 놓기도 하며 기세부터 압도하는 태도를 보이신다. 찍자 붙어봤자 남는 게 없겠다 싶은지 금세 도로 일어나 갔는데, 그 다음 어머니 반응이 놀라웠다. 저만큼 멀어진 분을 흘낏 쳐다보고는 "문제가 많은 사람이야, 참……" 하시는 것이었다.

맞다, 다니면서 얼핏얼핏 봐도 '문제가 많은' 분들이 몇 분 계시다. 그걸 어머니는 다 파악하고 있으면서 적절한 대응 방법을 강구해놓고 지내시는 것이다. 진짜 갖출 것 다 갖춘 사회생활을 하시는 거다. 스스로 '행복' 여부를 생각하시는 데도 주변의 이런저런 분들 모습이 기준이 되는 것 같다.

에스터 엄마에게서 또 선물이 왔는데 사진틀과 과자가 들었다는 말씀이 일전 원장님 메일에 있어서 '사진틀? 무슨 사진틀일까?' 했는데, 오늘 보니 대단한 물건이었다. 투박하게 생긴 두툼한 사진틀인데, 아주 실용적이고 견고한 것이 곁에 두기 아주 좋다. 어머니를 즐겁게 해드릴 길을 이렇게 열심히 찾는 분들이 있다는 것이 어머니에게는 행복이다. 그런 행복의 길이 잘 열리고 통하도록 편안한 상태를 지켜드리는 것이 내 몫이고. 나도 20년 후에 저런 행복의 밑천이 다소나마 갖춰지도록 세상 사는 자세를 잘 가다듬어야겠다.

3시 반이 넘어 저녁 식사 때까지 계속 앉아 계셔도 될까, 간호사나 간병인에게 물어보려는 참에 마침 눕고 싶다고 하셔서 한 시간가량은 방에서 모시고 앉았다.

어머니 재산 목록 윗부분은 에스터 모녀가 채워왔다.

노래 몇 곡 불러드리니, 〈반달〉은 바로 따라 부르시고 다른 노래들은 주의 깊게 듣다가 일부를 가볍게 따라 부르신다.

보통 4시 반이면 식탁에들 앉아 식사를 기다리는데, 우리 모자간은 조용히 있도록 놓아두었다가 5시가 다 되어 모시러 왔다. 지금 이 방 담당은 지난번 휴가 나가는 길을 수원까지 바래다 드린 최 여사님이다. 서랍에 든 금강경을 가끔 꺼내 드리라고 부탁했다.

"어머니, 밖에 나가서 뽀뽀하면 다른 할머니들이 샘내실 텐데, 여기서 해드리고 가도 될까요?" "그럼 여기서 하려무나." "어디다 할까요?" "너 하고 싶은 데 있잖아? 아무 데나 해." 오른쪽 뺨과 이마에 한 차례씩 하는데, 구경하는 원장님과 최 여사님은 재미있어서 어쩔 줄을 몰라 한다. 원장님이 한 번 더 하라고 권해서 왼쪽 뺨에 마저 하는데, 어머니는 다소곳이 즐기며 가볍게 "고맙다." 하신다.

앉아 계실 때도, 누워 계실 때도 "고맙다." 소리가 수시로 나오셨다. 두어 번 들은 뒤에 "어머니, 어머니 뱃속에 고마운 마음이 꼴똑 차 있나봐요. 건드리기만 하면 나오는 말씀이 '고맙다'예요?" 하니까 "그게 똥만 차 있는 것보다 낫지 않냐?" 절묘하게 대꾸하시는데, 한참 모시고 앉아 있다 보면 이런 묘기가 몇 차례씩 나온다. 다 기억해서 적지 못하는 게 아깝다.

10.
02.
13.

오늘은 강신항 선생님을 모시고 갔다. 일전에 원장님께 메일로 이런 분 모시고 간다고 간략하게 설명해놓았다. 누가 찾아온다는 말씀을 미리 들으면 좋아하시고, 막상 찾아왔을 때는 미리 들은 사실을 잊어버리고 '뜻밖의 기쁨'을 누리시기 때문에 모시고 갈 분이 있으면 원장님께 미리 알려둔다. 그리고 들었던 사실을 겉보기로는 잊어버리시지만, 온다는 얘기를 듣고 그 사람에 대한 생각을 해두시는 것이 의식 밑바닥에 깔려 있는 것 같기도 하다.

이름을 듣자 "그 사람 알지." 하시고, 어떤 분이냐 묻자 "강신항이 강신항이지, 누구야?" 내 메일의 설명대로 "교수님을 '사모님'이라 부르는 분이시라는데요?" 하니까 "그 사람 선생님이 내 남편이야." 하시더라고.

아마 40년도 더 전에 어머니 푸념을 들은 기억이 있다. "강신항 그 사람은 아직도 나를 '사모님' 이래!" 강 선생님은 원래 아버지 제자 맞다. 사변 발발 당시 국문과 학부생이던 강 선생님이 아버지의 지명 조사 작업을 도와드리고 있었다. 그 사람됨을 아버지께서 아끼신 흔적이 일기에도 여러 곳에 나타나 있다. 아버지가 전사편찬위원회 일을 맡았을 때 조수로 채용, 후방에서 근무하도록 해주셨기 때문에 강 선생님은 아버지를 스승일 뿐 아니라 '목숨의 은인'으로도 여기신다.

그런데 어머니가 서운하시다는 것은, 강 선생님이 그 후 국어학을 전공해 어머니의 직계 후배가 되고서도 "선생님" 아닌 "사모님"으로 부른다는 것은 선배로 인정해드리지 않는다는 것이었다. 그러나 불평하시는 체하면서 사실은 강 선생님께 고마운 마음을 보이시는 것이었다. 돌아가신 분을 수십 년이 지나도록 알뜰히 받들어드리는 것이 고마우신 것이었다.

점심 식사 바로 뒤에 도착했다. 얼굴을 보자 대뜸 "너 누구냐! 강신항이 아니냐?" 하시는 바람에 옆에서 나까지 깜짝 놀랐다. 나중에 강 선생님을 모시고 나오면서 여쭤봤다. 어머니가 선생님께 "너"라고 부르신 적이 있냐고. 학생 때도 그렇게 부르신 적이 없다고, 아마 기분 좋게 해주느라고 그러신 게 아니겠냐며 웃으신다. 학생 시절부터 사모님으로 모셔온 분께 이제 여든 넘은 나이에 "너" 소리 듣고 정말 기분이 좋으신 모양이다.

내 짐작이 맞는 것 같다. 원장님께 누가 올 거라는 얘기 들으신 기억이 분명하게 남아 있는 것은 아니지만, 관련된 생각을 여러 가지 떠올리신 것이 의식 바닥에 깔려 있는 것 같다. 오늘 아버지에 관한 말씀이 부쩍 많으셨던 것을 봐도 그렇다. 생각의 출발점은 아들들이다. 물론 그중에서도 눈앞에 있는 이놈부터다. "우리 셋째 아들을 나는 좋아해요~ 이놈이 멍텅구리라서 좋아해요~ 멍텅구리가 나는 좋아요~" 그리고는 눈앞에 없는 놈들도 하나씩 짚으며 "착한 아들", "훌륭한 아들"로 띄워놓은 다음 "아들들 잘 둬서 나는 좋답니다~ 세상에 부러울 게 뭐가 있겠어요~" 하실 때까지도 '김 서방'을 염두에 두고 계신 것을 미처 알아채지 못했다. 그런데 조금 후 사진첩을 펼쳐 보여드릴 때 아버지 얼굴을 짚으며 "생기기도 참 잘생기셨네~ 세상에 참 잘난 사람이었지~ 씨 받아줄 만한 남자였지~" 하시는

국어학 직계 선배인 어머니를 "사모님"이라고만 불러온 강신항 선생님.
어머니는 겉으로는 불평하면서도 속으로는 고마워하시는 것 같다.
돌아가신 분을 잊지 않아 드린다고.

것을 듣고야, 아, 어머니가 오늘 그분 생각이 많이 나시는구나, 깨달을 수 있었다. 부모 사이의 관계가 실제로 어떤 것이었는지 나만큼 궁금증을 많이 갖고 살아온 자식도 많지 않을 것이다. "씨 받아줄 만한 남자"란 말씀은 근년 내 마음속에 키워온 한 가지 짐작을 뒷받침해주는 분명한 힌트다.

일본의 한국 지배가 막바지로 치닫고 있을 때 경성제대 조선어문학과에 입학한 데서 당시의 어머니에 관한 두 가지 사실을 알아볼 수 있다. 드문 재능의 소유자였다는 것과 민족의식이 강했다는 것이다. 그런데 그 재능과 의식을 어떻게 연결시켜 펼쳐나갈지는 당시 상황에서 무척 막막하셨을 것 같다.

강의실에서 만난 '늙은 학생' 아버지가 어머니에게 최고의 스승이었을 것이다. 당시 최고의 직종으로 꼽히는 금융조합 일을 하면서 아마추어 역사가의 반열에 올라 있다가 역사학을 본격적으로 전공하기 위해 경성제대 학생이 된 아버지는 어머니가 승복할 만한 재능과 의식에다가 현실적으로 뜻을 이뤄나가는 방법론까지 갖춘 분이었으니까.

아버지의 일기가 《역사 앞에서》(1993)로 출간될 때 거기 붙인 어머니의 회고문은 "조국 수난의 동반자"란 제목이었다. 그 글 중에 이런 대목이 있다.

"그는 나에게 있어서는 남편일 뿐 아니라 모든 면에서 스승이기도 했는데, 특히 한문을 가르쳐준 은공은 잊을 수 없는 일이었다. 내가 봉양 내려가서 첫아이 출산할 때까지 거의 1년 동안 씨름한 텍스트가 〈열하일기〉였다. 그냥 읽어 내려가는 것은 그가 출근하기 전에 강을 바치고, 그것을 원고지로 옮기는 작업이 낮 동안의 할 일이었다."

제천 봉양에서 지낸 것은 해방 직전 학병과 징용 소동을 피해 아버지가 학교를 떠나 금융조합에 돌아가 있을 때였고, 두 분이 결혼 생활을 시작하고 큰형을 얻은 곳이었다. 해방 후 아버지 이름으로 〈열하일기〉 번역본을 출간하다가 완성을 못 보고 돌아가셨는데, 어머니의 노력이 합쳐진 작업이었음을 알아볼 수 있다. 아버지 돌아가실 때까지 어머니는 독자적인 외부 활동을 생각지 않고 '내조' 만을 바라보며 지내셨던 모양이다.

출중한 재능과 강렬한 의식을 주체하기 힘들던 어머니에게 아버지는 그저 좋은 신랑감이 아니었다. 모든 문제를 해결할 열쇠였다. "동반자"라곤 해도 앞장설 사람은 정해져 있었다. 그 동반자의 가르침과 이끎에 의지해 살아가며 생활과 학문의 내조, 그리고 그의 "씨 받아주는" 일을 어머니는 당신 몫으로 여겼다. 어느 날 그분이 세상을 떠나버렸을 때 그야말로 하늘이 무너진 것 같으셨겠지.

그분의 "씨"를 잘 키워내는 것이 어머니에겐 절체절명의 과제가 되었다. 세상의 어느 어머니가 자식 잘되기를 바라지 않으랴만, 어머니의 과제는 특이한 것이었다. 세속적, 통상적 기준으로 잘되는 것보다 돌아가신 분에게 부끄럽지 않은 '사람'으로 기르는 것이 더 절실한 일이었고, "씨"의 타고난 소질을 있는 그대로 키워내야 한다는 강박이 있었다.

미국인이 되어버린 큰형, 세속을 돌아보지 않는 작은형, 힘겨운 일거리만 찾아다니는 나, 보호자를 필요로 하는 동생, 어머니 자식농사를 부러워하는 사람이 별로 없을 것이다. 그런데 그분은 만족하신다. 억지로 자위하시는 게 아니라 "멍텅구리라서 좋아요~" 식으로 흥겨워하시는 것이다. 어떻게 그런 편안한 마음자리를 얻으셨는지 나는 이해하지 못한다. 그냥 그렇게 받아들이며 그분을 위해 기뻐할 뿐이다.

혈연 없는 사이로 강 선생님만큼 절실하게 아버지를 아끼고 사랑한 분이 별로 없다. 2년 전 그분이 찾아왔을 때는 어머니가 사람을 알아보지 못하실 때였다. 오랜만에 대하시는 얼굴에 "너 신항이 아니냐!", 아버지가 강 선생님께 하셨음직한 말씀을 대신 해주신 것이 아닐까? 요즈음 어머니 생각이 얼마나 명민하신가를 염두에 두고 떠올리는 상상이다.

아침에 혜화동 로터리에서 차에 오르자마자 "도서 반납하네." 하며 건네주신 꾸러미에도 여간 깊은 뜻이 담긴 것이 아니다. 1939년 간 《임꺽정전》네 책. 전쟁 터지던 날 아버지가 빌려주셨던 책을 내가 대신 반납받아 달라시는 것이다. 받아는 놓았다. 그러나 곧 형들 양해를 얻어 선생님께 다시 드리고 싶다. 그분께 얼마나 소중한 물건인지 뻔히 아는데.

10.
02.
26.

며칠 전 연락을 준 이문숙 선생을 화정역에서 만나 함께 갔다. 이 선생은 나보다 몇 해 아래니까, 어머니가 50대 중반일 때 국문과를 다닌 제자가 이제 50대가 되어 찾아온 것이다. 그러고 보면 어머니 제자 중 나보다 연상인 분들은 집으로도 찾아온 이들이 꽤 있는데, 내 연하로는 뜸했다. 내 기억에 이 선생 외에는 스님 된 분 한 분뿐이다. 가만있자, 이 선생도 목사님이 되셨다니, 어머니는 종교인 될 제자들만 집에 들이셨나?

가는 길에 이 선생과 이야기를 나누다 보니 그 세대 제자들은 어머니에게 '엄한 선생님', '다가가기 힘든 선생님'의 인상을 많이 받았던 모양이다. 얼른 듣기에 뜻밖이었다. 어머니는 70년에 동생이 대학 들어가자 '해방 선언'을 하셨다. 자식들이 다 컸으니 이제 근엄한 체하지 않고 '생긴 대로 놀겠다'는 선언이셨다. 그렇다면 학생들과 그 전보다 거리를 줄이셨을 것 같은데?

곰곰 생각해보면 그 무렵에 교수 노릇이 힘들어지셨던 게 아닐까 하는 생각도 든다. 72년부터 2년간 해외에 다녀오신 후 어머니는 이대에서 '반체제 교수'로 딱지가 붙었다. 할 말 못 참는 사람은 딱지가 붙지 않을 수 없는 시절이었으니까. 상류사회 지향주의로 나가는 학교 분위기도 불편하셨을 것이고. 정년을 몇 해 앞두고서부터 〈어원 연구〉에 건강이 위험할 정도로 집중하신 데도 학교생활의 다른 면이 원활치 못한 이유가 작용했을지 모른다.

이 선생은 어머니가 자기를 기억하지 못하실 것이라고 거의 확신한다. 초년에 만난 사람보다 중년에 만난 사람 기억하기가 더 힘든 법이라는 이 선생의 의견이 내게도 그럴싸하게 들린다. 그러나 근래 내 글에 나타난 어머니 모습을 보며 명확하게 기억은 못하셔도 맥락은 대충 떠올리실 수 있지 않을까 기대감을 가졌다고 한다. '이문숙'이란 특정인으로서 특정한 정체성은 인정받지 못하더라도 그 맥락 속에서 옛 제자로서 선생님께 이야기를 걸 수 있으리라고 생각한다는 것이다.

작은형이 와 있었다. 신선 같은 사람이지만 아직 모자간의 인연은 지키고 있는 모양이다. 설 며칠 전에 다녀간 얘기도 들었는데, 그만하면 아들 구실이 된다.

이 선생은 작은형도 만난 적이 있어서 반가워한다. 어머니가 퇴직 후 마명리 작은형 집에 계실 때면 이 선생이 졸업한 10여 년 후일 텐데 그때까지도 찾아뵙곤 했던 모양이다. 하기야…… 오는 길에 이 선생이 엽서 한 장을 보여주면서 알아보시지 못할 경우 제자라는 증거로 어머니가 써 보내신 엽서를 들이대겠다고 했었다. 90년대 초에 오고간 엽서 같다.

노인들이 모두 거실에 나와 앉아 피겨스케이팅 중계를 보고 있는데, 맨 뒷줄에 어머니와 형의 뒤통수가 보인다. 이 선생에게 먼저 가서 부딪쳐보시라고 권해놓고 볼일 본 뒤 5분 후 합류해보니 사제간 신분 확인은 대충 되어 있는 것 같다. 형도 있고 제자도 있어 느긋하신지 10여 일 만에 나를 보시는 반응이 미지근하신 편이다.

며칠 전 원장님 메일에서 어머니가 아들 찾으시더라는 이야기가 있어서 조금 긴장했었는데, 와 뵈니 그리 아쉬운 기색이 없으시다. 지난주부터 간병을 맡고 있는 여사님께 물어보니, 지난 토요일 유별나게 방문객이 많을 때 딱 한 번 "우리 아들은 왜 안 와?" 하셨다는데, 아들 찾는 일이 없던 분이 찾으셨기 때문에 특기사항이 되었던 모양이다.

물리치료사 김 선생은 어머니가 근래 신체의 불편 느끼시는 일이 거의 없는 것 같다고 얘기해주고, 간호사 서 선생도 어머니가 쾌활한 기분을 계속 유지하고 지내셨다고 얘기해준다. 한 가지 문제라면 오전이든 오후든 낮잠을 한 차례씩 주무시는 대신 밤에 깨어 계실 때가 많다는 것인데, 당신도 별로 힘들어하지 않으시고, 여사님에게 별 부담을 주지도 않으신다고 한다. 원장님이 없어도 다들 어머니 상태를 잘 설명해줘서 마음을 놓을 수 있다.

김연아의 금메달이 확정된 후 작은형이 먼저 떠나고, 이 선생과 함께 복도 가 테이블에 어머니를 모시고 앉았다. 여사님이 의자를 챙겨주며 "이 자리가 할머니 전용석이에요." 일러준다. 오후 햇볕이 좋은 자리다. 햇볕을 참 좋아하신다. 오늘 날씨에는 따뜻한 실내에서 온몸에 햇볕을 받으며 오래 앉아 있기가 꽤 더운데도 햇볕을 피하려 하지 않으신다.

이 선생은 집에 80대 노부모를 모셔서 그런지 응대를 참 수월하게 잘한다. 그래서 어머니도 편안하게 대하시는데, 아무래도 정확한 신원 파악이 안 되어선지 아주 편안하지는 않으신 것 같다. 노랫가락 화법에서 거의 벗어나지 않으신다. 반야심경 독경도 노랫가락인데, 틀이 잡힌 솜씨다. 내가 모시고 있지 않을 때 혼자서도 수시로 암송을 하시는 건지?

'우리 아들 바보'론으로 이 선생을 몇 번 빵빵 터뜨려주셨는데, 이 선생이 녹음을 해놓았으니 나중에 받아보고 녹취록을 올리든지 녹음 내용을 올리든지 하겠다. 녹음을 해놓았다니 시원찮은 기억력 쥐어짜고 싶지 않다.

한 시간 남짓 청중을 즐겁게 해주다가 쉬고 싶다 하셔서 방에 눕혀드리고 보니 꽤 노곤하신 기색이었다. 이 선생 접대가 제법 힘이 드셨던 모양이다. 저녁 식사 전에 한 숨 주무시는 게 좋겠다 싶어 인사드리고 나오는데, 언제나와 같이 선선하시다.

10.
03.
13.

수요일에 아내와 함께 가려다가 때아닌 폭설 때문에 며칠 늦춰 혼자 가게 됐다. 그러고 보니 달랑 혼자 가 뵙는 것은 꽤 오랜만인데, 그럴싸하게 봐서 그런지 어머니도 덤덤하신 편 같다. 텔레비전 보고 계신 앞에 가서 얼굴을 보여드리니 "어, 너 왔구나." 당연히 올 놈 왔다는 듯이 도로 화면에 시선을 돌리신다. 가만히 옆에 서 있었더니 1분쯤 지난 후 생각났다는 듯이 옆 자리 할머니에게 고개를 돌리고 말씀하신다. "이놈이 내 아들이라우."
무슨 퀴즈 프로그램인데 한참 보다가 이번엔 내게 고개를 돌리고 "야, 무슨 소린지 모르겠다." 연예인들이 아이들 데리고 나와서 노는 건데, 내가 봐도 취향에 안 맞으시다. 좀 더 보시라고 권해도 흥미가 잘 붙지 않으신다. "어머니는 텔레비전보다 불경이 더 좋으시죠?" 했더니 고개를 마구 끄덕이신다.
창가의 전용석으로 모시고 와 반야심경부터 외웠다. 근래에는 독경도 노랫가락에 실으시려는 경향이 있었는데, 오늘은 예전대로 담담한 방식이었다. 금강경을 읽기 위해 독경집을 가져올까 여쭈니 "아까 읽었다. 오늘은 얘기나 하자꾸나."
마침 원장님이 오니까 또 "이놈이 내 아들이라우." 몇째냐고 원장님이 물으니까 나를 돌아보며 "너 몇째냐?" 농담과 진담이 천연덕스럽게 어울려 판별하기 힘들다. 내가 짐짓 고지식하게 손가락 셋까지 펼쳐 보이며 "어머니, 제가 셋째입니다." 하니까 원장님을 돌아보며 "셋째래요." 내가 받은 질문을 대신 대답해주시는 것처럼.

원장님이 "어제 오신 아드님은 몇째예요?" 하니까 정말 어리둥절해서 "어제 누가 왔나?" 하신다. 작은형이 왔던 모양인데, 이런 기억은 안 되시나보다. "둘째 아드님이 오셨잖아요. 둘째 아드님 이름이 뭐죠?" 원장님이 다시 묻는데, 얼른 생각이 안 나시는 듯, "나 몰라요." "셋째 아드님은 이름이 뭐예요?" 하니까 "이놈 이름은 알죠. 김기협. 너 김기협 맞지?"

이거 참…… 어쩌다 이렇게 되셨나? 가까운 분들 중에는 작은형에 대한 어머니 편애가 지나치시다고 걱정해주는 분들까지 있었다. 내가 봐도 형과 어머니는 코드가 정말 잘 맞는다. 그런데 작은형 이름은 생각이 안 나고 내 이름은 척척? 서양 속담이 맞나? "Out of sight, out of mind.(눈에 보여야 마음에도 보인다.)"?

가만 생각해보면 보호자로서 내 역할을 인식하시는 것이 아닌가 싶기도 하다. 자식들 직접 대하시는 데는 이름이 필요 없다. 그런데 제3자에게 내 보호자가 누구다, 밝히기 위해서는 이름 석 자를 댈 필요가 있다. 3년 가까이 어머니의 대외 관계를 내가 맡아드리는 상황을 은연중에 인식하고 계시기 때문에 "김기협" 석 자가 머리에 박혀 있으신 것 아닐지? 그렇다. 아까도 "기협이"라 하지 않고 "김기협"이라고 하셨다.

아무튼 잠깐 마주치는 틈에도 기억력에 자극을 주려 애쓰는 원장님, 참 철저한 분이다. 간간이 어머니 모습을 담은 사진을 메일로 보내주기도 하는데, 노인들을 잘 모시는 것 못지않게 가족들에게 요긴한 서비스다. 이따금 가서 몇 시간 모시고 있는 동안 파악하기 힘든 생활 내용과 분위기를 알아볼 수 있다.

원장님이 물러간 후 순옥이 내외와 전화 통화를 시켜드렸다. 먼저 기훈이부터 통했는데, 아무리 설명해드려도 정확히 파악이 안 되시는 듯 거듭 물으신다. "누구라구?" 그러나 막상 기훈이 목소리가 들리니까 그냥 직접 와 닿는 것 같다. 애매한 것을 얼렁뚱땅하시는 기색이 아니라 상대가 누구인지 더할 수 없이 분명하시다. 뒤이어 순옥이랑 통화도 마찬가지였다. 친자식들 못지않게 정이 깊고 어머니를 잘 모셔온 이들인데, 어머니가 자기네를 제대로 알아들으시는 말씀을 듣고 기뻐 어쩔 줄 모른다. 그러고 보니 기훈이가 병원으로 와 뵌 것이 1년이 되었고, 순옥이는 더 오래 되었다. 진즉 통화를 시켜드릴걸.

순옥이를 수양딸 삼으신 것이 벌써 30년 되어가는 것 같다. 어느 절에서 만나셨다던가? 퇴직 전 몇 해 동안 자식들 다 떠난 집에서 어머니를 모시고 지내다가 어머니의 조카 기훈이랑 결혼했으니 수양딸이자 조카며느리인 셈이다. 기훈이는 조카이자 수양사위. 제주도에서 젖소 키우며 어지러운 세상을 벗어난 듯이 사는 이들 내외에게 어머니뿐만 아니라 나도 의지해서 지낸 세월이 있다. 아이들 교육 때문에 연전부터 순옥이가 육지에 나와 사느라고 둘이 떨어져 지내는 것이 안타깝다.

통화를 하시고 나니 그 사람들 생각이 떠오르시는지 한참 망연히 앉아 계시다가 불쑥 한 마디 하신다. "참 힘들다." 오래 앉아 계셔서 피곤하시다는 것으로 알아

듣고 "어머니, 방에 들어가 누우시는 것이 좋겠어요?" 묻는데 이 여사가 마침 곁에 있다가 고개를 갸우뚱한다. "오늘 아드님 오신다는 말씀 듣고 아까까지 가급적 많이 누워 계시도록 했는데요?"

어머니는 은은한 미소를 띠고 이 여사를 쳐다보신다. 가히 뇌쇄적인 미소다. 이 여사가 어머니를 각별히 따른다고 원장님이 메일에서 이야기한 일이 있는데, 저런 미소 풍겨주는 할머니가 있다면 나라도 뿅 갈 거다. 다른 간병인들도 어머니 살펴드리느라 수고 많으시다고 인사하면 박사 할머니 덕분에 재미있다, 일하기가 즐겁다, 자연스러운 반응이 비슷하게 나온다. 평생 처세술 갖고 한 몫 하신 일은 별로 없었던 것 같은데, 여기서는 완전히 처세술의 달인이시다.

이 여사가 잠시 후 물러갈 때까지 빙긋이 웃음만 띠고 말씀이 없다가 불쑥 또 한 마디 하신다. "산다는 게 힘들어." 표정까지 처연해지신다. 몇 주일 전에도 이런 말씀을 한 번 하신 적이 있는데, 그때도 옛날 기억을 더듬다가 그러셨던 것 같다. 순옥이 내외에게 더 잘해주지 못하신 것이 괴롭게 느껴지신 것일까?

기분전환을 시켜드려야겠다. "어머니, 바람이라도 한 바퀴 쐬시겠어요?" 뜻밖의 대답이 나오신다. "걷지도 못하는걸……." 당연한 일로 여기실 줄 알았는데, 이것도 마음에 걸리시나보다. "어머니, 아들은 뒀다 뭐에 씁니까? 제가 밀어드릴게요." 그러자 얼굴에 환한 웃음을 피우며 "그래? 그럼 호강 한 번 해볼까? 밀어다고!"

북쪽으로 올라갔다가 서쪽으로 꺾어 쭉 가면 복도 끝 전면이 유리창이고, 정원과 건너편 숲이 내다보인다. 거기서 내다보는 것을 좋아하셔서 모셔 가면 오랫동안 앉아 계실 때도 있다. 오늘도 좋아하시는 것이, 피어오르는 봄빛이 느껴지시는 것 같다.

"어머니, 풀잎도 나뭇잎도 다시 살아나고 있네요." 하니까 같은 것을 생각하고 계셨던 듯이 바로 말씀하신다. "그래, 살았던 것은 죽고, 죽었던 것은……." 좀 가라앉기는 했어도 편안한 기분이 느껴진다.

"어머니, 떠나실 일이 걱정되시는 거예요?"

"아니, 걱정된달 것은 아니고……."

"어머니, 요즘 마음이 늘 편안해 보이세요."

건너편 숲을 바라보던 눈길을 내게 돌리고 말씀하신다. "그래, 고맙다. 네 덕분이다."

응대할 말씀이 생각나지 않아 말머리를 돌렸다. 그러고 보니 오늘은 노랫가락 화법을 많이 쓰지 않으셨다.

5 /
햇볕을,
바람을,
꽃을,
풀잎을,

10.
03.
28.

(토요일 오후에 갔다가 저녁 후 일죽의 이인환 선생을 찾아가 하룻밤 묵고 일요일 아침에 다시 가 뵈었다. 점심 후에 여주의 이모님을 모셔 왔다. 원래 생각은 하루 이틀 더 가까이 지내면서 살펴보고 싶었는데, 일요일 저녁때 피로를 이기지 못하고 집으로 돌아왔다.)

이천 시내에서 늦은 점심을 먹고 들어가니 3시. 〈불광〉 남 보살님이 윤시내 선생님 내외분과 함께 어머니를 모시고 앉아 있었다. 미국에 사는 윤 선생님은 몇 해 전 〈불광〉에 어머니 생각하는 글 올린 것을 감명 깊게 본 일이 있는 분인데, 귀국한 길에 부군과 함께 어머니 뵈러 와주신 것이다.

새로 뵙는 두 분과 인사도 나누기 전에 어머니 인사말씀부터 들어야 했다. "야, 이 쌍누므 자식아!" 내 얼굴이 보이면 얼굴에 웃음이 자동적으로 떠오르는 것이 보통이기는 한데, 이때는 그 웃음에 장난기가 철철 흘러넘치고 있었다. 세 분이 30분가량 모시고 있으면서 기분을 무척 고양시켜드린 것도 같고, 든든한 자식 있다는 사실을 과시하고 싶은 마음이 부쩍 일어나신 것 같기도 했다.

쩔쩔 매는 시늉으로 "네, 어머니. 쌍누므 자식 왔습니다." 하는 꼴을 흘낏 쳐다보고는 남 보살님에게 눈길을 돌리고 본격적인 아들 자랑으로 들어가신다. 저놈이 천하에 미련한 놈이다, 미련해서 내가 제일 좋아한다, 마치 아들이 불쌍해서 좋아해주시는 것처럼 으스대신다.

"미련한 게 좋다!" 역설 좋아하시는 취미는 어쩔 수가 없다. 좋은 거 좋아하는 보통 사람들 따라 하면 자존심이 상하시는 것 같은 이 역설 취미. 쓰러지시기 전까지 절에서 굳이 지내시던 것도 그렇다. 남들 다 하는 것처럼 편안한 아파트에서 살지 못하시는 이유가 뭔지? 병원에 모신 뒤에도 꼼짝 못하실 만큼 기력이 떨어지시기 전까지 불쑥불쑥 "나 집에 갈 테야." 사람들을 난감하게 만들곤 하신 것도 같은 맥락으로 생각한다. 주어진 상황을 편안하게 받아들이지 못하시는 마음.

지지난 겨울 회복되시면서부터 마음이 참 편안해지셨다. 이곳으로 옮겨 올 때도 "기협아, 나 여기가 좋은데 여기 그냥 있으면 안 되니?" 하셨다. "네, 좋으실 대로 하세요. 그런데 저쪽도 괜찮은 데거든요? 가보고 마음에 안 드시면 도로 모셔 올게요." 하고 모셔 왔는데, 도착한 한 시간 후 말씀, "야, 여기 참 좋다. 여기 그냥 있어도 되는 거니?" 그 후 9개월 동안 지내면서 다른 곳 생각이 나실 때도 있고 이곳을 불편하게 느끼실 때도 있었을 것이다. 그러나 주어진 현실을 아끼는 마음, 그에 대해 고마워하는 마음이 가득 차 일상적 굴절에 크게 흔들리지 않으시는 것 같다.

이 아들 놓고도 이런저런 좋은 점이 있어서 좋아한다 하시지 못하고 미련해서 좋아한다고 뒤집어서 말씀하시는 데는 종래의 비판적 습관도 작용하는 것이겠지만, 이제 그리 치우친 느낌이 들지 않는다. 손자가 예뻐 어쩔 줄 모르는 할머니가 "우리 보배둥이!" 하기보다 "우리 똥강아지!" 하는 마음. 역설을 위한 역설이 아니라 더 강한 긍정을 위한 역설이다. 그래, 미련퉁이 노릇 해드리지, 뭐. 똥강아지 노릇 하는 애들도 있는데.

남 보살님은 어떤 사람인지 상당히 분명한 기억이 일어나시는 것 같고, 윤 선생님 내외분은 정확한 파악이 안 되는 상대겠지만 깨끗하고 따뜻한 인상이 역시 편안하게 느껴지시는지, 자신만만하게 쇼맨십을 발휘하신다. 내 어떤 태도를 상대방이 좋아할지 정확하게 파악해서 그에 맞춰주는 솜씨가 능수능란하시다. 이렇게 사교 잘하시는 모습을 예전에 뵌 적이 없다. 지나치게 강하시던 자의식이 가라앉고, 사람이 사람을 아끼고 잘해주려는 본능이 거침없이 살아나게 된 것이다. 성불은 몰라도 보살도에 이르신 것은 분명하다.

세 분 손님은 어머니와 함께 있는 한 순간 한 순간을 편안하고 즐겁게 누리셨을 것이다. 당신이 살고 있는 편안하고 즐거운 마음의 집에 이 손님들을 맞아들이신 것이다. 손님을 즐겁게 해주려고 별난 음식을 내오고 별난 대접을 한 것이 아니다. 내 마음자리가 이렇게 즐겁고 편안하니, 같이 누릴 만하면 누립시다, 열어주고 보여주신 것이다.

어쩌다 한 번 찾아온 이 손님들은 어머니를 도반(道伴)으로 여겨 어머니의 마음자리에 대한 어떤 기대를 품고 찾아온 분들이다. 이런 분들 응대하는 것은 그 기대에 맞춰 하나의 역할극처럼 해낼 수도 있는 일이다. 그런데 어머니의 응대가 한바탕 역할극이 아니라 진면목이라는 사실은 같이 생활하는 분들을 대하는 태도에서 알아볼 수 있다.

여주는 이천 바로 옆동네인 줄 알았는데, 뭐 그렇게 멀지?
그래도 어머니가 좋아하시는 이모님을
더 열심히 모셔드려야지.

간병인 송 여사는 딸처럼 대하신다. 두 분 사이의 수작이 자연스러운 것을 보면 긴 생활을 통해 든든하게 자리 잡은 관계다. 다른 간병인들과의 관계도 좋지만, 송 여사와는 각별한 교감이 이뤄진 것 같다. 순환 근무제 때문에 직접 모시는 위치는 곧 바뀌겠지만, 그렇게 마음이 통하는 분이 가까이 계시다는 것만으로도 복이다. 그러고 보면 송 여사의 이 방 근무가 꽤 길었던 것 같은데, 가능한 한 길게 모시고 있도록 원장님이 배려해준 것일지도 모르겠다.

직접 모시는 간병인 외에 직원 중 어머니 생활에 가장 많이 관여하는 이가 원장님일 텐데 원장님을 대하시는 태도를 봐도, 정말 모자라지도 않고 지나치지도 않는다는 느낌이다. 몇 분을 살펴드리는 간병인과 요양원 전체를 돌보는 원장의 입장 차이를 정확하게 이해하시는 듯, 원장님과 마주칠 때는 다정하면서도 정중한 선을 지키시는 것 같다. 젊은 간호사들에게는 동네 아이들 대하는 것처럼 가볍고 편안한 느낌.

일요일 오후에는 이모님과 편안한 한때를 가지셨다. 이모님은 전번 방문 때까지도 "울 언니 진짜 살아나신 거야?" 하는 눈치로 뒷전에서 관찰하는 편이었는데, 그날은 그냥 옛날로 돌아간 것 같았다. 이모님이 전보다 더 편안하게 느끼실 만한 점이 있었을까 생각해보니, 어머니의 표현 폭이 더 넓어진 것 같기도 하다. 내 기준으로만 봐서는 포착하기 힘든 변화를 다른 분의 반응에 비춰보면 더 잘 파악되는 면도 있는 것 같다.

10.
04.
09.

아내가 먼저 올라가고 나는 사무실에서 볼일을 본 뒤 20분쯤 후에 올라갔다. 점심 식사가 끝나고 한 시간도 안 되었을 때였는데 예상 외로 복도 옆 '지정석'이 비어 있다. 방에 들어가 보니 침대에 모로 누워 며느리를 마주 보고 계셨다.
전번 왔을 때도 기운이 조금 떨어지신 느낌이었는데, 오늘은 송 여사 등 여러분께 설명을 들었다. 기운이 약간 떨어지셔서 앉아 계시는 시간이 줄어들었다고. 전에는 8시 소등 시간까지 텔레비전 앞에 앉았다가 방으로 모시려면 한참씩 투덜대곤 하셨는데, 요즘은 한 시간만 앉아 계시면 눕혀달라고 하신단다. 날씨도 따뜻해져서 몸을 움직이지 못하는 분들은 욕창이 조심스러워 어차피 너무 오래 앉아 계시지 않도록 하기도 한다고.
기운 떨어지신 얘기를 하면서 어느 분도 전혀 걱정스러운 기색을 보이지 않는다. 아마 기운은 떨어져도 기분은 떨어지지 않으시기 때문일 것 같다. 모로 누워서도 환한 얼굴로 인사 다 차리시고 하실 농담 다 하신다. 욕설("쌍년")이 요즘 느셨다는데, 순간적 통증이나 불편을 느낄 때 반사작용으로 나오는 것 같다는 서 선생(간호사) 의견. 그런데 욕설이 너무나 산뜻한 느낌이어서 누군지 모르는 실습생들조차도 불쾌하게 느끼는 일이 전혀 없다고 덧붙인다. 자기는 욕먹기에 보람을 느낀다는 눈치다.
반야심경을 외워보니까 정신이 더할 수 없이 맑으신 것을 확인할 수 있다. 한창때 즐겨 외우시던 가락이 그대로 나오신다. 잘 외워지니까 기분이 더 좋으신 듯,

늘 한바탕씩 하시는 내 칭찬이 나오는데, 평소보다 더 창의적이다. 멍청-신통
하다는 합성어를 만들어내셨다. "사람이 신통하기만 하면 뭐해? 멍청하기도 해
야지."
늘 듣기 좋아하시는 〈송아지〉 노래에 "멍청"을 넣어서 불러드리니까 너무너무
좋아하며 바로 따라 부르신다. "송아지 송아지 멍청송아지 / 엄마소도 멍청소 엄
마 닮았네. / 강아지 강아지 신통강아지 / 엄마개도 신통개 엄마 닮았네."
한 시간 가까이 누우신 채로 모시고 앉았다가 바깥바람 쏘여드려도 괜찮겠다는
원장님 허락을 받았다. 휠체어에 앉혀드리는 동안 복도에서 기다리다가 치료사
김 선생과 마주쳤다. 최근 몇 차례 주말에만 오는 바람에 한 달 만에 만난 김 선
생, 반갑게 인사하고 어머니 몸 상태에 관한 의견을 얘기해준다. 회복될 기미가
조금이라도 있으면 잘 살려내려는 적극적 태도를 늘 보여주기 때문에 참 미덥다.
테라스에 모시고 나가니 기분이 그저 좋으시다. "야! 참 햇볕이 좋구나." 유리를
통하지 않고 쏟아지는 햇볕이 실내에서보다 더 좋으신가보다. "바람도 좋죠?"
"그래……." 바람이 좀 센 편이라 춥지 않으시냐고 며느리가 이따금씩 여쭤도 마
냥 괜찮다며 싱글벙글. 사진 몇 컷 찍어드리는데 편안하게 포즈를 잡으신다. 카
메라 앞에 불편해하는 것이 나랑 비슷하셨는데…… 마음에 거리낌이 없으신 것
이 이런 데서도 느껴진다.
큰형이 장학기금 만드는 일을 어머니께 전화로 말씀드렸다고 했기에 혹시 기억

하시나 여쭤보니 역시 아무 생각 없으시다. 전화드렸을 때는 멀쩡하게 대꾸도 하고 칭찬도 해서 큰형 기분 좋게 해주셨겠지.

작은형 언제 다녀갔나 여쭤보니 "언젠가 왔었어." 무슨 말씀 드리더냐 여쭈니 "말씀은 무슨…… 그놈은 가끔 왔다가 금방금방 가버려." 많이 놀아드리지 않아 서운하신가? 닷새 전 순옥이 왔던 기억은 더 생생하시다. 접시에 썰어놓은 한라봉을 가리키며 "걔가 가져온 거야." 순옥이 생각이 떠오르시는 듯, 표정이 풀어지며 무심결에 고개를 주억거리신다.

웃고, 노래 부르고, 한참 놀다 보니 건물 그림자가 마루를 깔아놓은 테라스 끝까지 왔다. 모시고 들어가기 전에 잔디 위로 한 바퀴 돌며 마당 가의 꽃을 보여드리고 싶은 생각이 들었다. 마루 끝 3, 4센티미터가량 턱진 곳을 내려오는데 휠체어가 약간 덜컹거리자 과장된 표정으로 소리 지르신다. "이놈이! 에미를 내다버리는구나!" 제비꽃인가, 조그만 꽃 몇 떨기 피어 있는 것을 내려다보면서는 도취된 표정으로 한참 말씀이 없으시다.

여기 모셔 온 지 10개월째. 이제 중국에 돌아갈 생각을 할 수 있게 되었다. 한 달에 세 차례 정도씩 와 뵈며 지냈는데, 중국 가 있으면 1년에 서너 차례 와 뵙게 되겠지. 중국 갈 생각을 시작할 때는 얼핏 엄두가 나지 않았다. 그런데 가만 생각하면 병원에 계신 2년 동안 매일 찾아뵙다가 이리로 옮겨 모실 때에 비하면 훨씬 적은 차이다.

여기 환경도 좋아 보이고 일하는 분들도 믿음직해 보여서 결단을 내렸지만, 얼마나 잘 적응하실지 옮기시는 시점에서는 마음 놓을 수가 없었다. 지금은 무엇보다 어머니의 '생활' 태도가 믿음직하다. 병원에 계실 때 우리가 어머니에게 필수품이었다면 이곳 오신 후로는 기호품이 되었다. 사치품 자리로 물러서서 안 될 이유가 없을 것 같다.

중국에 가더라도 대략 1년 후의 일일 테니까 서서히 준비를 해야겠다. 지금부터 월 2회로 방문을 줄이고 지내다가 어느 시점에서고 월 1회로 줄일 수 있다면 떠날 준비가 되는 셈이다. 지난 10개월 지내온 것을 생각하면 별 문제 없을 것 같다. 우리가 붙어 있지 않은 동안의 생활을 잘 채워드릴 만한 것을 더 열심히 궁리해야지. 찾아와 주실 만한 분들 한 번씩이라도 길 안내 해드리고.

홀에서 오락회가 흥겨워지고 있는데 원장님이 이쪽으로 막 손짓을 한다. 어머니 모셔 오라는 줄 알고 휠체어를 밀고 가는데, 청중에게 가수를 소개하신다. "이제 이남덕 할머니의 보호자분 노래를 듣겠습니다." 돌아보니 눈치 빠른 아내는 벌써 복도 반대편 끝까지 도망가 있다.

피할 수 없는 일은 즐겨라! "여러 어르신들께서 저희 어머님을 예뻐해주셔서 늘 고맙게 생각하고 있습니다. 저희 어머니께서 제일 듣기 좋아하시는 노래를 어르신들께도 들려드리겠습니다." 그리고는 오늘 개사한 곡을 꺼냈다. "송아지 송아지 멍청송아지~" "얼룩" 대신 "멍청"이 나오는 데서 어리둥절한 기색이다가 "강아지 강아지 신통강아지~"에 이르자 모두들 알아채고 파안대소가 터져 나온다. 덧붙여 "병아리 병아리 예쁜병아리~"까지 내보내니 막 흥에 겨워서 "엄마닭도 예쁜닭~" 앞질러 나가는 분들까지 계시다.

어머니께서 한량없이 좋아하신다. 노래 끝내고 곁으로 다가서는데, 오른쪽 분에게 "이놈이 내 아들이에요.", 왼쪽 분에게 "우리 셋째 아들이에요." 자랑이 바쁘시다. "인간은 사회적 동물"이라는 말이 절실하게 느껴진다. 긴장 속에 활동하실 때는 이것 따지고 저것 따지고 하셨지만, 이제 "함께 사는 세상"이 편안하고 즐겁기 바라는 마음이 그대로 드러나신다.

10.
04.
22.

3시에 도착했다. 현관을 향해 가다가 주방 밖에 있던 송 여사와 마주쳤다. 반가워하다 말고 난감한 표정으로 조금 후에 올라오라고 부탁한다. 침대에 누워 계시는데, 요즘 무심결에 긁는 습관이 심해져 피부가 더러 상하셨기 때문에 볼일 보러 내려온 동안 손을 묶어놨다고.

아마 내가 예고를 하고 왔다면 그런 난감한 장면을 어떻게든 피해됐겠지. 그러나 너싱홈의 운영 기준과 송 여사의 일하는 자세에 신뢰를 가지고 있기 때문에 어차피 별 문제가 없다. 그동안 쌓아온 신뢰가 없다면 민감하게 느낄 수도 있는 일인데. 그리고 어머니는 불평할 능력(?)을 충분히 가지셨기 때문에 심한 불만을 일으킬 방법으로 다룰 리도 없다.

'묶이는' 것을 얼마나 싫어하셨나. 3년 전 막 쓰러져서 일산백병원 중환자실에 계실 때 생각이 난다. 보호자도 접근 못하게 하고 모든 책임을 다 질 것처럼 큰소리치던 병원 년놈들이 한 시간 간격으로 나를 불러올렸다. 귀찮게 군다고 묶어놓고, 못 참아 날뛰시는 것을 감당 못하니까 할 수 없이 보호자를 불러들이고, '진료 거부'니 뭐니 온갖 공갈협박을 해대던 년놈들. 쓰러진 문제보다 중환자실의 학대가 그분 건강에 더 큰 손상을 가져왔다고 나는 지금도 믿는다. 그 년놈들 생각하면 지금도 욕이 나온다. 의료인이고 뭐고, 인간이 인간을 그렇게 대해서는 안 된다. (백병원 년놈들이 이 글 보고 명예훼손으로 고발이라도 해주면 좋겠다. 귀찮아서 그냥 놔두고 있었지만, 정말 그 병원 한 번 뒤집어주고 싶은 생각이 꿀떡 같다.)

도저히 그곳에 모셔둘 수 없다 생각해서 일반병실로 옮겨달라고 하니 1인실밖에 없다고. 돈도 지지리 없던 시절인데, 끼니 거를 각오하고 1인실에 며칠 모셨다. 제일 가까운 종합병원이라고 일 있으면 이용해왔는데, 이젠 건강검진도 거기 가선 안 한다.

요양병원에 계실 때도 묶어드릴 필요가 있을 때가 가끔 있었다. 매일 가 뵌 이유의 하나가 거기에 있었다. 필요할 경우 스스럼없이 묶어드리라고 나는 간병인에게 권하곤 했다. 매일 아들이 찾아오는 환자를 꼭 필요하지도 않은데 묶어놓는다든가, 함부로 다루는 짓은 어차피 못한다. 오히려 필요한데도 눈치 보느라 제대로 다루지 못해 잘못되는 일이 없도록 주의해야 할 상황이었다. 간병인이 어머니 때문에 쓸데없는 어려움을 겪는다면 그가 어머니에게 잘해드릴 것을 어떻게 바랄 수 있겠는가.

그래도 묶어드릴 필요가 생겼다는 사실은 걱정스러웠다. 한 달 전부터 기력이 조금이나마 떨어지신 것을 느끼고 있었는데, 묶어드릴 필요가 있을 만큼 당신 몸을 손상할 위험이 있다는 것은 정신이 혼미하신 때가 많아졌다는 것이 아닐까?

5분 후 방에 들어가 보니 편안하게 누워 계신데, 의식이 전처럼 초롱초롱하지 못하신 것 같다. 누워서 생각이 여기저기 옮겨 다닐 때도 그때그때 집중이 선명했는데, 오늘은 사이사이에 초점 없는 시선을 허공에 던지는 공백이 있었다. 노랫가락 화법의 틀도 좁은 범위를 벗어나지 못하는 것 같았다.

송 여사 귀띔 하나는 요즘 들어 "떠날 때", "헤어질 때" 말씀을 많이 하셔서 마음에 걸린다는 것이었다. 심각한 징조로 생각할 만한 일은 아닌 것 같다. 언제든 얼마든지 하실 수 있는 말씀인데, 송 여사가 가까이 느껴져서 그런 쪽으로 표현이 치우쳐 나타나는 정도인 것 같다. 간호사 서 선생과 원장님이 번갈아 들어와 의견을 말해주는데, 전만 못하신 것이 안타깝기는 하지만 크게 걱정될 일은 없다고. 한 가지 특기사항으로 새로운 욕을 최근 쓰기 시작하셨다고 해서 무슨 희한한 욕인가, 잠깐 긴장했는데, "개년"이라고 해서 마음이 놓였다. "쌍년"보다 더 심할 것이 없지 않은가.

테라스에 나가 햇볕과 바람을 접하자 바로 정신이 고양되시는 것이 분명했다. 안에서 한 차례 외운 반야심경을 다시 한 차례 외우는데, "고득 아뇩다라삼먁삼보리……" 이하의 한 구절을 두 번 다 빼먹으셨지만, 그냥 늠름하시다.

식탁에 앉혀드리고 떠나는데, "너 가지 마라. 여기 그냥 있어라." 하시다가 곁에서 원장님이 두어 마디 해드리니까 풀어주셨다. 가지 말라는 말씀은 방에서 모시고 앉았을 때도 한 번 하셨었다. 이것이 무슨 뜻일까?

기력이 조금이라도 떨어졌기 때문에 편안하고 즐거운 상대와의 시간을 아끼는 마음이 더 두드러지는 것일 수 있다. 그런데 도둑이 제 발 저리다고, 내가 어머니와 거리 둘 생각을 근래 하는 것이 어떻게든 감지되신 것이 아닌가 생각도 든다. 중국으로 돌아갈 생각을 금년 들어 시작했고, 몇 주일 전부터는 내년 봄 중국으로 떠날 계획을 구체적으로 세우면서 어머니 방문도 월 2회로 제한할 생각을 하고 있었다.

지난번 방문기에 이런 생각 적은 것을 보고 몇 분이 댓글, 전화와 메일로 안타까움과 아쉬움을 표해주셨다. 딱 한 분이 내 '결단'을 지지하고 격려해주셨다. 참 고맙게 생각했다. 어머니도 아끼고 나도 아껴주시는 분인데, 어쩔 수 없는 내 상황을 조금이라도 더 흔쾌한 마음으로 받아들이도록 마음을 써주는 것이 고마웠다.

그런데 오늘 어머니를 뵙고 돌아오면서는 다른 생각이 들었다. 산다는 게 무엇인가. 이 세상 함께 사는 사람들에게 애틋한 마음 일으키고 베푸는 것을 넘어서는 어떤 의미가 있단 말인가. '합리적' 사고라는 것이 살아가는 데 필요한 구석이 많기는 하다. 그러나 삶의 의미 전체를 합리적 사고 아래 놓을 수는 없는 것 아닌가. 어머니가 얼마나 더 오래 이승에 계시든 내가 붙어 있지 않아도 나름대로 어느 정도 편안하고 즐거운 생활을 영위해가시리라는 것은 합리적 판단일 수 있다. 그러나 어머니가 내 존재를, 그리고 나와의 시간을 아끼고 즐기시는 것보다 더 절실하게 내 존재와 시간을 필요로 하는 다른 일이 이 세상에 또 있을까? 이것은 합리적으로 판단할 수 있는 일이 아니다.

지난주 나온 책 《페리스코프》가 예상 외의 좋은 반응을 일으키고 있는 것이 어떤 섭리를 보여주는 것 아닐까? 그 책 덕분에 일과 생활의 조건이 크게 좋아질 것이 분명하다. 그런데 그 책 성공의 가장 중요한 이유가 내가 '인간적 면모'를 드러낸 데 있다고 모두들 얘기해준다. "무슨 소리를 하느냐?"를 넘어 "어떤 사람이 이런 소리를 하느냐?" 하는 데로 독자들의 관심이 넓혀졌다는 것이다.

'인간적 면모'를 드러낸 요체가 어머니와의 관계를 밝힌 데 있었다. 어머니와 불편한 관계에 있던 수십 년간 내가 '이성'에 의지해 살려고 발버둥친 것은 의지할 '사랑'이 없기 때문이 아니었을까? 어머니와 사랑을 나누지 못하는 사람이 세상에서 다른 사랑을 찾는 데는 큰 제약이 있을 것이다. 쉽게 타협할 줄 모르는 성격 때문에 오랫동안 나 자신을 괴롭히고, 주변 사람들을 괴롭히고, 세상에 대한 내 몫을 제대로 하지 못하며 살아왔다. 어려웠던 만큼 늦게나마 큰 사랑을 깨우치게 되었으니, 현명하게 살기보다는 사랑을 지키고 키우는 일을 더 앞세우며 살아가고 싶다.

10.
05.
03.

"나는 세상을 그렇게 살아오지 않았습니다." 한명숙 전 총리의 소박하면서 함축적인 한 마디에 많은 사람들 속이 후련했다. 말도 안 되는 시비에 최대한 간결한 반박이다. 그 한 마디를 넘어 신문에 답변할 필요도 없다. 말 아닌 말에 말 섞으면 내 말까지 버릴 수 있다.

"나는 그런 사람이 아닙니다." 우리 어머니도 한 말씀 하셨다는데, 음미할 점이 많은 말씀이다. 한 총리처럼 자신감을 담은 말씀이 아니다. 그렇다고 겸손의 말씀도 아니고. 어이없을 정도로 기억력이 쇠퇴하신 지 10여 년 되신 분의 자기 인식이 어찌 저렇게 늠름하실 수 있는 것인지, 참 신기하다.

제자인 이문숙 선생이 엊그제 요양원에 찾아가 뵙고 보내준 메일에는 흥분이 넘쳐난다. 지난 2월 나랑 함께 간 것이 10여 년 만에 뵙는 것이었고, 그날 어머니가 어렴풋이 알아보기는 해도 그렇게 명확하지는 않으셨다. 엊그제 혼자 가면서는 알아보지 못하실 것을 각오하고 갔을 것이다.

예전에 있었던 이런저런 일을 이 선생이 말씀드려도 별로 기억하는 것이 없으셨다고 한다. 그런데 이 선생을 흥분시킨 것이 "나는 그런 사람이 아닌데……" 말씀이었다고. 집에 불러 손수 밥을 해 먹여주신 일 말씀에도 "내가? 그럴 리가……", 어머니 작품 보여주신 일 말씀에도 "내가 제자에게 그랬을 리가 있나?", 어머니에게 엽서 받은 일이 있다는 말씀에는 "나는 그런 선생이 아니었는데……" 도무지 믿어지지가 않는다는 반응이셨다고 한다. 이 선생이 색 바랜 엽서를 꺼내 보여드렸을 때 어머니 표정을 나도 봐야 하는 건데!

이 선생의 흥분과 기쁨도 눈에 선하다. "나는 어떤 사람인데," 하는 뚜렷한 자기 인식부터 노쇠하신 어머니에게 기대하기 어려운 수준이다. 어머니는 학생들과의 거리를 엄격하게 지키는 편이셨던 모양인데, 그 사실을 명확하게 기억하고 계신 것이다. 그런데 지금까지 "있었을 수 없는 일"로 생각하시는 예외가 이 선생 자신이었고, 그런 예외가 있었다는 사실을 자기가 와서 일깨워드리고 있는 것이다.

요즘 가까운 사람들을 보거나 이야기를 들었을 때 어머니가 보이시는 반응으로는 살아오신 위치와 자세를 대략 기억하시는 것 같고, 학생들을 대하시던 태도도 웬만큼 기억하실 것으로 생각한다. 그러나 옛 제자가 친밀했던 경험을 일깨워드릴 때 "나는 그런 선생이 아니었는데……" 하실 정도로 확고한 인식은 기대하지 못하고 있었다. 그런데 그 인식을 또 뛰어넘는 굴곡에 마주치시다니.

'팔림세스트(palimpsest)'란 말이 생각난다. 유럽 중세에는 양피지 값이 비싸서 한 번 썼던 내용이 필요하지 않게 되었을 때 지우고 다른 내용을 새로 쓰는 일이 많았다. 현대 서지학자들이 그 지웠던 내용을 복원해서 매우 중요한 자료를 얻곤 한다. 당시 기준으로 보존 필요가 없던 내용이 지금 연구에 요긴한 경우가 많기 때문이다. 계약서로 보존되어온 문서의 밑바닥에서 누군가의 재산 목록이나 편지를 찾아내는 식이다.

> 문숙에게, 그동안 잘 지냈는지?
> 편지 고마웠어. 우리도 여기 잘 왔어
> 날마다 음식 달게 먹고, 운동 적당히 하면
> 누구나 그것이 최고의 섭생이지.
> 이른 휴가에 조용한 산 속은 어떨지?
> 우리집 (둘째 아들 집)이 광릉 임업시험장 근
> 처에 있으니 며칠동안 가서 아이와 함께 쉬다
> 오기 바란다. 거기는 숲도 좋고 시냇물도 가까이
> 있다. 내가 둘째한테 편지 해 놓을 테니 연락해서
> 꼭 가 보기 바란다. 단, 집이 비었으니 음식 해 먹을 도구는
> 가져 가야 할거다. 그리고 몸 조심해라~.

어머님이 제자인 이문숙 선생에게 보낸 엽서.

한국이나 중국의 옛 자료에도 비슷한 경우가 더러 있기는 하지만, 값싸면서 재활용이 힘든 종이라는 재료가 일찍부터 보급되어 있었기 때문에 유럽처럼 중요한 현상이 아니다. 유럽 지식인 사회에서는 '팔림세스트'가 비유로도 널리 쓰이는 말이다. 이문숙 선생의 등장으로 어머니의 자기 인식에도 '팔림세스트 현상'이 일어나는 것 아닐까?

나는 어머니가 제자들을 어떻게 대하시는지 보면서 자라났다. 아마 4·19, 5·16 때부터 학생들과 거리를 지키는 편으로 태도를 굳히셨던 것 같다. 관계를 오래 지켜온 제자들은 그래서 대개 나보다 열 살 이상 윗분들이다. 4·19를 계기로 학교 개혁 주장에 나섰다가 한 차례 된서리를 맞고 위축되셨던 모양이다. 70년대 후반이 되어서야 이효재, 윤정옥 선생님과 어울려 정치적 태도를 조금이나마 표명하신 것은 자식들을 다 키워놓은 뒤라서 마음이 편해지셨기 때문이었을 것이다.

하고 싶은 말씀을 마음대로 하실 수 없는 상황이 제자들 대하시는 태도에도 제약을 가했을 것으로 생각된다. 80년 신군부 때도 조사받으러 들어가셨으니, 당시로서는 상식적인 조심이었다고 할 수 있다. 마음 통하는 학생들과 할 소리 못할 소리 가리지 않고 지내셨다면 탈이 나도 큰 탈이 날 수 있는 상황이었다.

이문숙 선생이 (73학번인가?) 다닐 때는 4남매 다 대학 졸업까지 하고 어머니가 모처럼 하고 싶은 일 찾아 하기 시작하실 때였다. 이 선생은 어머니가 자신에게 각별한 동류의식을 느끼셨던 것 같다고 회고한다. 어머니 나름으로는 딸처럼 대하셨던 것 같다.

이 선생과 마주치면서 내게도 팔림세스트 현상이 일어났다. 20여 년간 기억에 떠오르지 않았던 일들이 생각난 것이다. 이 선생 관계된 일 하나를 도와주라고 어머니가 부탁하셨던 일이다. 떠올리고 보면, 어머니가 제자 일을 내게 부탁하신 일이 그것밖에는 없었던 것 같다. 이 선생이 어머니와의 지난 일 얘기하는 것을 들으면 어머니가 그렇게 학생을 대하신 일이 있었나? 내게도 신기하게 들리는데, 이 선생과의 관계는 어머니에게도 예외적이고 특별한 경험이었음이 틀림없다.

며칠 후 가서 이 선생 얘기하면 엊그제 일도 거의 기억을 못하실 것이다. 그렇다면 이 선생이 옛날 일 떠올려드리는 일에 무슨 의미가 있는 것일까? 그런 자극이 자꾸 겹쳐지다가 어느 날 갑자기 기억이 화통해지실 일이 있을 것 같지도 않다. 그런 일이 설령 있더라도 크게 좋아할 일인지 판단할 수 없다.

그래도 어머니 인생이 그만큼 더 충실해지시는 것 같은 느낌이 든다. 역지사지(易地思之)의 관점에서 오는 느낌이다. 나 자신도 겪어온 일들 가운데 기억에 떠올리지 못하는 것이 많다. 주변 사람들과 즐거움을 나눈 일도, 주변 사람들을 괴롭혀드린 일도. 지금까지도 할 일에 쫓겨 떠오르려는 기억마저 억누르며 지내는 꼴이지만, 좋은 인연에 대한 고마움을 되새기고 지난날의 어리석음을 반성할 기회를 충분히 가져야 오죽잖은 한 인생이라도 의미를 제대로 살릴 수 있을 것 같기는 하다.

옛날 일을 지금 기억하신다 해서 어떤 행동을 취하실 여지는 별로 없다. 그저 자기 인식이 충실해지는 것일 뿐이고, 그것도 인식하시는 순간뿐, 기억으로 쌓이지도 않으신다. 그러나 그것이 바로 자유로운 인식의 조건이 아닐까? 행동의 부담은커녕 기억의 부담조차 없는. 요양원 옮기신 뒤로 언제 뵈어도 보살도에 이른 것 같은 모습이시다. 이런 상태에서 자유로운 자기 인식을 넓혀드리는 것이 성불의 길에 도움이 되지 않을까 하는 생각도 든다.

10.
05.
11.

약속대로 이천 시내에서 박 처사를 만나 함께 요양원에 도착하니 2시 반. 나보다 한두 살 아래인 박 처사는 어머니가 대자암 계실 때 많이 보살펴 드린 분이다. 절에 있던 누구보다 그분 덕분에 어머니 지내시는 걱정을 덜 하고 지낼 수 있었다. 쓰러지셨을 때도 백병원까지 모시고 왔었고 병원 계시는 동안에도 이따금씩 문안 왔는데, 요양원으로는 어제 처음 길이었다.

아내와 박 처사를 먼저 올려 보내고 사무실 볼일 본 다음 10분쯤 뒤에 올라가 보니 복도 가 '전용석'에 두 사람이 모시고 앉아 있었다. 최근 두 차례 왔을 때 기운이 떨어져 보이셔서 누워 계실 것으로 생각했는데, 기운이 좋아 보이셨다. 박 처사에 대해서도 정확하게 기억나지는 않아도 어떻게 대하시던 사람인지 감이 잡히시는 것 같았다. 내가 앉을 때까지도 정중하게 말을 올리고 계셨는데, 몇 마디 오가는 사이에 예전 대하시던 가닥이 되돌아오는 것 같았다.

내게 손을 많이 뻗치셨다. 나타나자마자 말씀은 제쳐놓고 내 얼굴 쪽으로 손을 뻗치시는데, 내가 손을 내밀어 맞잡아드리니까 얼굴 주무르지 못하는 게 약간 서운하신 듯도 하지만 크게 아쉽지는 않으신 기색이었다. 두 시간 남짓 모시고 있는 동안 손을 여러 차례 뻗치시는데, 기운이 좋으신 표시로 느껴졌다. 말씀으로 마음 표현하는 것은 이곳 올 때부터 아쉬움이 없었는데, 손길로도 표현하게 되신 것은 반가운 발전이다. 이런 발전에는 송 여사의 공이 컸을 것 같다.

반야심경 암송에서는 두 군데서 막혀 내가 막힌 곳부터 다시 외우는 데 귀를 기울이다가 다시 외우셨다. 막히는 것을 별로 대수롭게 여기지는 않는 기색이었다. 기운이 넘쳐서 외우면서도 생각이 움직이시기 때문에 어디 외우고 있었던지 깜빡하시는 것 같았다.

구름이 오락가락하고 빗방울이 떨어지다가 금세 햇볕이 나오기도 하는, 매우 화려한 날씨였다. 전용석에 좀 앉았다가 안쪽 정원의 흐드러진 꽃나무들이 잘 보이는 면회실로 자리를 옮기고 좀 있으니 볕이 좀 좋아지기에 테라스로 모시고 나왔다. 바람이 꽤 선선한데도 마냥 좋아하셔서, 춥지 않으시냐, 들어가시지 않겠느냐, 이따금 여쭈어도 연신 괜찮다고 하신다.

꽃을 가꾸는 것은 이사장님 일인데, 마당 가로 꽃나무를 잘 가꿔놓았을 뿐 아니라 테라스에 앉아서도 꽃을 즐길 수 있도록 화분까지 잘 배치해놓은 정성이 참 고맙다. 자기가 좋아하는 것을 여러 노인분들이 함께 즐길 수 있도록 배려하는 마음, '함께 사는 세상'을 위해 나도 열심히 배우고 싶다.

햇볕과 바람과 꽃. 그것으로 어머니는 더 바랄 것 없이 행복하시다. 찾아온 사람들은 덤이다. 실내에 있을 때는 노랫가락 말씀이 계속 이어졌었는데, 테라스에 앉아서는 말없이 자연을 즐기고 있다가 생각나는 대로 한 마디씩 던지신다. 장난스러운 말씀은 내게, 그리고 점잖은 말씀은 박 처사에게. 박 처사를 향한 말씀 중 이건 외워둬야겠다, 마음먹고 기억해둔 대목이 하나 있다. "인생이란 게요, 지내다 보면 아름다운 것들을 갈수록 더 많이 찾아내게 된단 말입니다."

해가 큰 구름 조각에 가릴 때까지 30, 40분가량 테라스에 모시고 있었다. 면회실에 돌아와 앉아 계셔도 나가기 전과 기분이 다르시다. 햇볕과 바람 속에 앉아 있던 기분이 계속되시는 것 같다. 말씀을 많이 안 하실 때는 여유 있는 태도이시다. 나보고 노래를 부르라 해놓고는 아시는 노래도 따라 부르지 않고 열심히 들으신다.

어머니 전 상서
10 05. 16.

어머니, 책을 만들기로 했습니다.

일전에 서해문집과 계약했습니다. 재작년 11월부터 작년 6월까지 쓴 시병일기와 요양원 옮기신 후의 방문기를 중심으로 하고, 책으로 묶기 위해 무엇을 덧붙일지는 차츰 결정해나가야지요. 연내에 내는 것을 목표로 합니다.

사적인 글을 대중 독자에게 내놓는다는 것이 조심스러운 일이죠. 아버지 일기 낼 때보다 더 조심스럽습니다. 아버지 일기는 '일기'라고는 하지만 공적 성격이 강했던 글이니까요.

책으로 낼 가능성은 시병일기를 서너 달 쓴 시점부터 생각했던 것이기는 합니다. 애초에 큰형을 비롯해 어머니 상황 궁금해하는 분들께 소식 알려드리기 위해 시작했던 것이지만, 아무래도 쓰다 보니 제 딴에 글다운 글을 쓰려 애쓰게 되고, 그러다 보니 더 많은 사람들에게 보이고 싶은 생각도 들게 되었던 거죠.

그 가능성을 생각하다 보니 어머니를 뵈며 떠오르는 생각 중에서도 독자들을 염두에 둔 방향으로 글의 흐름이 잡힌 면도 있습니다. 어머니가 어떤 분이었는지를 모르던 사람에게도 알려주는 내용, 그리고 저랑 비슷한 입장에서 노인 모시는 사람들이 함께 생각할 만한 내용.

병원에 계시는 동안에는 매일 가 뵈면서 눈에 보이고 마음에 떠오르는 것을 적기에 바빠 그 가능성을 어렴풋이 생각은 하면서도 구체적인 생각을 하거나 글쓰기에 의식적으로 반영할 경황은 없었습니다. 요양원으로 옮겨 그곳에서 어머니 생활이 자리 잡히신 것을 보고 금년 들어서면서 적극적으로 생각해보기 시작했죠. 막연히 가능성을 생각하기 시작할 때부터 마음에 걸린 것이 돈 문제였습니다. 책을 만들면 얼마라도 돈이 생길 것이고, 생긴 돈은 제 주머니로 들어오지 않겠습니까? 잘못하면 효도를 빙자해 노모를 팔아먹는 꼴이 되지 않을까 겁이 나데요. 이 걱정 때문에 책 만드는 명분에 생각이 매이지 않을 수 없었습니다. 그럴싸한 명분이 있어야 "책은 이런 목적으로 만드는 것이고, 돈은 부수적으로 생긴 것일 뿐이다." 우길 수 있잖아요? 옛날 어느 도둑놈이 "저는 새끼줄 하나밖에 집어 온 게 없어요. 그 새끼줄에 소 한 마리가 매달려 있었던 것은 전혀 몰랐던 사실입니다." 우기더라는 얘기가 생각나네요. 쪼잔하죠? 제가 원래 좀 그렇잖아요.

《역사 앞에서》를 통해 아버지 모습이 세상에 전해지고 남은 것처럼 어머니 모습을 많은 사람들에게 전해드리는 책이 된다면 명분이 그럴싸하지 않을까 하는 생각이 들었습니다. 그런데 애초에는 핑계거리로 짜낸 생각인데, 막상 떠올리고 보니 정말 그럴 수 있으면 좋겠다는 생각이 자꾸 굳어지네요. 이것도 나쁜 짓 하는 사람들이 즐겨 행하는 자기최면 같다는 생각이 들긴 하지만, 최면이 너무 깊이 걸렸는지 이제 벗어날 수가 없네요.

계약을 맺고 난 지금까지도 마음에 불안이 남아 있어요, 그래도 저지르는 쪽으로 나서는 것은, 이 일이 제가 원래 안 하던 짓인 만큼 마음이 불안한 것은 어쩔 수 없는 일이고, 할 만한 일이라는 개연성이 이만큼 있다면 용기를 내서 움직이는 편이 좋겠다고 생각한 까닭입니다. 글 팔아먹고 산 지 20년이 되어가지만 지금까지는 글의 실용적 가치만 팔아먹은 셈인데, 이번 일은 글 자체를, 인격 자체를 팔아먹는 일이라는 생각이 듭니다.

서해문집과의 묘한 인연 덕분에 이 일 진행이 빨라졌네요. 지난달 낸 책, 책으로 묶어 낼 가치가 있는지 저는 자신이 없던 것을 열심히 만들어줬고, 만들어놓고 보니 정말 괜찮은 책 한 권이더라고요. 그러니 제가 자신 없고 불안한 구석이 있어도 좋은 결과로 이끌어줄 능력이(또는 인연이) 있는 회사 같잖아요.

'망국 100년' 작업을 7월 중순 끝낼 때까지는 이 책을 만들 방향에 관심 가진 분들 의견을 들으며 막연하게 생각하고 지내다가 7월 하순부터 달포가량 작업으로 원고를 준비하려 합니다. 어머니도 의견 있으면 주세요.

기협 올림

10.
05.
25.

'어머니 책' 함께 만들 서해문집 김선정 주간과 함께 갔다. 출판사에서 점심 후에 출발, 3시 막 넘어 도착했다. 볕이 살짝살짝 들기도 하지만 비도 살짝살짝 뿌리는 꽤 선선한 날씨다.

방에 누워 계셨다. 너스 스테이션으로 먼저 가서 안내를 받아 들어갈 때 간호사님이 "할머니, 누구 오셨나 보세요." 하니까 고개를 들고 바라보시는데, 김 주간이 먼저 눈에 들어왔다. 눈살을 찌푸리고 집중해서 바라보며 "이 사람 난 모르는 사람인데?" 좋은 징조다. 아는 것을 안다 하고 모르는 것을 모른다 하는 것이 곧 아는 것이라고 공자님도 말씀하셨지. 기억에 자신이 없으면 알아도 모르는 척, 몰라도 아는 척, 얼렁뚱땅하실 텐데, 아는 것과 모르는 것을 이만큼 자신 있게 판별하시는 것은 상당한 자신감이다.

김 주간이 "네, 저는 처음 인사드리는 거예요. 여기 이분은 아시는 분이죠?" 하면서 한옆의 나를 가리키니까 눈길을 내게 돌리면서 순간적으로 얼굴이 허물어지신다. 그냥 기뻐하는 게 아니고, 마음이 턱 놓이면서 긴장감이 사라져버리는 것이다.

"그럼, 알구말구." 하시고는 표정에 장난기를 떠올리며 "셋째야, 너 셋째 맞지?" 그러고는 내가 뭐라고 하는 것은 들은 체도 않고 손을 뻗쳐 내 손을 당겨서 입을 맞춰주신다. 말씀이나 동작이 그리 크지는 않지만 적극적이고 주동적인 느낌이 많이 든다. 내가 "저도 어머니 뽀뽀해드리고 싶어요." 하니까 기다렸다는 듯이 고개를 들고 이마를 내놓으며 "어떠냐? 이마가 넓어서 뽀뽀하기 좋지?"
오늘은 많이 누워 계셨다고, 그때부터 저녁 식사 때까지 앉아 계셔도 좋겠다는 간호사님 의견에 따라 복도 가 지정석에 모시고 나왔다. 녹차와 과자가 먼저 나오고, 얼마 후 김 주간이 사 간 딸기가 나왔다. 과자보다 찻잔부터 집어 드시기에 "어머니, 너무 뜨겁지 않으세요? 조금 있다가 드시죠." 했더니 "이게 뭐가 뜨거워? 딱 좋구만." 잘 드시고 잘 권하신다. 음식을 남기면 죄가 된다는 강박관념은 그냥 남아 계신 것 같다. 과식하시지 않도록 우리도 열심히 먹어야 했다.
딸기를 어머니 드실 것은 얇게 저며 놓고 우리 것은 통째로 담아 왔는데, 내가 한 조각 찍어드리자 받아 잡순 다음 찍개를 빼앗아 손수 한 조각 찍어 잡수셨다. 그리고 다음에는 찍개를 저며 놓지 않은 통딸기에 들이박으시는 것이었다. 한 입 가득히 물고 우물우물하시는 표정이 맛은 차치하고 그 충족감과 촉감을 즐기시는 것 같았다.
간식 그릇을 깨끗이 비운 후 테라스에 모시고 나오려고 숄과 모포를 걸쳐드리는데 그릇들을 가리키며 "우리 참 깨끗이 먹었지?" 하며 좋아하신다. 나중에 치료사 김 선생과 잠깐 이야기를 나눴는데, 요즘은 몸의 불편도 별로 느끼시는 것이 없고 식사도 잘 하신다고. 4월 중에는 식사를 힘들어하실 때가 많아 몇 주일 동안 죽을 드렸는데도 대충 절반밖에 못 드셔서 조금 걱정이 되었었다고 한다. 요즘은 충분한 분량을 즐겁게 드신다고.

테라스에 나가니 화분의 꽃을 보고 좋아하셨지만, 몇 분 안 되어 "춥구나, 들어가자." 하신다. 이것도 좋은 징조로 보인다. 바깥 공기를 좋아하시지만, 오래 있어서 좋겠다, 안 좋겠다 하는 것을 쉽게 판단하시는 것이다. 복도 가 옅은 햇볕이라도 있는 자리에 돌아와 앉아서도 자연을 누리는 마음은 그대로 이어졌다. 정원과 건너편 숲의 나무들을 하염없이 바라보다가 "저 나무에도 생명이 있지. 또 저 나무에도." 불쑥 말씀하시고는 한참 있다가 "생명이란 참……."

다른 날에 비해 말씀 없이 앉아 계신 시간이 많았다. 나는 이것도 좋은 징조로 봤다. 편안한 마음으로 생각에 잠기실 수 있는 것으로. 그러다 보니 이야기가 쭉 이어지지 않고 불쑥불쑥 이런 말씀이 나오다 저런 말씀이 나오다 해서 내용이 많이 기억나지 않는다. 한 가지 인상적인 대목은 김 주간을 향해 "나는 우리 셋째 아들이 넘치지도 않고 모자라지도 않아서 좋아요." 별 맥락도 없이 꺼내셨던 말씀 같다. 또 한 대목은 나를 향해 "네가 이렇게 와주니 내 마음이 감격스럽구나. 정말 기쁘고 고맙다." 그래서 "어머니, 어제는 와서 감격시켜드리지 못한 것이 미안합니다." 능청을 떨었더니, "아니다, 너무 자주 감격하면 감격 값이 떨어진다. 가끔씩 와주면 된다."

기억력에는 문제가 있어도 사고력에는 별 문제가 없다고 여러 달 전부터 생각해왔는데, 이런 말씀 하시는 걸 보면 기억력도 많이 향상되신 느낌이 든다. "너무 자주", "가끔씩", 이런 말씀이 시간의 흐름에 대한 분명한 의식 없이 나올 수 있는 것 같지 않다. 아니나 다를까, 식탁에 앉혀드리고 작별을 드리는데 언제 또 오겠냐고 물으시기에 거짓말을 할 수도 없고 너무 먼 장래라는 인상을 드리고 싶지도 않아서 "다음 주에 또 와 뵙겠습니다." 정도로 대답했더니, "다음 주?" 되뇌며 생각하는 기색이시더니 "그러면 이번에는 조금 일찍 오겠다는 거구나?" 하시는 것이 아닌가!

4월에 한 차례 기력이 떨어졌다가 회복되시면서 3월 이전보다 더 좋아지신 것이 분명하다. 마침 '망국 100년' 연재도 다음 주에 끝나니, 이제부터 매주 와 뵙는 쪽으로 애써봐야겠다. 생각이 저렇게 명민하시면 '어머니 책'에 지금까지 만들어놓은 원고보다 더 좋은 내용을 담을 수 있을 것 같다.

모자와 숄을 참 좋아하신다. 테라스에서 들어와 숄을 벗겨드리려 했더니 "그냥 둬라. 난 이거 좋다." 모자는 우리가 들어올 때도 쓰고 계셨었다. 주무실 때도 벗지 않으신다며 간병사님이 웃었다. 보내준 이들의 정성이 느껴지시는 것인지.

10.
06.
08.

화요일에 가 뵈었으니 사흘이 되었다. 전에는 다녀오면 책상머리에 앉자마자 다녀온 이야기를 적기 바빴는데 이번에는 어찌된 것인가.

두 가지 문제가 생각난다. 첫째는 지내시는 상황이 좀 불안해 보인 것이다. 간병인 문제다. 너무 갑자기 바뀐 것 같고 인계, 인수가 잘 안 되어 있다. 독경집을 찾지 못해서 결국 금강경은 읽어드리지 못하고 말았다. 지내시는 조건에 불안을 느끼는 것이 있으니 어머니 걱정해드리는 분들에게 보일 글에 섣불리 손이 가지 않았다.

지금 계신 곳보다 노인들을 더 잘 배려해주는 요양원이 따로 없으리라고 확신한다. 겉으로 드러나지 않는 세세한 측면까지 입원자 위주로 생각해주는 자세에 놀라고 감동한 일이 여러 차례 있었다. 돈 벌기 위해서가 아니라 노인들을 행복하고 편안하게 해드리기 위해 경영하는 요양원이라는 사실이 너무나 분명하다.

그런데 간병인 확보가 너무 힘들어 보인다. 2년 동안 계시던 병원의 안정된 고용 상황과 대비된다. 경영자의 능력과 노력 때문이 아니라 병원과 요양원의 제도적 조건의 차이 같다. 병원에서는 인력회사의 파견 형식으로 간병인을 쓰기 때문에 실용적 기준에 따라 운용되는 데 반해 요양원에서는 장기요양보험 적용을 받기 위해 보험공단의 운용 기준을 따라야 하는 것이다.

보험공단의 운용 기준이 최선의 운용을 위해 만든 것이리라고 믿는다. 그러나 현실 속에서 입원 노인들을 편안하게 해드리는 목적에 미흡한 점들이 분명히 있다.

예를 들어 근무 시간 문제. 근무자의 인권 보호를 위해서도, 근무 중의 집중력 보장을 위해서도 근무 시간에는 적절한 제한이 있어야 한다. 그러나 업무의 특수성을 고려해 '저강도 근무(low-intensity duty)' 같은 개념을 도입할 수는 없을까? 간병인은 노인들에게 생활의 동반자다. 노인들과 24시간 함께 생활하고 싶어 하는 이들이 적지 않다. 이들에게 소정의 정규 근무 외에 노인들과 함께하는 생활 시간을 '저강도 근무'로 인정해준다면(주거 간병인 1인 고용을 출퇴근 간병인 1.5인 고용으로 인정해준다든지) 요양원의 간병인 운용에 큰 도움이 될 것이다.

병원의 간병인 파견 근무 관행에는 통제 측면에서 나름의 문제가 있다. 그러나 병원 간병인들의 평균 근무 기간이 요양원보다 훨씬 긴 것을 보면 이해당사자를 모두 만족시키는 융통성이 있는 것 같다. 요양원에 대해 보험공단에서 요구하는 간병인 운용 기준이 현실에 맞춰 조정될 여지가 있다는 생각을 한다.

원칙보다 현실을 중시해야 하는 것이 복지 사업의 특징이다. 똑같은 간병인의 똑같은 근무 시간이라도 보살피는 사람과 보살핌 받는 사람 사이의 친근함과 익숙함에 따라 효과에 차이가 있다. 내 어머니 보살펴 드리는 사람이 너무 자주 바뀌지 않기를 바라는 것이 나뿐이 아닐 테니, 그 사실을 보험공단에서도 고려해주기 바란다.

또 하나 생각난 문제는 '시병일기'를 책으로 내기로 한 사실이다. 1년 반 전 회복이 시작되실 때부터 매주 두어 차례씩 시병일기를 쓰다가 작년 6월 요양원에 모신 후로는 한 달에 두어 번씩 가 뵐 때마다 방문기를 적었다. 처음에는 어머니 소식 궁금해하는 분들께 메일로 보내드리다가 반년 전부터는 〈불광〉에도 올리고 내 블로그에도 올려놓고 있다. 이것을 보고 어머니를 모르던 분들 중에도 어머니를 아껴드리게 된 이들이 있고, 더 많은 사람들에게 보이도록 책으로 만들자는 권유에 응하기에 이르렀다.

일단 결정을 해놓고도 마음 한 구석이 불안하다. 어머니를 위한 일인가, 나 자신을 위한 일인가?《역사 앞에서》책을 통해 아버지가 이 사회에 존재의 일부나마 남기신 것처럼 어머니의 존재를 이 사회에 남기는 책을 만들고 싶은 마음은 분명히 있다. 그러나 그 책에 무엇을 담느냐를 내가 결정하는 것이다. 그분의 존재를 내가 오히려 침해하는 측면도 있는 일이 아닐까?

내 블로그나 〈불광〉 독자 중에는 어머니를 모르는 분들이 많다. 아무리 좋은 뜻에서라도 어머니의 사생활을 모르는 사람들에게 공개하는 것이 온당한 일일까? 어찌 생각하면 '사생활 보호'라는 것도 인간의 소외를 부추기는 '근대적 관념'의 하나일 수 있다. 블로그의 댓글을 보면 내 눈에 보이는 어머니 모습을 드러냄으로써 읽는 사람들에게 '사랑의 마음'을 꽤 일으키는 효과가 있다.

생각할 것은 천천히 더 생각하기로 하고, 해온 버릇대로 근황을 적어놓는다. 말씀 도중에 사이를 띄우고 생각에 잠기실 때가 많은 것을 보면 의식이 든든해지신 것이 분명하다. 간병인이 곁에 있을 때 쉴 새 없이 노랫가락 화법을 이어가시는 것은 마음이 상대적으로 불안하시기 때문일 것이다. 우리 내외가 모시고 있을 때는 평상 화법을 많이 쓰시고 대화 중의 여백도 많다. 생각에 잠기실 때 가급적 방해하지 않고 있어 보니 긴 시간 혼자 생각에 잠기는 데 익숙하신 것 같다.

간병인 도움의 취약점이 마음에 걸리기는 하지만, 걱정스러운 정도는 아니다. 병원에 계실 때 마음에 안 드는 간병인에게 대단히 폭력적인 태도를 보여서 사람들을 놀라게 하신 일이 여러 번 있었다. 그런데 지금은 간병인에게도 너그러우신 것 같다. 음식도 방문객도 있으면 즐기고 없어도 크게 아쉬워하지 않으시는데, 간병인에게도 마찬가지이신 것 같다.

10.
06.
14.

지난주 가 뵙고 엿새 만에 다시 갔다. 격주로 가 뵙는 틀이 잡혀 있었는데 모처럼 빨리 간 것이다. 그 사실을 어머니도 분명히 인식하시는 것 같다. "네가 웬일이냐?" 하실 때가 더러 있지만 수사적인 질문으로 대개 느껴진다. 그런데 오늘은 정말로 놀라신 기색이 역력하셨다. 마구 손을 뻗쳐 내 얼굴을 만져보시는 것이, 실물 확인의 필요를 느끼시는 것 같다.

3시에 도착해서 한 시간 반가량 모시고 있었는데, 거의 내내 '행복', '기쁨', '고마움'을 노래하셨다. 단둘이 앉아 있을 때도 평상 화법 쓰실 틈이 별로 없이 노랫가락 화법이 이어졌다. 노랫가락 화법은 얼렁뚱땅하는 데도 많이 쓰이지만, 오늘은 내내 믿음이 가득 실린 '인생 찬가'였다. "이곳은 참 좋은 곳이에요. 꽃도 있고, 나무도 있고, 숲도 있고, 바람도 있고, 햇빛도 있어요. 이렇게 좋은 곳인 줄을 예전에 미처 몰랐어요. 고맙습니다, 고맙습니다. 행복합니다, 행복합니다. 무엇을 더 바라겠어요." "이곳"이 처음에는 세종너싱홈을 가리키는 것이었는데, 노래가 이어지는 동안 이 세상으로 바뀐다.

전전날 작은형이 다녀간 것도 기억하고 계셨다. 와서 뭐 하고 갔는지, 누구랑 같이 왔었는지는 기억 못 하신다. 자극을 드려보려고 캐물어봐도 "내가 그런 거 관심 없잖아." 잡아떼시지만, 아침 식사 하고 점심 식사 한 것 기억하시는 것처럼 자연스럽게 기억하신다. 내가 며칠 만에 온 건지 날짜를 꼽지는 못하셔도 보통보다 빨리 나타났다는 사실 하나만은 분명히 인식하셔서 저렇게 기뻐하시는 것이다.

정말 어머니에게 최고의 기쁨조가 되었다. 누가 찾아와도 기쁘게 맞으시지만 내 모습에 대한 반응은 특별하시다. 쓰러지신 후 3년 동안 꾸준히 접해온 익숙함이 지금 나에 대한 어머니의 인식에 바탕이 되는 것은 물론인데, 이곳 오신 후 1년 동안에는 그 인식이 복합적인 형태로 자라난 것 같다. 어릴 때의 내 모습, 아버지의 기억 등 여러 가지가 지금의 내 모습에 겹쳐지고 있는 것이다.

내가 착하다느니, 멍청하다느니, 장난스러운 칭찬을 하다가 불쑥 아버지 얘기로 넘어가실 때가 많다. 스물세 살에 만나 서른두 살에 사별하신 그분과의 인연이 어머니에게는 세상에서 가장 소중하고, 또 무거운 인연이다. 그 인연을 마음껏 풀지 못했다는 미진함 때문에 이 세상의 어떤 기쁨도 흔쾌할 수 없었을 것이다. 내가 그 매듭을 대신 풀어드리고 있는 게 아닌가 하는 생각이 몇 달 전부터 들기 시작했는데, 갈수록 그럴싸하게 느껴진다. 그렇다. 그 매듭이 풀리지 않고는 어머니 마음이 저렇게 석연하실 수 없을 것이다.

아버지 계실 때 두 분 사이에 이런저런 곡절이 없었을 리 없다. 아버지 일기의 행간에서 더러 느껴지는 것도 있다. 일상생활 속에서 풀려나갈 길이 막힌 곡절 하나하나가 어머니 마음속에 응어리가 되어 있었을 텐데, 그런데 요 몇 해 동안 어머니와 나 사이의 관계는 극히 단순화된 것이다. 껄끄러운 곡절이 일어날 여지가 없다. 인간관계의 본질에 마음을 놓으면서 묵은 응어리가 풀리시는 것 같다.

아버지 일기에 처음 접한 것이 23년 전, 내가 서른여덟 살 때였다. 아버지가 그

일기 쓰실 때와 같은 나이였다. 내 불초함을 충격으로 느꼈고, 그 충격 덕분에 공부를 더 열심히 하게 되었다. 요즘 "호랑이 아비에 개자식 없다(虎父無犬子)"는 말을 더러 듣게 되었는데, 어머니에게도 아버지 대역이 된다면 정말 대성공이다. 어머니 하시는 일이 옳지 않다고 생각될 때 나는 비판에 가차가 없었다. 한번 무슨 일로 '눈깔을 까뒤집고 대들' 때 어머니가 곁에 있던 이모님을 돌아보며 탄식하셨다. "저놈은 김 서방 귀신이 씐 놈인가봐." 그때도 대역은 대역인데, 악역이었다. 악역까지 능란하게 소화하던 유능한 배우가 근년에 착한 역할을 해내니까 어머니를 감동시킬 수 있는 것 아닐까? 원래부터 착해빠진 형들이라면 나보다 백 번 더 잘해드려도 그런 감동을 일으킬 수 없을 것이다.

원장님과 잠깐 간병인 얘기를 나눴다. 지난주 다녀온 뒤 생각난 대로 적은 글을 보내드렸었는데, 사실 백 가지 잘해주는 것 놔두고 한 가지 아쉬운 얘기 내놓는 것이 서운하시지나 않을까, 마음에 걸렸었다. 그런데 뜻밖에도 요긴한 지적이라고 고맙다 하면서 이사장님께 벌써 말씀드려 한 가지 방침은 결정해놓았다고 하는 것이 아닌가! 간병인 처우를 대폭 향상시킨다는 것이다.

이래서야 정말 불평도 함부로 못하겠다. 재정수지에 아랑곳없이 노인들 잘 모시는 기준에만 전념하는 자세가 존경스럽고 고맙기는 하지만, 길게 해나가려면 수지도 어느 정도는 맞아야 할 텐데. 내가 해드릴 수 있는 일이 뭔가. 세종너싱홈 홍보에 더욱 매진할 것을 마음속으로 다짐한다.

10.
06.
29.

이정희 선생님과 김호순 선생님을 모셔 가기로 여러 날 전부터 약속이 되어 있었다. 강인숙 선생님 생신 축하하는 점심을 이 선생님 댁 근처에서 세 분을 모시고 한 다음 두 분을 모시고 요양원으로 출발했다.
세 분 선생님은 10여 년 동안 평창동에서 가까이 살며 교분을 다진 사이다. 어머니도 87년 퇴직 후 1년 남짓 그 동네에서 지내신 것이 그분들 의지하는 마음에서였다. 포천 마명리의 형 집으로 가시기 전의 중간 단계였던 셈이다. 서울을 어서 떠나고 싶어 하셨지만, 그래도 익숙했던 서울 생활의 마무리를 하기에 북한산 등산로에 바로 접어들 수 있는 평창동이 괜찮은 곳이었다.
강 선생님만이 아직도 평창동에서 사신다. 부군 이어령 선생님과 함께 운영하는 영인문학관 일이 여간 많지 않으신 것 같다.
김 선생님은 오래 지내시던 평창동 아담한 집을 떠나 '경희궁의 아침' 인가? 편리한 거처로 몇 해 전에 옮기셨다. '내 집' 가꾸며 사는 것을 무척 좋아하셨는데. 평창동 떠나실 무렵부터 운전도 그만두신 것 같다.
이 선생님은 정말 도깨비시다. 나도 도깨비 소리 꽤 듣지만, 이 선생님 앞에서는 작은 도깨비다. 어머니보다 한 살 아래인 90세이신데, 아직도 생활 자세가 치열하시다. 평창동 꼭대기 해원사 절 옆, 완전 자연 상태의 솔밭 가운데 열 평가량 오두막집이 이 선생님 거처였다. 그 외진 곳에서 "나는 자연이 좋아!" 문명을 냉소하며 지내실 때 얼마나 당당해 보이셨는지! 그러다가 몇 해 전 양평동의 오피

스텔로 옮기신 후 문명 누리시는 것을 보면서는 한쪽으로 마음이 놓이면서도 약간의 배신감 같은 것을 느낀다. 이제 들으니 에어컨 놓으니까 너무너무 좋다고 하신다.

수십 년간 자별하게 지내오신 분들이 요즘 정치 상황 때문에 힘들어들 하신다. 이 선생님은 옛날부터 김대중 대통령의 열렬한 지지자인데, 친구분들이 견디기 어려울 만큼 표현이 격해지신 것은 근년의 정치 상황 탓이다. 김 선생님도 강 선생님도 친여 성향이기는 하지만 그리 편협한 분들이 아니고, 이 선생님의 정치 성향을 크게 불편해하지 않았었다. 그런데 요즘은…… 현 정권이 정말 해도 해도 너무한다. 다년간 한나라당을 지지해온 분들이 너무들 힘들어하신다.

3시 반경 도착해 현관 앞 테라스에서 두 분 선생님과 회포를 푸시게 하고 나는 운영을 맡고 있는 이사장님 작은아드님과 탄원서 의논을 했다.

지난주 원장님이 메일로 도움을 청했었다. 보험공단의 감사에서 문제점이 지적되어 매우 심각한 수준의 벌칙을 통고받았다는 것이다. 입원자 보호자 중 내가 이런저런 사정을 잘 아는 편이니 보호자 입장에서 탄원서를 써줄 수 없겠느냐고 청했다. 지적된 문제는 무자격자를 간병인으로 고용한 사실이라고 한다.

그 문제라면 부탁이 아니라도 기회가 있다면 보험공단에 의견을 보내고 싶었던 것이다. 장기요양보험 적용을 받는 요양원에서는 입원자 몇 명당 한 명씩 자격증 가진 간병인을 고용하게 되어 있다. 당연한 기준이다. 그러나 실제 운용에 있어서 현실 조건에 더 잘 맞출 길이 있지 않을까 나는 생각해왔다. 병원과 요양원에 계신 2년 반 동안 간병인 사정에 대해서는 많이 알고 많이 생각하게 되었다.

병원의 간병인은 거의 다 중국 국적 조선족으로, 병원에 상주하는 분들이었다. 병원 측은 간병인의 상주가 환자들 관리를 위해 좋고, 간병인들은 숙식 문제가 해결되니 누이 좋고 매부 좋은 격이다. 환자들도 익숙한 간병인이 계속해서 돌봐주니 좋다. 이렇게 모두에게 해피한 일이 보험공단의 기준에 따를 때는 힘들게 된다.

먼저 자격증 문제. 간병인은 의료직이 아니다. 기술보다 품성과 태도가 중요한 역할이다. 제한된 기간 동안 국내에 체류하는 조선족 중에 간병인으로 일하는 사람들이 많지만, 한 달씩 시간 내고 돈 들여 자격증을 따려는 사람은 없다. 간병인 양성소를 찾아가 알아본 일이 있는데, 별 교육 내용이 없다. 간병인 교육은 민간 사업자에게 맡길 것이 아니라 보험공단이나 보건소 같은 공공기관에서 2, 3일 정도 이론교육을 받은 뒤 2, 3주 정도 병원이나 요양원에서 연수를 받게 하는 것이 좋다고 생각한다.

둘째, 고용 인원 문제에서 상주 간병인의 고용을 1.5인으로 인정하면 좋겠다는 생각이다. 월 200시간 이상 근무하는 사람을 1인 고용으로 인정해준다고 하는데, 시설에 상주하는 간병인은 휴식시간이라도 입원자들 가까이 있다는 사실로 해서 실질적인 근무 효과를 일으킨다. 하루 8시간의 정규 근무 외에 8시간의 '순

근무'를 인정해준다면 간병인, 시설, 입원자 모두에게 이득이 될 것이다.

입원자 중 포괄적인 도움을 필요로 하는 분들은 간병인들이 시간 맞춰 교대하며 돌봐드리는 것보다 정해진 간병인이 내내 가까이 있는 편이 훨씬 낫다. 가족과 같은 전면적 인간관계가 바람직한 것이다.

간병인 중 가정을 가진 사람들은 당연히 출퇴근을 바란다. 한편 일하러 고향을 떠나온 사람들이나, 종교관 또는 인생관에 따라 별도의 생활 없이 간병인 일에 몰두하고 싶어 하는 사람들이 꽤 있다. 그런 사람들이 가급적 우대받고 또한 잘 활용되는 것이 '복지'의 효과를 위해 바람직한 일이라고 생각한다.

10.
07.
13.

오늘은 이인희 선생님을 모시고 갔다. 동덕여대 가정학과에 재직하시던 이 선생님은 어머니보다 한 살 아래, 90세이신데, 쌩쌩하시다. 청력이 떨어졌다고 하시는데도 차 안에서 이야기 나누는 데 큰 어려움이 없으시고, 걸음도 지팡이 짚고 잘 움직이신다. 앉았다가 일어서실 때 부축이나 손잡이가 필요하신 정도.
이 선생님 얼굴이 보이자 어머니는 즉각 '장난 모드'로 풀스윙. 세상에서 가장 편안한 친구의 한 분임을 바로 알아볼 수 있다. 이 선생님만이 아니라 신신회 10여 분 멤버 대부분과 매우 편안한 사이셨다.
새 신(新), 믿을 신(信), 신신회. 새로운 믿음을 필요로 하던 분들의 모임이었다. 전쟁 중에 그야말로 하늘이 무너져버렸던 분들. 요즘 현대사를 살펴보면서 그분들 말씀을 많이 들어두었더라면 좋았겠다는 생각이 든다. 6·25전쟁이 아니면 만들어질 수 없었을 '인텔리 과부 클럽'.
부군들 중에는 사망자도 있고 납북자도 있고 월북자도 있었다. 1950년대 후반의 상황에서 월북자 가족은 매우 취약한 입장에 처해 있었는데 이 모임은 남편을 잃었다는 연대감 하나로 뭉치며 어떻게 잃었는지는 가리지 않았다. 여성 교수들끼리 학교 이야기와 아이들 키우는 이야기를 주로 나누는 계모임이었지만, 약자의 입장에 갑자기 떨어진 사람들이 상호 협력과 정보 교환을 위해 모인다는 뜻이 있었을 것 같다. 최고의 인텔리들인 만큼 이 사회의 실력자, 권력자들과 연줄을 가진 분들도 있어서 실질적인 도움을 주고받을 여지가 꽤 있었을 것 같다.

이인희 선생님을 비롯한 신신회 10여 분 회원들이
50년대 이래 어머니의 가장 든든한 동아리였다.

써놓고 보니 엘리트 집단의 이기적 조직처럼 보일 수도 있겠다. 그러나 그 모임은 권력자 아내들의 치맛바람과 달리 방어적인 성격이었다. 예를 들어 1968년경 형들이 유학 갈 때 경찰에선가 신원조회라고 조사를 나왔다. 우리 아버지가 확실히 돌아가셨다는 사실을, 위장하고 월북한 것이 아니라는 사실을 확인해야 유학을 허락할 수 있다는 것이었다. 그런 시절이었다. 돌아가신 분을 월북자로 의심할 정도면 납북자들에 대한 의심은 어땠겠는가. 하물며 월북으로 밝혀진 분들의 가족이 처한 곤경은 어땠겠는가. 이런 문제가 있을 때 대책을 의논하고 도움을 줄 만한 이가 있으면 도와주고 했을 것이다.

그 모임에서 친구들에게 도움을 가장 많이 베푼 분이 이인희 선생님이었을 것 같다. 정의감이 강하면서도 인정이 많은 데다가 자원도 넉넉한 분이었다. 내수동 경찰청 자리의 엄청 큰 한옥만 해도 대갓집이 분명했고, 시숙인가 되는 분이 전경련 회장까지 지내셨다. 그리고 살림의 달인이셨다. 우리 집에도 격식 갖춘 잔치가 필요할 때면 꼭 나서서 도와주셨다. 어린 눈으로 보기에도 참 부드러우면서도 든든한 분이었다. 오늘 모시러 가보니 20여 년 전에 이사 가신 워커힐아파트에 그냥 살고 계시다. 지금 서울 천만 시민 중에 50년 동안 한 차례밖에 이사를 하지 않은 이가 몇이나 있을까?

같이 가는 사람이 있을 때 어머니가 그 사람을 먼저 보고 인사를 나누다가도 내 얼굴이 눈에 띄면 관심이 순간적으로라도 흠빡 내게로 넘어오신다. 오늘 이 선생님이 예외였다. 나를 먼저 보고 "아니 이게 누구냐~ 내 아들놈 아니냐~" 홍얼거리면서 옆쪽으로 접근해 있던 이 선생님께 흘낏, 눈길을 돌리시다가 한순간에 놀라움이 얼굴을 채웠다. "아니, 아니! 이게 누구야!" 세 사람이 함께 앉아 있는 두어 시간 동안 어머니는 꼭 필요한 경우 외에는 이 선생님을 상대로 얘기했다. 너무나 오랫동안 편안하게 얘기 나누던 사이로 그냥 돌아가신 것이다. 이 선생님 기억으로 전번 만난 것이 10여 년 전 같다고 하시는데.

오늘 이 선생님에게 놀란 일이 몇 가지 있다. 불교에 그렇게 깊이 드신 분인 줄 전혀 몰랐었다. 어머니 뒤를 이어 〈불광〉에 글 올리고 있다는 말씀을 요양원으로 가는 길에 드렸더니 "나도 〈불광〉 받아보고 있는데 몰랐구나. 다시 뒤져볼게." 하셨다. 그래서 불교에 우호적인 정도이신가 생각했다. 그런데 어머니와 반야심경을 암송하는데 유창하게 함께 하시는 것이었다. 그리고 이어 신묘장구대다라니를 암송하신다. 어머니는 대충 기억나시는 듯 입을 오물거리시는데 나는 어안이 벙벙해서 바라보기만 했다. 나는 학생 시절 이후 천수경 암송은 포기하고 지냈다.

가는 길에 어머니 상황을 설명드리면서 마음이 아주 밝고 편안하신 점을 말씀드렸더니 끄덕이면서 "어머니다우시군." 하셨다. 이 말씀이 내게는 뜻밖이었다. 늘 걱정을 지나치게 하시던 분이 이제야 편안한 마음자리를 찾으신 것으로 생각했는데. 그래서 이 선생님께서는 어머니가 원래 마음 편한 분으로 늘 생각하셨냐고 여쭈니 그렇다고 하신다. 어떤 일에도 쉽게 비관하지 않고 긍정적인 면을 잘 찾아보시는 태도 때문에 어머니를 좋아하신다는 것이다. 말씀을 듣고 보니 어머니를 바라보는 내 시각이 좁았던 것같이 생각되기도 한다.

어머니가 이 선생님을 편안하게 대하시는 것은 서로 이해하는 폭과 깊이 때문일 것이다. 분명히 나를 대하는 것보다 이 선생님을 더 편하게 받아들이시는 면이 있다. 근년에 내가 자식치고는 어머니가 편하게 대하실 수 있는 상대가 되어드렸지만, 자식이 부모를 대하는 데는 자식이기 때문에 제약을 받는 측면이 있겠다는 생각이 든다. 지금 어머니에게 친구들 만나는 것보다 더 즐거운 일이 있으실까? 친구분들 대면할 기회 만들어드리는 데 더 애를 써야겠다. 이런 걸 '친구 공양'이라 하나?

가까이 지낼 때 자식들 이야기를 늘 나누던 일이 기억의 밑바닥에 깔려 있으신 것 같다. 어머니가 불쑥 한 마디 하셨다. "아이들이 서로 같은 또래라서…… 우리가 더 가까웠지." 큰형 또래의 영중 누님과 작은형 또래의 학중 형님 생각까지 다 나시는 모양이었다.

자식들 얘기하다가 절창이 한 차례 나오셨다. 아들이 넷이라고 몇 차례나 우기셨다. 누구누구 넷이냐고 이 선생님이 따져 물으시니 우선 나를 가리키며 "여기 한 개 있지." "네, 한 개요." "그리고 기봉이가 있지." "네, 두 개요." "또 기목이가 있지." "네, 세 개요." "그리고 기협이가 있잖아!" 이 선생님과 내가 동시에 뒤집어졌다. 못된 기협이와 착한 나를 따로 치시나보다.

3시 반경 어머니가 노곤한 기색을 보이셔서 작별하고 나왔다. 돌아오는 길에 이 선생님은 피곤한 기색도 없이 기분이 좋으셨다. 또래의 친구와 이렇게 유쾌한 시간 가지시는 일이 쉽지 않으시겠지. 그런데 원장님을 "참 보살 같은 사람"이라고 한참 칭찬하시다가 내 칭찬으로 넘어오실 때 순간적으로 깜짝 놀랐다. "기협이 너 참 여자 같더라." 어머니가 "여자 중의 여자"라고 늘 흠모하시던 분에게 이런 말씀을 듣다니, 정말 귀중한 칭찬이다.

10.
07.
20.

어머니를 모시고 있는 3년 동안 어머니와의 관계만이 아니라 형들과의 관계에도 상당한 변화가 있었다. 작은형과의 관계 변화는 '체념' 이라고 요약할 수 있다. 개인적 인간관계나 사회에 대한 태도나 차이가 워낙 큰 사람인데, 나는 더 이상 그 차이를 놓고 분노하지 않기로 했다. 최소한의 형제 관계라도 지켜나가기 위해서는 우리 형이 어떤 사람이었으면 하는 내 욕심을 없애야겠다.

최근 큰형에 대한 내 인식의 변화는 훨씬 더 극적이다. 한 마디로 '실망' 이다. 스스로를 '인격자' 로 규정한다는 것이 의식구조에 불건강한 문제를 일으킬 수 있다는 사실을 정운찬 총리 걱정해주면서 분명히 생각하게 되었다. 큰형과 정 총리에게 비슷한 인식과 비슷한 경의를 오랫동안 품고 지내왔다. 내가 '실망' 을 느낀 것은 두 사람의 인격상 문제 때문이 아니라 내 엉뚱한 존경심 때문이다. 내 인식의 문제다. 나와 다르다는 사실만으로 존경심을 품다니.

두 사람에 대해서와 비슷한 인식과 경의를 품어온 대상이 이정우 교수다. 세 사람 다 모난 짓 않으면서 자기 자리 잘 지키고 자기 할 일 잘 한다는 점에서 부러웠고, 또 존경스러웠다. 그런데 이제 생각하면 이 교수와 나는 세상을 힘들게 사는 사람들이고, 두 사람은 쉽게 사는 사람들이다. 이 교수는 자기와 다른 식으로 살아가는, 그러면서 할 일은 열심히 하는 나를 나름대로 부러워하고 존경한 것 같다. 두 사람은 나를 부러워하거나 존경하지 않았을 것 같다.

세상을 힘들게 살고 쉽게 사는 차이가 여기에 있는 것 같다. 쉽게 사는 사람들은 가치의 차이를 쉽게 정하는 것이다. 지금의 '내' 가족과 옛날의 가족 사이에 우선순위가 분명하다. 이런 의식구조에는 '나'와 '내 가족' 사이에도 우선순위가 있을 것이다. 요컨대 '나'와 '남' 사이가 분명한 것이다.

그런 사람들 눈에 내가 얼마나 미련하고 미개해 보일까. 정신만 차리고 살면 제 몫 잘 챙길 능력이 있는 사람이 '가치관의 혼란' 속에 헤매고만 있으니. 나 스스로도 오랫동안 혼란스럽게 생각했다. 그러나 이제 갈피가 잡히기 시작했다. 가족, 사회, 민족, 인류, 우주, 나를 포괄하는 여러 층위의 대아(大我)를 두루 인정하고 존중한다는 것이 혼란스럽게 보일 수 있는 힘든 일이라는 사실을. 그 여러 층위를 편의적으로 취사선택하는 얕은꾀가 쉽게 사는 길을 마련해주지만, 근본적인 떳떳함을 해친다는 문제를 생각하게 되었다.

큰형 내외가 우리 부모님과 형수 부모님 네 분을 기리는 장학기금을 만든 일을 몇 달 전 이야기 듣고 가만히 생각해봤다. 힘들여 모은 돈을 '쾌척'하는 일을 놓고 좋은 말 많이 들을 것이다. 그런데 그런 멋진 일에서 '편의주의' 냄새를 맡는 것은 내 감각이 비뚤어진 탓일까? 근대성의 구조적 문제에 너무 의식이 사로잡힌 때문일까?

장학기금 만드는 일을 미리 얘기도 않고 있다가 만들어놓은 뒤에, 그것도 어머니 모시는 돈 문제 얘기 가운데 묻어 나왔다는 데 우선 내 감정이 상한 것은 사실이다. 그래도 감정에 휩쓸리지 않고 차분히 생각하려 애썼는데, 아무래도 이건 아니다. 나랑은 너무나 다른 식으로 세상을 사는 사람이다. 그래서 거리를 두기로 했다.

뜨악해진 뒤로 처음 큰형이 한국에 왔고, 일요일부터 이틀 동안 어머니 곁에 머물고 있다. 어제 가서 만났지만 함께 어머니를 모시고 앉아 있다가 따로 얘기 나눌 것도 없이 좀 일찍 돌아왔.

돌아오는 길에 이인희 선생님께 들러《밖에서 본 한국사》와《페리스코프》를 드렸다. 지금도 책을 읽으신다니 참 부럽다. 어머니도 이제 가벼운 책은 즐기실 만할 것 같은데 신경을 더 좀 써드려야겠다.

어머니가 병원에서 쓰시던 지팡이, 끝에 발가락 네 개 달린 것을 이 선생님께 권해드렸더니 아주 좋아하신다. 앉았다가 일어날 때 힘들어하시는 것을 보고 생각난 것이다. 발가락 때문에 흔들리지 않아서 자세 바꾸실 때 의지하기 좋으실 것 같다. 이 선생님, 한참 좋아하시다가 "아니, 그런데 어머니가 이거 또 필요하시게 되면 어쩌지?" 하시기에 "이걸 만일 다시 필요로 하시게 된다면 열 개를 새로 사 드린들 아깝겠어요?" 했더니 하하 웃으신다.

10.
08.
04.

4시가 다 되어 도착했다. 8월만 되면 매주 한 차례씩 찾아뵙는 것을 중심으로 생활을 안정시킬 수 있겠다고 생각하고 있었는데, 아직 '망국 100년' 마무리가 덜 되어 원래 생각보다 하루 늦게 그것도 꽤 늦은 시간에 겨우 출발할 수 있었다.

누워서 허공을 바라보며 뭔가 생각에 잠겨 계신 것 같았다. 내가 보이자 놀라는 기색 전혀 없이 자연스럽게 받아들이신다. 생각하고 계시던 대상이 실물로 나타났을 뿐이고, 눈앞에 실물로 있든 없든 내 존재에 대한 인식의 층위에 별 차이가 일어나지 않으시는 것 같은 느낌이다.

점심 후에 쭉 누워 계셨다기에 현관 앞 테라스로 모시고 나왔다가 5시가 다 되어 식사 시간에 맞춰 도로 올라갔다. 무더운 날씨라 집 밖에는 다른 사람이 거의 없었다. 나는 그늘에 앉아서도 셔츠가 흠뻑 젖도록 땀이 흐르는데 어머니는 아주 쾌적한 기색이시다. 벽과 창문 없는 곳이 기분 좋으신 것 같다. 자연을 잘 느낄 수 있도록 지은 건물이지만 안보다는 밖을 역시 좋아하신다.

휠체어를 밀고 한 바퀴 돌다가 정원 돌보던 행정실장님과 주방 앞에서 일하던 송 여사를 만나고, 이사장님이 지나다가 잠깐 이야기를 나눈 외에는 단둘만의 오붓한 시간을 가졌다. 늘 그러듯 반야심경 한 차례 외우고 노래 조금 부르고 편안한 이야기 좀 나누고 했는데, 조금 특이한 주제 하나를 새로 꺼내셨다. '셋째론'이라고 할까?

나를 특별히 좋아하시는 것이 내가 '실력 있는' 인간이기 때문이라는 것이다. 그리고 셋째이기 때문에 그런 실력을 키울 수 있었다는 것이다. 어머니 생각을 아주 미묘하게 파악할 수 있는 듯한 말씀이었다. 요점인즉, 맏아들은 드러나 있는 의무에 얽매여 속으로 실력을 키울 여건을 누리지 못한다는 것이다. 그리고 둘째는 맏아들의 드러난 문제에 휩쓸려버리기 쉽고, 자유롭게 실력을 키울 수 있는 것은 셋째라는 말씀이시다.

큰형이 며칠 모시고 있던 흔적이 느껴진다. 지난번 와서 큰형과 함께 모시고 있는 동안 어머니께 아무런 갈등도 드러내 보여드리지 않았다. 몇 달 전 형제간의 관계 변화를 일으킨 이래 내가 어머니께 갈등을 보여드린 일도 없다. 나는 사실 갈등 느끼는 게 없으니까. 그런데 큰형은 나름대로 갈등을 느끼고 그에 관한 생각을 말씀드린 게 있나보다.

안 봐도 비디오다. 나를 높여주느라고 애를 썼을 게 뻔하다. 큰형은 정말 겸손하고 성실한 사람이다. 정 총리 까는 글에서도 정 총리의 겸손과 성실에 초점을 맞춘 대목이 있었지만, 큰형이나 정 총리나 그 겸손하고 성실한 인품은 정말 사랑스럽다. 다만 그 겸손과 성실이 편의적 기준에 휩쓸려 떳떳함을 이루지 못한다고 할까? 좋은 인품을 낭비하는 것이라고 나는 본다.

큰형 자신은 본인과 가족의 행복을 위해 사는 사람이고, 나는 그보다 고차원의 '실력'을 쌓는 사람이라고 어머니께 나를 높여주면서 자기 마음에도 위안을 삼았겠지. '실력'이라는 말을 큰형이 썼을까? 아무튼 그 말을 어머니가 쓰시면서는 남편의 '실력'을 기준으로 생각하시는 것 같다. 큰형이 다녀가고 여러 날 동안 허공을 바라보며 그 기준을 많이 생각해오신 모양이다.

좀 묵직한 주제인데도, 말씀 듣다가 킥킥 실소가 터지는 것은 '둘째를 위한 변명' 때문이다. 장남이 외면적 의무 때문에 내면적 성장에 한계를 가진다는 것은 큰형의 겸손함이 여실하게 느껴지는 대목인데, 그게 어떻게 둘째까지 면피를 시켜주나? 범생이 될 의무에서 자유로운 건 둘째나 셋째나 마찬가지 아닌가? 그래서 둘째 말씀 뒤에 슬쩍 들이댔다. "어머니는 아들 셋 두시기 정말 잘하셨어요. 아들 둘인 사람들은 전부 꽝만 뽑잖아요?" 했더니 약간 겸연쩍게 웃으며 "그야 형편에 따라 잇몸으로라도 씹을 수 있겠지." 하신다.

이사장님이 저녁을 같이 하자고 청해서 어머니 저녁 숟갈 놓으시는 것 보고 바로 떠났다. 그런데 떠나면서 늘 하듯이 "어머니, 뽀뽀해드리고 싶어요." 했더니 상상 외로 격렬하게 손을 저으며 "그런 거 안 해도 된다!" 하시는 게 아닌가. 주변에 사람들이 있어서 좀 빼시나 생각하며 "어~머~니~ 한 번만요!" 엉구럭을 떠니까 속마음이 나오신다. "싫어! 따가워! 아파!"

어머니 뵈러 갈 때는 꼭 면도를 하고 가야겠다. 도착할 때 뽀뽀해드린 것이 공포의 기억으로 남아 계셨나보다. "아주 살살 할게요." 싹싹 빌어서 겨우 이마에 입술을 댈 때까지도 경계심이 풀리지 않고 있다가 입술을 떼니까 안도의 기색으로 "고맙다." 하신다.

10.
08.
14

오늘은 어머니를 모시고 앉아 있는 동안 불쑥불쑥 해방 무렵 이야기가 나왔다. 10여 일 전 〈프레시안〉에 '해방일기' 연재를 시작해놓고 내 생각이 온통 거기에 쏠려 있기 때문이다. 그렇다고 어머니가 재미없어하는 이야기를 내가 자꾸 억지로 끄집어낸 것은 아니다. 어머니가 그 시절이 걸리는 주제를 꽤 자주 꺼내시는데, 요즘 나도 그쪽에 생각이 많으니 자연스럽게 이야기가 그쪽으로 흐르곤 하는 것이다.

근래의 일보다 아주 오래된 일이 더 잘 기억되시는 것 같을 때가 많은데, 치매 환자들이 흔히 보이는 경향이라고 알고 있다. 그런데 오늘 한 모퉁이 꺼내실 때마다 내가 흥미 일으키는 방향으로 한 발짝 더 밀고 나가면 거기에 자극받아 기억이 더 퍼져 나가시는 것이 확연하다. 개별적 사실이 아니라 연관성이 떠오르고, 따라서 연상이 활발하신 것이다.

어머니가 옛날 생각 많이 떠올리시는 큰 이유가 '김 서방'에게 있는 것은 분명하다. 59년 전에 사별하신 그분이 어머니 인생에서 차지한 몫이 참 크다. 정을 나눈 부부간을 넘어 '스승'으로서의 몫이 컸다. 어머니가 평생 구도(求道)의 자세를 지키신 것은 '큰 스승'을 겪은 초년의 경험이 타고난 성품 위에 겹쳐졌기 때문이었을 것이다.

작년 회복 이래 마음이 편안하신 것을 이따금 아버지에 대한 언급에서도 느낄 수 있다. 오늘은 어느 대목에서 "말을 않으면서도 자기 뜻을 지킨 분이지." 말씀이 마음에 남는다. "말을 않는다"는 데 방점이 느껴진다. 진면목을 세상에 드러내지 못하고 떠나신 것이 어머니 마음에 아쉽고 분하고 슬펐던 것은 오랜 세월의 언행에서 늘 나타나온 것이다. 그런데 이제 "대성무문 대광불현(大聲無聞 大光不見)"의 이치를 오히려 자연스럽게 받아들이시는 것이다.

17년 전, 돌아가신 지 42년이 지난 시점에서 그분의 일기를 《역사 앞에서》로 출간해 많은 사람들의 추앙을 모은 데서 한풀이도 웬만큼 되시고, 덕(德)을 펼치는 길에 대한 생각을 바꾸시는 계기도 되었던 것 같다. 근원이 자라남에 따라 넘치는 끄트머리만을 세상에 보이며 근원 자체는 드러내지 않는 것이 남김없이 드러내는 효율성보다 덕을 키우는 자연스러운 길이라는 생각이 오늘 "말을 않는다"는 말씀에 비쳐지는 것 같다.

이렇게 풀어서 말씀하시지는 않았다. 내 짐작이 많이 들어간 생각일지도 모른다. 그러나 이것이 요즘 내가 어머니와 이야기를 나누는 방법이다. 장난처럼 던지는 말씀을 그냥 가볍게 응대했다가 나중에 생각하면 어머니의 마음가짐이 은연중에 비쳐진 것을 깨닫게 되곤 하는데, 그 비쳐진 각도에서 어머니 생각이 논리적 표현을 넘어 그려지는 것이다.

오늘은 "지랄발광"이란 말씀으로 꽤 한참 재미를 보셨다. 쌍소리를 그럴싸한 맥락으로 써먹을 기회가 있으면 무척 좋아하신다. 대화 중에 내가 짐짓 점잖은 말투로 뭔가(지금 생각이 안 난다.) 살짝 놀려드리는 말씀을 했더니 대뜸 "발~광지랄

하고 있네." 하시기에 일부러 더 정색을 하고 "어머니? 발~광지랄이 뭐예요?" 했더니 "발광지랄! 지랄발광!" 하고는 "지랄발광"을 넣은 예문 몇 개를 얼른 만들어주신다. 국어학자의 직업병이다.

"나는 이 세상이 좋아요~ 지랄발광할 필요가 없어요~" 같은 예문을 들으면 아까 말씀한 "말을 않는다"는 표현과 상통하는 뜻이 느껴진다. 어머니 노년의 수필에서 도가의 무위(無爲)에 가까운 표현을 봐왔는데, 이제 생각하면 자연(自然)은 자연이되, 인위(人爲)를 부정하는 무위는 아니다. 유가의 '천행건(天行健)', 덕은 일부러 드러내지 않아도 스스로 존재한다는 생각에 가까운 것 같다. 불가에도 비슷한 생각이 있을 것 같지만 내 공부가 얕아서 얼른 떠오르지 않는다.

아버지에 대한 어머니의 생각이 편안해지신 것은 무엇보다 일찍 돌아가신 것을 못 견디게 애통해하는 마음이 가라앉으신 것이다. 어찌 생각하면 돌아가신 지 60년이 다 되는데 애통한 마음이 가라앉지 않으면 별일이라고 할지 모르겠으나, 아버지가 어머니에게 지아비일 뿐 아니라 스승이기도 했다는 사실이 어머니의 애통함을 무겁게 했다. '이런 분이 이렇게 떠나도 되는 건가?' 잘못된 세상이라고 생각되신 것이다.

아버지의 39년 인생을 잘못된 세상의 부당한 폭력에 망가져버린 희생으로 여기며 어머니는 오랫동안 고통을 겪었다. 수십 년의 구도 행각이 그 고통의 극복에 꼭 초점을 맞춘 것은 아니었을 것이다. 그러나 지금 햇볕을, 바람을, 꽃을, 풀잎을 고마운 마음으로 누리시는 마음자리를 내가 제일 확연히 느낄 수 있는 것은 '김서방' 생각이 떠오를 때, 마치 어느 아들 하나를 칭찬하듯 담담히 논평하시는 것을 보면서다. "말을 않으면서도 자기 뜻을 지킨 분이지." 아버지는 이제 어머니에게 절대자가 아니다.

나도 절대자가 아니다. 2년 전 회복이 시작되신 이래 내가 보호자 노릇을 확고히 해왔고, 어머니도 내게 의지하는 태도를 많이 보이셨다. 그런데 지난 가을, 회복이 어느 단계에 이르자 달라지기 시작하셨다. 거리가 생긴 것은 아닌데, 기운 없으실 때는 올려다보시던 시각이 마주 쳐다보시는 쪽으로, 그리고 차츰 내려다보시는 쪽으로 바뀐 것이다.

뽀뽀만 해도 그렇다. 회복 시작하실 무렵부터 뵙고 나올 때 한 차례씩 뽀뽀를 해드리면 무조건 좋아하셨는데…… 지난주 갈 때 바쁘게 일하다가 면도를 못하고 갔었다. 가서 뵙자마자 한 차례 뽀뽀를 해드릴 때는 어머니 반응을 유심히 살피지 못했었는데…… 떠날 때 늘 하던 대로 "어머니, 뽀뽀를 해드리고 싶어요." 했다가 뜻밖에 거절당했다. 수염이 따가우면 뽀뽀를 사양하시는 것이었다.

그래서 오늘도 나가는 길에 급했지만 찬물로라도 면도를 하고 갔다. 그런데 뽀뽀의 마법은 깨어져버린 모양이다. 뽀뽀를 허락하면서도 조심스러운 눈길로 수염 상태를 살피고 계시니 그 황홀한 마력이 어떻게 살아남겠는가. 사랑의 마법을 키우고 지키기 위해서는 세심한 노력이 필요하다는 사실을 다시 절감한다.

마법까지는 아니라도 내 존재가 어머니 마음을 편안하게 해드리는 한 가지 큰 근거가 아버지를 연상시키는 데 있다. 요즘 와서 내 칭찬이 '실력을 키운 사람'이라는 쪽으로 쏠리고 있다. 아버지 일과 제일 가까운 쪽으로 해온 자식인 내가 세상에 행세는 하지 않아도 공부만은 꾸준히 키워오는 것을 탐탁해하시면서 마음속으로 아버지와 비교하고 계신 것을 알아차릴 수 있다.

지금 시작하는 작업 '해방일기'는 1945년 8월에서 1950년 6월까지 해방공간의 역사를 정리하는 일이다. 1944년 초에서 1951년 10월까지 두 분의 결혼 생활 대부분에 해당되는 기간이다. 5년간의 역사를 서술하는 데 5년의 시간을 쓸 참인데, 어머니가 조금만 더 정신을 차리시면 그 시절의 회고를 들을 수 있을 것 같다.

10.
08.
31.

이문숙 선생과 미리 날짜를 잡아 약속해놓았고, 마침 아내도 일 쉬는 날이어서 셋이 갔다. 두 사람을 먼저 올려 보내고 사무실에 들렀다가 5분쯤 후에 올라가 보니 벌써 좌청룡 우백호를 거느리고 편안하게 앉아 계시다.

내 얼굴 보일 때마다 얼굴이 확! 피어나시던 것이 요즘은 덜하시다. 힐끗 쳐다보고 "응, 너도 왔냐?" 하는 기색으로 고개를 까딱 하신다. 오는 것을 원장님이 일러드려 놓기 때문에 예상하고 계시는 것이다. 전에는 아무리 미리 말씀드려 놓아도 잊어먹고 있다가 새롭게 기뻐하셨는데, 이제 기억력이 많이 회복되셨다. 그리고 생활의 주체로 자리가 든든히 잡혀서 의존하는 마음에서 벗어나시는 것 같다. 내가 자리에 없을 때 하신 말씀 한 가지를 후에 이 선생이 일러준 데서 나를 상당히 객관적으로 관찰하고 계신 것을 알 수 있다. "잠시 비키신 사이엔 저 아들이 아버지를 닮아서 역사를 했다, 두 사람 다 공부 한 가지밖에 모르는데 제대로 잡았다…… 그렇지 않냐? 역사가 공부의 제일 중심이잖냐, 그걸 해야……."

이 선생은 2월에 나랑 함께 왔었고, 4월에 혼자 한 번 왔었는데, 관련된 기억을 많이 떠올리신 것 같다. 구체적인 일들이 정확하게 기억나는 것은 많지 않아도, 어떤 태도로 대하던 사람인지 분위기는 거의 되살아나신 것 같다. 잠깐 사이에 '교수 모드'로 돌입하셔서, 각별히 가까이 하시던 제자와의 대화가 자연스럽게 펼쳐졌다.

재미있는 내용이 많았는데, 다 생각나지 않고, 이화여전 들어가실 때 말씀을 하다가 불쑥 김옥길 선생님 이야기 꺼내신 생각이 난다. "이전이란 데가 어떤 덴지도 모르면서 이전에 다니겠다고 갔는데, 딱 옆에 앉은 게 김옥길이더란 말이야!" 함경도에서 소학교를 마친 뒤 중학 과정을 통신강의로 때우고 동급생들보다 두어 살 많게 이화여전에 들어가신 어머니, 갑자기 서울의 양갓집 교수들 틈에 끼어 이질감을 많이 느끼신 이야기는 익히 들었다. 그런데 서울에서 고녀를 막 나온 일반 부잣집 여식들보다 알짜 예수쟁이들에게는 특히 큰 이질감을 느끼셨던 모양이다. 그것이 당시에도 충격적이었고, 그 후 교수 생활에까지 이어졌기 때문에 김옥길 선생님과의 '충돌'이 아직까지도 선명한 인상을 남기고 있는 것 같다. 아버지 돌아가신 뒤 학교에 나가기 시작해서 숙대에 몇 해 계시다가 1958년엔가 이대로 옮기실 때 '친정'으로 돌아가는 편안함은 별로 안 느끼셨을 것 같다. 옮기고 얼마 되지도 않아 4·19 때 개혁파 쪽으로 목소리를 좀 내다가 헛발질로 끝나고 말았을 때, 얼마나 난감하셨을까.

김옥길 선생님이 아마 어머니와 이화의 관계를 단적으로 대표한 분이 아닐까 생각한다. 개혁파가 찌그러지고 이대의 앙시앵레짐이 복원될 때 김 선생님이 총장을 맡았다. 김 총장님처럼 자신감이 강하고 마음이 넓은 분이 동기동창으로서 학교 책임을 맡지 않았다면 어머니는 학교에서 떨려날 가능성이 큰 상황이었다. 보호막이면서 또한 질곡이기도 하고, 어머니의 교수 생활에는 김 총장님에 대한 고마움과 답답함이 엇갈려 깔려 있었을 것이다.

10.
09.
11.

오늘은 내 얼굴을 보자 빙긋이 웃으면서 양손을 뻗어 내 얼굴부터 만져보신다. (요즘은 가기 전에 꼭 면도를 한다.) 그리고는 다짜고짜 '작별' 말씀을 하신다. "이제 작별할 때가 되었구나." 별로 엄숙한 표정도 짓지 않으신 채로, 너무나 당연한 사실 가르쳐주시는 것처럼 이제 떠나신다는 것이다. 간병인 여사님이 듣고 "난데없이 어딜 떠나신다는 거예요?" 하니까 답답하다는 듯이 "사람이란 다 떠나는 거야."

"어머니, 떠나시는 게 별로 서운하지가 않은 기색이시네요?" 했더니, "고마운 일이지. 이만큼 있다가 떠나면서 서운해하면 도둑놈이지." 유머 감각은 한창 시절 못지않으시다. "어머니, 말씀하시는 걸 봐도 금세 떠나실 것 같지 않은데요?" 하니까 한껏 익살스런 표정을 짓고 "그래? 뭐 좀 더 있을 수도 있지. 그것도 나쁘지 않지."

나중에 나오는 길에 원장님께 여쭤봤다. 작별, 떠남, 그런 말씀 요새 하실 때가 있더냐고. 얼마 전에 얼핏 하신 적이 있다고 한다. 알 것 같다. 어머니 머릿속에는 여러 가지 생각이 펼쳐지고 있다. 상대에 따라 적당한 생각을 꺼내 말씀하시는 것이다. 웬만한 사람들은 '작별' 말씀을 하시면 펄쩍 뛰겠지. 내가 그런 화제 꺼리지 않고 받아줄 놈이니까 내 얼굴 보일 때 그 생각을 끄집어내시는 것이다.

기억력이 엄청나게 좋아지신 것이다. 10년쯤 전에 기억력이 크게 퇴화하신 후로는 생각을 이렇게 마음대로 넣어뒀다 꺼냈다를 못하셨다. 속으로 굴리는 생각만이 아니라 소리 내어 말씀하시던 이야기도 한 번 끊기면 되찾아내기가 힘드셨다. 그런데 지금은 상당한 범위의 생각이 활성화되어 있어서 조금만 자극이 있어도 술술 풀려나오고, 또, 말씀하시는 중에 더 펼쳐지기도 한다. 지난주 이문숙 선생이 "이야기를 자가발전하신다"고 한 것이 이것이다.

신체 상태도 아주 좋으시다. 근력도 느시는 모양이다. 며칠 전 간병인이 잠깐 방을 비운 사이에 일어나 앉아 계시더란다. 기운이 좋아지신 것이 반가우면서도, 예상 외의 움직임으로 혹시 다치시는 일이라도 있을까봐 걱정이 된다고 한다.

주변의 의견도 듣고 생각을 좀 해봐야 할 일이다. 우선은 보수적인 입장을 취해놓고. 지난 겨울 회복이 좋으신 것을 보며 생각했던 일이 있다. 날씨가 풀린 뒤에 회복이 좋으시면 걸음마를 다시 배우실 수 있을지 알아봐야겠다고. 막상 봄이 되었을 때 보니 그 정도까지는 안 된다 생각해서 그냥 접어놓았는데, 지금은 봄과도 또 다르시다. 혼자서 일어나 앉으신다지 않는가.

작년 초 입으로 식사를 근 1년 만에 시작하실 때 틀니를 놓고 잠깐 고민한 일이 있다. 전에 쓰시던 틀니를 넣어드리려 하니까 너무 힘들어하셨다. 그래서 새로 맞춰드릴까 생각했는데, 여러 사람이 말렸다. 이제 틀니가 맞고 안 맞고가 아니라 쓰신다는 것 자체가 너무 힘드실 거라고. 그래서 생각하니, 틀니 없이도 식생활이 충분히 만족스러우시다면 그것을 어머니의 표준으로 생각하면 될 일이지, 젊은 사람 표준으로 강요할 일이 아닐 것 같았다. 지금 생각해도 틀니를 포기한 것은 잘한 일이다.

그런데 걸음마는 틀니와 다른 것 같다. 지금도 큰 고통이나 불만 없이 지내시지만, 몸을 조금 더 활발하게 움직일 수 있다면 거기서 얻는 기쁨은 틀니가 식생활을 보태드리는 것과 다른 차원일 것 같다. 지금은 목소리와 말씀으로 한 몫 하며 살아가시는 것인데, 몸을 더 쓰실 수 있다면…… 오늘은 치료사 김 선생이 없었는데, 다음에는 김 선생도 만날 수 있는 날 가봐야겠다. 사실 저 정도 마음이 활발하시다면 몸과의 균형이란 면도 생각할 필요가 있다.

작년 여름 이곳에 오신 후 얼마 동안은 색다른 태도와 반응으로 주변 사람들을 재미있게 해주고 인기를 끄셨는데, 지금은 생각이 원활하시니까 사람들의 개성을 상당 수준 파악해서 그에 맞춰 응대하시는 것 같다. 모시고 있는 동안 지나치는 분들 한 분 한 분 응대하시는 데 책략이라면 책략, 배려라면 배려가 나름대로 곁들여진다.

식탁에 앉으신 뒤 떠날 때, 한 차례 크게 당했다. "어머니, 저도 이제 집에 가서 밥 먹을게요." "왜? 너도 여기서 먹지 그러니?" "집에 가서 먹어야 바로 일을 또 하죠, 어머니." 여기까지는 통상적인 진행이다. 그런데 여기서 뜻밖의 말씀을 내 얼굴도 쳐다보지 않으면서 담담히 하시는 게 아닌가. "기협이 네가 가버리면 내가 허전해." 의자를 당겨 옆에 앉을 수밖에. "어머니 허전하시지 않도록 제가 밥을 굶더라도 곁을 지켜드려야죠."

시치미 떼신 표정에서 미미한 회심의 미소를 읽은 것은 내 착각일지도 모른다고 생각했다. 그런데 착각이 아니었음을 옆 할머니와의 수작에서 확인할 수 있었다. 옆 할머니가 (늘 봐도 순진한 인상이시다.) "아드님 이제 보내주셔야죠. 가서 일도 해야 할 텐데……" 하시니까 당당하게 "내가 가지 말라고 안 그랬어요." 하시는 것 아닌가! 그렇지! 너 가면 나 허전하다고 하셨지, 너 가지 말라고 하신 건 아니니까. 한창 시절에 장난치시던 솜씨 그대로다!
내가 곁에 없다고 진짜로 크게 허전하실 것 같지는 않다. 주변에 있는 사람들이 다 이웃이라면 이웃이고 장난감이라면 장난감인데! 내가 아들이라면 아들이고 장난감이라면 장난감인 것처럼. 그래도 곁에서 더 많은 시간 가지지 못해 아쉬운 것은 내가 효자라서가 아니라 장난감 노릇이 재미있어서다.

10.
09.
21.

아내의 휴일은 추석 전날(21일)과 당일(22일). 21일 아침, 비가 좀 거셌지만 이튿날도 어차피 비가 오실 거라기에 나섰다. 아무래도 22일은 돌아오는 길이 많이 막힐 테니까. 가는 길이 차로 막히는 게 아니라 비로 막혔다. 정말 심했다. 세 시간 반, 평소보다 갑절 시간이 걸렸다.

날씨 때문인지 휴일인데도 방문객이 적었다. 현관에 큼직한 남자 구두 한 켤레만 보였다. 올라가 어머니 방에 들어서니 그 구두의 주인공이 어머니 곁에 등을 보이고 앉아 있었다. 영규 형님이었다.

참 고마운 형님. 자주 보지 않고 지내지만 근년에 올수록 가까이 느껴지는 분이다. 고종사촌 형님들 중에 아버지(그분들껜 외삼촌) 그늘 누린 것을 잊지 못해 어머니를 극진히 받들어온 분들이 여럿이지만, 대개 80 넘은 분들이다. 영규 형님보다 열 살 위의 대규 형님이 그중 한 분이다. 영규 형님은 외삼촌 혜택을 직접 입은 또래가 아닌데도 대규 형님 기운이 떨어지자 그를 대신해서 우리 집을 보살펴 줘 왔다.

세종너싱홈에 모시게 된 것도 참 생각지 못한 인연이다. 여기 이사장님이 영규 형님과 친한 분이란 사실을 알게 된 게 모셔놓고 두어 달 됐을 때였나? 내가 박영규 씨 외사촌이란 걸 알고 이사장님이 얼마나 놀라고 반가워하던지! 전화로 그 얘기를 들은 영규 형님도. 그 후로 형님은 틈날 때마다 친구도 볼 겸 외숙모님도 뵐 겸 찾아온다. 언제 간다고 내게 알리는 일도 없는데, 여기 와서 마주치는 게

햇볕을, 바람을, 꽃을, 풀잎을, 385

두 번째다. 아니, 세 번째구나.

형님이 모시고 앉은 지 오래지 않은 것 같은데, 어머니는 한껏 편안하고 즐거운 기색이시다. 누구인지 정확하게 인식되지는 않아도 어떤 범주의 인물인지, 당신과 어떤 관계인지, 대충 느껴지시는 것 같다. 원래 얼렁뚱땅 시치미 솜씨가 좋기도 하시지만, 적당히 때려잡고 적당히 응대하시다 보면 옛날 대하시던 태도가 저절로 되살아나곤 하시는 것 같다. 형님과 수작하시는 태도가 수십 년간 생질들 대해오신 태도 그대로다.

워낙 큰비가 와서인지 날씨가 무척 선선해졌다. 창문 닫은 실내에서 벗어나 현관 앞 테라스로 모시고 나오니 기분이 마냥 좋으시다. 방 안에서도 전혀 불편이나 불쾌의 기미가 없으셨지만, 밖에 모시고 나오니 또 다르시다. 따뜻하게 덮어드리기는 했어도 30분이 넘어가니 좀 조심스러워서 이따금씩 들어갈 것을 권해드렸지만 그냥 여기가 좋으시단다. 형님이 먼저 떠난 뒤에도 한참 테라스에 앉았다가 식사 시간이 다 되어서 모시고 들어갔다. 다른 날에 비해 말씀이 끊기는 여백이 꽤 많았다. 싱싱한 바깥바람을 즐기는 데 집중하셔서 그런 것 같았다.

오늘도 떠나실 일에 관한 말씀이 꽤 있었다. 그런데 몇 주일 전과도 말씀하시는 태도에 또 차이가 있었다. 지난번 뵐 때만 해도 화제를 그리 돌릴 때는 뭔가 극적인 효과를 기대하시는 기색이 있었는데, 오늘은 이런 일 저런 일 말씀하시다가 그런 일 얘기도 그냥 무심결에 묻어 나온다. 특별히 긴장할 필요가 없는 주제가

고종사촌 영규 형님은 그 베풀며 사는 자세를
배우고 싶은 마음이 나이 들수록 깊어지는 분이다.
세종너싱홈과의 인연까지 거들어주실 것은 정말 생각도 못한 일이다.

된 것이다.

지난번 원장님과 함께 모시고 있다가 떠날 일 말씀 꺼내셨을 때, 원장님이 먼저 "왜 그런 말씀을!" 예민한 반응을 보이고 나서 그 뒤에 내가 천연덕스럽게 '떠남'에 대한 토론 벌이는 것을 보며 고개를 주억거린 일이 있다. 아무래도 크리스천보다 불교도들이 그런 주제를 토론하는 데 익숙한 편일 것이다. 어머니가 '떠남' 얘기를 전보다 쉽게 하시는 걸 보면 아마 그 사이에 원장님과 편안한 토론을 해오신 게 아닐까 싶다.

반야심경 외우시는 것을 보고 영규 형님이 너무 놀란다. 사실은 함께 외우는 나도 근래에는 거듭 놀라고 있다. 한창때보다도 더 멋지게 외우시는 것 같다. 강약완급에 뜻이 다 비쳐지면서 곡조 자체의 힘과 균형이 더 바랄 것 없는 경지로 느껴진다. 내가 함께 소리 내기가 부끄러울 정도다.

늘 외우시냐고 형님이 물으니 당연하다는 듯이 끄덕이신다. 맞다. 내가 와서 청하지 않을 때, 혼자 계실 때도 속으로 웅얼거리기도 하고 소리 내 외우기도 하시겠지. 그러지 않고야 짧지 않은 경문을 저 수준으로 체화하실 수가 없다.

어렸을 때 생각이 난다. 운동신경이 둔해서 놀아주는 아이들이 없기 때문에 혼자 멍하니 앉아 있을 때가 많았다. 그때 속으로 뭔가를 외우며 내 마음을 가지고 놀던, 그런 식으로 어머니는 혼자 누워 반야심경을 외우시는 걸까? 나는 참 쓸 데 없는 걸 즐겨 외웠었다. 이, 사, 팔, 십육, 삼십이, 육십사, 백이십팔, 이백오십육,

오백십이, 천이십사, 이천사십팔, 사천구십육, 팔천백구십이, 만육천삼백팔십사, 삼만이천칠백육십팔, 육만오천오백삼십육, 십삼만천…… 그 대신 반야심경을 외웠더라면 지금 어머니랑 낭송이 잘 어울릴 텐데.

10.
09.
30.

오늘은 영진이 차를 타고 갔다. 자유로병원에 계실 때는 집도 가깝고 학교도 가까워 자주 찾아뵙던 놈이 학교 일이 빡빡해지고 박사 과정까지 겹치다 보니 요양원 옮기신 후로 처음 가 뵙는 것이다.

모처럼 느긋하게 경치를 구경하면서 가려니 나이를 스스로 느끼게 된다. 20여 년 전 대구에 있으면서 더러 차 몰고 서울 올 때는 이 구간 경치가 마음에 들어서 중부고속도로로 즐겨 다녔는데, 이제 내가 운전하고 다니려면 길바닥에 몰두해서 그때처럼 경치를 즐기지 못한다. 글쎄, 차가 워낙 늘어나서 그런 면도 있겠지.

3시쯤 도착하니 방에 누워 계셨다. 창 쪽에 머리를 두고 계셔서 고개를 들지 않고도 들어오는 사람을 알아보실 수 있다. 둘이 나란히 들어갔는데, 영진이는 힐끗 봐 치우고 나를 바라보며 웃음을 떠올리신다. 늘 그렇듯 그냥 흐뭇한 웃음이시다.

손을 내밀어 내 손을 한 차례 어루만진 뒤에야 영진이에게 다시 눈길을 돌리고 "이건 누구야?" 하신다. 긴장감이 전연 없이, 지나치듯 물으신다. 누군지는 몰라도 인상이 편안하게 느껴지신 모양이다.

"영진이 모르세요? 어머니 손자."

"우리 어머니 손자라구? 그럼 누구 아들인가?"

"어머니의 어머니 손자가 아니고, 제 어머니의 손자예요."

"네 어머니는 난데…… 내 손자? 얘가 내 손자란 말이야?"

이제서야 본인이 나선다. "네, 할머니. 제가 할머니 손자 영진이에요."

아직도 미심쩍으시다. "아니, 내 손자라니…… 애비가 있을 게 아냐? 그게 누구야?"

나를 가리키며 빈틈없이 설명드리려 애쓴다. "할머니의 아드님인 이분이 제 아버지예요."

몇 초의 공백…… 그리고 이제 꽂히신다. 옥타브가 올라간다. "그럼…… 네가 내 손자로구나! 내 손자가 왔어!" 관심이 나로부터 확! 멀어지신다. "어디 좀 보자. 네가…… 영진이?"

몇 분 동안 손자 구경에 바쁘다가 차츰 나도 다시 끼워주기 시작하셨다. 그런데 손자의 존재가 나를 대하시는 태도에 영향을 끼치는 것 같다. 영진이와 나의 부자 관계가 인식이 되시니까 나와의 모자 관계를 입체적으로 바라보시는 틀이 마련된 것 같다.

정말 놀랐다. 영진이가 모시고 앉아 있는 동안 복도에 나와 치료사 김 선생에게 어머니 몸 상태에 대한 설명을 한참 듣고 돌아왔을 때였다. 나를 손가락으로 가리키며 영진이에게 "네 아버지가 참 착한 사람이야." 늘 하시던 가락이 나오는 것 같다가 전혀 생각지 못했던 방향으로 넘어가시는 것이었다. "그런데 참 나랑은 멀었어." 거듭 강조하신다. "참 머나먼 모자간이었어."

그러더니 중요한 일이 마침 생각나셨다는 듯이 내게 집중 공격을 퍼부으신다.

> 아아 나는 네에게 물어서 주겠다.
> 너는 내 아들이 다 틀림이 없나
> 그러므로 한때로 가까운 데서늘
> 물어봐서주는것이나 널찌 가까운사 람에
> 라남양 떨어서 멸리 있는 것이로구나

어느 날 곁에서들 펜을 쥐어드리고 부추겨드리니까
크게 힘들이지도 않고 몇 자 적으셨다.
나랑 거리를 두고 지내던 시절에 대한 생각이
마음속에 깔려 있으신 것을 비로소 알았다.

"야! 왜 그랬는지 설명 좀 해봐라. 너랑 나랑 왜 그렇게 멀었냐?" 거의 시비조로 따지다가 이상한 말까지 나오신다. "너 나한테 뭐가 그렇게 불만이었냐? 내가 오입이라도 했단 말이냐?" 오입? 세상에! 쌍소리나 막말 할 기회가 있으면 무조건 즐거워하시지만, 이건 좀 심하셨다.

지난 봄 《페리스코프》를 책으로 낼 때 어머니와 근년 지내온 곡절이 내 일하는 자세의 변화와 겹쳐지는 느낌을 머리말에 적은 뒤 마음에 좀 찝찝했다. 그 책 낸 뒤에도 건강이 계속 더 좋아지시는 것을 뵈며, "저렇게 회복되시면 언제고 그 책도 꺼내 보고 따지시지나 않을까?" 하는, 복에 겨운 걱정이 들곤 했다. 아까 들어올 때 보니 머리맡에 《망국의 역사, 조선을 읽다》가 펼쳐져 있어서 속으로 '간병인 여사님이 읽어드리고 있었나보다.' 생각했는데, 《페리스코프》도 읽어드린 것이 아닌지 모르겠다.

그런데 아무리 생각해도 그 '불화의 시절' 말씀을 꺼내신 것은 영진이가 있기 때문이었던 것 같다. 몇 달 전까지는 그때그때 생각나는 것을 그대로 말씀하시는 것으로 언제나 느껴졌다. 그런데 근래에는 많은 생각을 마음속에, 머릿속에 담고 있다가 능동적으로 선택해서 말씀하시는 것이 분명하다. 나를 편안하게 여기시면서 편안하지 못하던 시절과의 대비가 어머니 생각에 떠올라 있었다. 그러다가 영진이 앉아 있는 것을 보니 어버이와 자식의 관계에 대한 분석적 시각이 발동하신 것 같다.

그 참, 그 시비를 지금 와서 또 한 차례 되풀이할 수도 없고…… 겨우 얼렁뚱땅 수습해서 반야심경 외우시게 한 다음 바깥바람 쏘이시지 않겠냐고 권했더니 뜻밖에 거절하신다. 피곤해서 쉬고 싶으시다고.

점심 식사 후 내내 앉아 계시다가 우리 오기 조금 전에 누우셨다고 여사님이 설명해준다. 그러면 잠깐 쉬시라고, 그동안 우리는 산보 좀 하고 오겠다고 말씀드리니 선선히 허락하신다. 부자간에 담배 한 대씩 즐기러 아래쪽 정원으로 내려왔다. 넉넉하고 잘 다듬어진 정원에 영진이는 탄복해 마지않는다. 이렇게 훌륭한 시설이 있을 줄은 상상도 하지 못했다고.

마침 정원 일 하고 있던 이사장님 부부와 행정실장님 쉬는 시간이 맞아 함께 차 한 잔을 했다. 영진이는 한 차례 방문으로 이곳이 어떤 곳인지 아주 깊이 있게 파악하는 기회가 되었다.

어머니께 돌아가니 4시가 넘어 있었다. 바람 잠깐 쏘이시고 나서 바로 저녁 식사 하시기 좋겠다고 여사님도 함께 권해드리니까 "추운데……" 엄살을 좀 시도하다가 승낙하고 휠체어에 앉히도록 몸을 맡기신다. 그런데 막상 테라스에 나가니까 너무 좋아하신다. 침대에 누워 계실 때도 아무 불편함이 없는 기색이었지만, 햇볕과 바람 속에 앉아서는 표정에서도 말씨에서도 충족감이 계속 넘쳐난다. 행복감을 적극적으로 느끼시는 것 같다.

지난달 〈불광〉에 올린 글에서 어머니의 신체 활동을 늘릴 가능성에 대한 생각

적은 것을 보고 원장님과 김 선생이 이야기를 나눴던 모양이다. 나도 이번 방문길에는 김 선생과 한 번 의논해보고 싶었는데, 의논 준비가 다 되어 있었다. 역시 근래 어머니의 회복은 놀라운 수준이다. 최근에는 식사도 아주 약간의 도움만 받고 혼자 떠 잡수신다고 한다. 근육의 힘이 많이 느셔서 기저귀 대신 화장실 이용을 권해드릴 생각을 하고 있다고 한다.

참 고마운 일이다. 화장실 수발까지 해드리려면 근무자들 수고가 많이 늘어날 텐데…… 간병인 신 여사도 치료사 김 선생도 어머니 회복을 진심으로 기뻐해서 수고를 마다하지 않는 마음이 하나의 가식 없이 그대로 느껴진다. 마음 좋은 분들이고, 또 이 요양원의 운영 기준이 양심적이어서 그럴 수 있는 일이기도 하지만, 어머니가 주변 사람들에게 사랑과 아낌을 받는 소질을 유감없이 발휘하고 계신 것도 여간 일이 아니다.

김 선생이 웃으며 한 가지 얘기를 해줬다. 신 여사가 얼마 전부터 어머니 목욕날을 꼭 피해서 휴가를 간다고. 다른 분이 목욕시켜드리면 "쌍년" 소리가 많이 나오신다고. 그 욕을 기분 나쁘게 듣는 사람도 없지만, 신 여사는 어머니가 욕을 하신다는 게 마음 아파서 휴가 날짜를 조정하기 시작했다는 것이다.

손자 듣는 앞에서 아들에게 "오입" 얘기를 태연하게 하는 것도 보통 경지가 아니시다. 아마 같이 지내는 분들에게도 그 정도 표현은 스스럼없이 하면서 지내시니까 우리 앞에서도 거침없이 나오시는 것이겠지. 아주 어릴 때 이후로는 할머니를 못 보면서 큰 영진이, 돌아오는 길에 거듭거듭 감탄한다. "할머니…… 기질이 참 대단하신 분이네요."
식탁 앞에 앉아 우리 작별 인사를 대범하게 받으시는 장면도 영진이에겐 인상적이었을 것이다. 식사가 막 나올 때 자리에 앉혀드리니까 옆의 할머니가 "이제 어서 가세요들." 하시기에 "어머니께서 숟갈은 드시는 걸 보고 가야죠." 했더니 숟가락을 집어 하늘 높이 쳐들고 "나 숟갈 들었다. 가라!" 하시는 것이었다.

10.
11.
12.

아내가 한 열흘 계속해서 열두 시간 근무를 하는 중에 하루 겨우 쉬는 날인데, 나는 오늘 아니면 또 여러 날 어머니 가 뵙기 힘들다. 혼자 다녀오려는데, 자기는 두 달 가까이 뵙지 못했다고 따라나서 준다. 좀 쉬어야 하지 않냐 했더니 자기한테 운전만 시키지 않으면 된다고.

마침 볕이 좋고 포근하기에 현관 앞 테라스에 모시고 나와 한 시간 가량 앉아 있었다. 직접 닿는 햇볕과 바람을 정말 좋아하신다. 순간순간을 즐기는 기색이 역력하시다. 말씀도 많이 안 하신다. 햇볕과 바람의 미묘한 변화에 따라 표정의 섬세한 변화를 일으키다가 한 마디씩 불쑥 꺼내거나 드리는 말씀에 대꾸하실 때, 말한다는 행위 자체도 즐거움으로 누리시는 듯하다.

잠깐 구름 끝자락이 해를 가렸을 때 "햇볕이 들어갔네요. 선선하지 않으세요? 이제 들어가실까요?" 했더니 "괜찮다. 이건 이것대로 좋구나." 하며 편안한 웃음이 얼굴에 넘치신다. 해가 좀 기울고 나서 모시고 홀에 들어오니 텔레비전에 국악 공연이 나오고 있었다. 그것도 편안하게 구경하신다. "저게 어디냐?" 한 차례 물으시기에 "비원 같네요." 하니까 고개를 끄덕이고 다시 관람을 즐기신다.

잠시 후 아내가 좀 쉬라고 권하기에 어머니 침대에 잠깐 눕는다고 누웠는데, 아내가 깨워 일어나 보니 저녁 식사 시간이 다 되었다. 식탁에 앉아 계신 어머니께 인사드리고 나왔다. 오늘은 모시고 앉은 시간이 너무 짧아서인지 조금 서운한 기색을 보이셨다. 나도 좀 아쉬운 마음이 있었지만, 눈 딱 감고 서둘러 떠났다. 아내도 나도 휴식이 필요하다.

너무 큰일을 벌여놨다. 〈프레시안〉에 '해방일기' 연재를 시작한 지 4개월째인데, 어떻게 꾸려나갈지 아직도 생각할 점이 많다. 앞으로도 두 달 정도는 전력을 집중해야 일의 틀이 잡힐 것 같다.

이곳에 모셔놓고 16개월간 찾아뵐 때마다 방문기를 적던 습관이 한 달 전에 끊어졌다. 10월 14일과 11월 3일 방문기를 쓰지 못했다. 책으로 묶어 낼 방침을 세운 것이 마음에 걸리는 것도 한 이유지만, 더 큰 이유는 기력이 달리는 것이다. 만족스럽게 글을 풀어낼 만한 시간이 하루에 몇 시간 안 된다. 기운이 모자라면 문장 하나하나가 꼬여버린다.

정말로 제일 큰 이유는 방문기를 적을 동기가 이제 전처럼 절실하지 못한 데 있는 것이 아닐까? 2년 전 병원 계실 때 '시병일기'를 쓰기 시작한 것은 어머니가 예상 외의 회복 기미를 보이시는 데 고무되어 미국의 형을 비롯한 주변 사람들에게 어머니 모습을 전해드리기 위해서였다. 그 후 어머니께서 보여주시는 놀라운 회복에 찬탄하는 마음으로 글을 써왔다. 출판 방침을 세우고 글을 모아보니 원고지 1,300매 분량이나 된다.

'일기'는 우리 집 전통이 되었다. 아버지 전쟁일기가 《역사 앞에서》로 출간되어 널리 알려졌지만, 어머니 '육아일기'도 오래 전에 조금 본 기억으로 가치가 큰 기록 같은데 쓰러지신 후 소지품 정리하면서 찾지 못했다. 내 '시병일기'가 그 전통을 잇는 셈인데, 게다가 역사평론 작업까지 '해방일기'란 이름으로 벌여놓고 있다.

'일기'란 것이 원래 제 일기 자기가 쓰는 것인데, 육아일기는 아이들 일기를 어머니가 써주는 셈이고, 시병일기는 어버이 일기를 자식이 써드리는 셈이다. 독립된 삶을 살지 못하는 상대를 보살펴주면서 적는 기록이다. 아버지 전쟁일기도 그분 개인의 일기가 아니라 이 사회를 위한 기록이었는데, 전란에 휩쓸려 사회의 올바른 기록이 제대로 이뤄지지 못하는 상황 때문에 나서서 적으신 것이었다.

학교 들어가 자기 친구들과 어울려 자기 인생 사는 아이의 육아일기를 어머니가 써준다는 것은 잘 상상이 되지 않는 일이다. 시병일기도 어머니가 독립적인 생활을 못하시는 상황에서 적던 것이다. 요양원 가서도 생활 능력에 한계가 있었기 때문에 시병일기 쓰던 습관을 이어서 방문기를 계속 써왔는데, 요즘 들어서는 좀 실없는 짓이란 느낌이 든다.

요즘도 어머니 모시고 있는 시간이 즐겁고 재미있다. 삶에 대한 생각과 느낌을 많이 확인받을 수 있고, 더러 새로운 깨우침도 얻는다. 그러면 됐지, 그걸 적어서 뭘 하나. 그분은 이제 내가 대변해드리지 않아도 당신 마음을 충분히 표현하며 지내신다. 어머니 상황이 궁금하면 내 글 읽을 필요 없이 찾아가 뵈면 되고, 잘 아는 분들 같으면 전화만 드려도 된다.

2008년 11월 24일 시병일기를 시작하던 첫 대목을 다시 들여다본다.

"며칠 전부터 정신이 많이 맑아지신 것 같다. 영양 상태, 혈액 순환 등 건강의 기반 조건이 안정되신 덕분인 것 같다. 그러나 큰 회복을 바랄 일은 아니라고 마음을 다잡는다. 두 달 되었나? MRI 뇌 촬영을 한 후 닥터 한도 "뇌가 쪼그라드신다"는 표현으로, 뇌 세포의 신진대사가 거의 막힌 본격적 노쇠현상이니 이제 더 다른 검사를 해 드릴 필요도 없을 것이라고, 체념을 권했었다.
그래도 좋아지신 상태가 1주일 가까이 유지되니 반갑지 않을 수 없다. 지난 서너 달 동안 사람 못 알아보시는 것은 물론, 주변 상황을 어렴풋이나마 인식하는 상태를 반 시간도 유지하지 못하시던 분이 눈알을 또록또록 움직이시고, 주변의 배려를 느낄 때는 입술을 오므려 웃음도 띠신다."

그 시점에서 나는 어머니가 당신 인생을 다시 적극적으로 누리게 되리라는 기대를 하지 않고 있었다. 떠나실 날을 앞두고 괴로움이 덜하신 것, 조금이나마 마음을 표현하실 수 있는 것이 고맙고 반가울 뿐이었다. 그런데 지금은 침대와 휠체어를 떠나지 못하면서도 주변 사람들에게 기쁨과 즐거움을 베풀어주며 지내고 계시다. 세종너싱홈 직원들의 억지 공치사가 아니라는 사실을 누구든 어머니 얼굴을 몇 초만 바라보면 알 수 있다.
생각하면, 떠날 날을 앞두지 않고 있는 인생이 어디 있겠나. 물이 절반 담긴 그릇을 보며 "절반밖에 없군!" 할 수도 있고 "절반이나 있네!" 할 수도 있는 것이 사람이다. 떠날 날 앞두고 있다는 사실을 생각 못할 때 "언제고 만회할 길이 있겠지." 하는 생각으로 스스로 납득할 수 없는 짓을 저지르곤 했었다. 수십 년 동안 불효자 노릇을 할 수 있었던 것도 그래서였다.

그런데 어머니가 떠나실 날 앞두고 계시다는 사실을 생각하면서 함부로 대하지 못하게 됐다. 어머니를 정성껏 모시게 되면서 다른 일도 생활도 정성껏 하게 되었다. 어머니만이 아니라 나 자신도 떠날 날 앞두고 있음을 깨우친 것이다. 청개구리 중에도 이 미련한 청개구리 깨우쳐주느라고, 참 수고 많으셨습니다, 어머니.

늘 좋아하시는 이 노래 오늘 불러드릴 때는 아주 의미심장한 미소를 짓고 계셨다.

"송아지, 송아지, 멍청송아지
엄마소도 멍청소, 엄마 닮았네.
강아지, 강아지, 신통강아지
엄마개도 신통개, 엄마 닮았네."

10.
11.
22.

토요일(11월 20일) 3시 조금 안 되어 원장님 전화가 왔다. 어머니께 미령한 기색이 있어서 병원에 모시려 한다고. 일전부터 조금 안 좋은 기색이 있었는데, 오늘 점심 후 바람을 쏘이다가 오한을 일으키고, 방에 모셔놓은 뒤에 구토까지 하셨다고 한다.

가까이 있지 못하니 이런 때 참 난감하다. 전화 설명으로 상황을 정확히 파악할 수는 없지만, 연세가 연세이신 만큼 조그만 이상도 심각한 문제가 될 수 있다. 출발 준비를 하며 형에게 전화하니 안 받는다. 만일의 경우 도움이 필요한 연식에게 전화해 전화를 끄지 말고 있도록 부탁해놓고 병원으로 향했다.

6시경 이천병원 응급실에 도착하니 태평한 모습으로 누워 계신다. 마음 놓을 만큼 호전되셨다는 원장님 전화를 고속도로 위에서 받았지만 저렇게 평안한 기색이실 줄은 생각 밖이다. 17개월 만에 요양원의 익숙하고 쾌적한 환경을 떠나 응급실의 어수선한 분위기 속에 놓여 있으면 몸의 불편은 없어도 마음의 불편은 있으실 것 같은데.

응급실 의사가 설명해준다. 병원 오신 후 관찰로 별 문제 없으신 것 같고, 혈액 검사 결과는 월요일에 나올 것이며 소변 검사에 문제가 있기는 하지만 크게 심각한 것은 아니라고. 오신 김에 며칠 계시면서 혈액 검사 결과와 함께 전문의 진찰을 받으시는 것이 좋겠다고 권한다.

병실에 모셔놓고 갈등에 빠졌다. 모처럼 병원 오셨는데 지키고 있어야 하지 않겠

나. 그런데 요즘 일이 너무 빡빡하다. 작업 시간만 아쉬운 것이 아니라 두어 날 객지에서 지내다가는 건강 유지가 자신 없다. 아내는 자기가 남아 돌봐드릴 테니 나 혼자 돌아가 할 일 하라고 하지만, 그렇게 하면 두 사람 다 골병들겠다.

병실에 자리 잡으시자 아무래도 기력이 달리시는 듯 금세 잠이 드셨다. 요양원으로 건너가서 원장님과 의논했다. 병원에 요양원 사람을 붙여드릴 수는 없어도 이사장님 이하 여러 분이 틈틈이 찾아뵐 것이니 마음 놓고 돌아가라고 한다. 혹시 필요할 것 같으면 내일 다시 오도록 연락을 줄 것이고, 괜찮을 것 같으면 월요일 진찰 받으실 때 오라고.

아내가 마음을 놓지 못하는 것은 병실 간병인들이 미덥지 못해서다. 간병인이 배치되어 있는 병실이 몇 있는데 요양병원 중환자실과 대충 비슷한 조건이다. 전에 계시던 요양병원보다 조금 못한 환경인 데다가, 어머니를 모시고 들어갔을 때 우두머리로 보이는 간병인의 안내가 좀 투박했다. 전에 요양병원 간병인들에게 늘 최고의 특별대우를 받으시던 데 익숙해져서 그렇기도 하겠지만, "우리가 해드릴 수 있는 데 한계가 있다."고 간병인의 책임 한계부터 강조하는 것이 좀 불안스럽게 들렸다.

그런데 간병인들끼리 자기네 얘기 나누는 것이 잠깐 귀에 들어왔는데, 동료끼리 서로 배려하는 마음가짐을 느낄 수 있었다. 그래서 마음을 놓을 수 있었다. 어려운 쪽을 얼렁뚱땅 감추려 들지 않고 앞세워 얘기하는, 책임감이 강한 사람으로 느껴졌다. 그래서 못내 미심쩍어하는 아내를 다독여 집으로 향했다.

돌아오는 길 내내 마음이 착잡하기는 했다. 건강에 큰 위험 같지는 않고, 간병인들 태도도 그만하면 마음이 놓인다. 마음에 걸리는 것은 너무 심심해하지나 않으실까 하는 것이다. 2년간 요양병원 계실 때 거의 매일 찾아뵌 것은 심심하지 않게 해드리기 위해서였다. 요양원 가시고는 우리가 놀아드리지 않아도 재미있게 잘 지내셨다. 그런데 아는 사람 하나 없는 곳에서 이틀이나 지내는 것을 너무 힘들어하지나 않으실까?

마음에 아무리 걸려도 돌아와야 한다는 생각을 거듭거듭 다졌다. 돌아오지 않으면 벌여놓은 일에 타격이 크다. 설령 어머니가 좀 힘들어하시더라도 이 일 망가지는 것에 비하면 작은 일이다. 할 일 제대로 못하는 것은 어머니께도 더욱 면목 없는 일이다.

요양원에서 이사장님 이하 여러분들이 일요일 내내 수시로 병원에 들러서 어머니 상태를 알려준 덕분에 하루 종일 책상머리에 앉아 있으면서도 걱정을 덜 수 있었다. 이틀 치 원고를 일요일 중에 써놓고 월요일 아침 일찍 병원으로 향했다. 진찰 결과는 예상했던 대로였다. 약간의 문제가 있지만 큰 위협은 없고, 지금 연세에 적극적 치료를 시도할 필요는 없다는 것.

그런데 예상과 다른 것은 어머니의 병실 생활 모습이었다. 벌써 팬들을 확보해놓으신 것이었다. 간병인들만이 아니라 옆자리 노인들까지 어머니가 입을 떼실 때마다 귀를 기울이는 것이 지루한 병실 생활에 청량제를 찾는 것 같았다. 어머니가 뭐든 투덜거리다가 쌍욕 한 마디 뱉으실 때마다 여기저기서 킥킥 웃음이 터져 나왔다.

토요일 밤에 있던 우두머리 간병인이 또 근무 중이었다. 그 무뚝뚝하던 얼굴에 가득 웃음을 피우며 어머니가 이틀 동안 어떻게 지내셨다는 얘기를 시시콜콜 해 준다. 필요한 일이 생기면 갔다가 얼른 돌아와 얘기를 계속한다. 그 얘기 하는 것 자체가 이분에게 즐거움이다. 쇠약한 몸으로 아는 사람 없는 병실에 누워서도 기질을 있는 그대로 발휘하신 모습이 눈에 선하다.

점심 전에 요양원으로 도로 모셔 왔다. 여러 노인들이 어머니 맞이하는 모습에서 어머니의 못 말리는 인기를 실감할 수 있었다. 함께 지내던 사람이 병원으로 갔다 하면 다시 돌아오지 못하는 일이 종종 있을 것이다. 돌아오는 사람을 보는 그 자체가 반가운 일이겠지만, 어머니 환영은 그 정도를 넘어선다고 느끼는 것이 내 주관적인 감각만은 아닐 것이다.

그 환영 분위기 속에서 두드러진 것이 어머니의 덤덤한 태도였다. 잠깐 외출했다가 돌아왔는데 뭐 그렇게 호들갑이냐는 듯, 말수도 적고 목소리도 높이지 않으신다. 송나라 범중엄이 선비의 자세를 말한 글귀가 생각나는, 절제 있는 태도시다. "천하의 걱정을 앞장서서 걱정하고 천하의 즐거움을 뒷전에서 누리는 것, 그것이 선비다."

2년 전 '시병일기'로 시작한 '어머니 관찰기'를 이제 거둬야겠다고 얼마 전부터 생각하다가 지난번(11월 12일) 다녀온 뒤 마무리 꼭지로 생각하고 썼는데, 한 차례 더 쓰게 되었다. 이번 병원 방문 소감이 그동안의 기록을 마무리하기에 너무 안성맞춤으로 느껴진다.

어머니의 생활이 극도로 위축된 상태에서 내가 어머니의 모습을 글로 적은 것은 보호자 입장에서였다. 회복 초기에는 내 글에 어머니의 모습 거의 전체가 담겼다. 그런데 어머니의 생활이 자라나면서 내가 그릴 수 있는 폭이 상대적으로 줄어들었고, 요양원 옮기신 뒤로는 한 부분에 불과한 것이 되었다. 어머니의 인간관계 속에서 내가 차지하는 비중도 마찬가지로 줄어들어 왔다.

그런데 이번 병원에 다녀오시는 것을 보며 어머니의 생활이 어떤 차원으로 자란 것인지 비로소 깨닫게 되었다. 지금까지 내 인식은 평면적 확장에 머물러 있었다. 요양병원 시절 어머니의 인간관계가 극도로 제한되어 있던 것에 비해 요양원에 가서는 '야! 열 배도 더 늘어나신 것 같다!' 하는 정도의 인식이었다.

그런데 이번 이천병원에서는 곁에 아는 사람 하나 없는 상황을 17개월 만에 겪으면서 생판 모르던 사람들에게 당신 모습을 있는 그대로 보여주며 새로운 관계를 또 만드신 것이었다. 이것은 관계의 평면적 확장이 아니다. 인연이 닿는 사람 누구와도 관계를 만들고 키우는 '인간'의 능력을 보여주신 것이다. 열 배, 백 배로 헤아릴 수 없는 무한대 확장이다.

몸 움직임도 기억력도 '정상인'과 다른 심한 제약 속에서 이렇게 온전한 '인간'의 모습을 보여주시는 것이 일견 놀랍지만, 다시 생각하면 '정상인'이라 해서 몸 움직임이나 기억력이 완전한 사람이 누가 있는가? 너도 나도 다 나름대로의 제약 속에서 사람 노릇 하기 위해 나름대로 애쓰며 살아가는 것이다. 어머니가 지금 주변에 즐거움을 나눠주며 살아가시는 것은 무슨 유별난 능력이 있어서가 아니다. 집착을 벗어나 마음이 편안하신 덕분이다.

갓난아이 때부터 어머니의 헤아릴 수 없이 많은 가르침 속에 자라났지만 그 가르침을 싫어한 때도 많았다. 그런데 지금 쇠약해진 어머니께 다시 가르침을 얻으며 예전보다 더 큰 '힘'을 느낀다는 것이 어떻게 된 일인가. 집착의 냄새가 없기 때문이다. 예컨대 '감사의 마음'을 옛날에도 많이 강조하셨지만, 그때는 마음 한쪽으로 '어머니나 잘하세요.' 하는 생각을 피할 수 없었다. 그런데 지금은 감사의 마음이 저렇게 편안하신 것을 보고 배울 마음이 들지 않을 수 없다.

언젠가 적은 일이다. 어머니가 말끝마다 "고맙다."를 붙이시기에 "어머니 뱃속에 고마운 마음이 가득 차 있나봐요. 건드리기만 해도 '고맙다.' 소리가 나오시는 걸 보니." 우스개라고 던졌을 때 "그래, 그게 똥만 가득 찬 것보다 낫지 않냐?" 맞받아치시는 바람에 뒤집어진 일이 있다. 바로 그런 식이다. 가르쳐야겠다는 집착도 없이, 그냥 가르쳐지시는 것이다. 고마운 마음으로 가득한 분의 편안한 모습 그 자체가 가르침이 되는 것이다.

어머니에 관한 글을 다시 쓰게 될지도 모른다. 아니, 틀림없이 또 쓰게 될 거다. 그러나 지난 2년간 쓰던 것과는 다른 자세로 쓰게 될 것이다. 2년간 적은 글은 어머니의 '인생 강의'를 받아쓴 노트인 셈이다. 이제 노트 필기는 접어놓고, 어머니 얼굴만 기분 좋게 쳐다보며 지내겠다. 언젠가 다음 과목 노트 필기를 시작하게 되겠지만, 서두르지는 않겠다.

모자간의 내면적 오디세이

강인숙_영인문학관 관장

김기협의 《아흔 개의 봄》은 겉으로는 한 아들의 어머니 간병기다. 하지만 그것은 동시에 어머니와 아들의 갈등과 화해의 과정을 추적하는 내면적 오디세이이기도 하다. '아흔 개의 봄'을 맞는 이남덕 선생님은 일제 강점기에는 경성제대 조선어문학과의 첫 여학생이었고, 1970년대에는 파리에서 열린 세계학술대회에 한복을 입고 나타난 국어학자였으며, 일제 말기부터 1951년까지의 7년간은 역사학자 김성칠 선생에게 오로지 순종만 하는 지순한 아내, 4남매의 충실한 어머니였다.
전시에 남편과 시어른을 함께 잃은 이남덕 선생은, 무너지는 대들보를 알몸으로 막아, 4남매를 지킨 고달픈 가장이었다. 그래서 그 집에는 상식적인 의미의 '어머니'가 없었다. 거기에 형들에 대한 어머니의 편애까지 가세해서 기협 씨는 어머니에게서 '아주 먼' 아들이었다. 어머니는 큰아들을 끔찍이 존중했고, 아버지의 외모에 어머니의 정열을 물려받은 작은아들을 지독하게 편애했다. 그래서 끝의 두 아이에게는 줄 것이 많지 않았다. 그 결핍이 아이들에게는 상처로 남았다.
그런데 의식이 없어져 보호자가 필요해지자, 어머니 곁에는 '먼 아들' 기협 씨만 서 있었다. 미국에 사는 큰형은 사치품이고, 세상사에 무관심한 둘째형은 기호품인데, 자기는 필수품이라는 게 기협 씨의 견해다. 어머니가 의식이 없는 상태에서 '햇볕을, 바람을, 풀잎을 고마운 마음으로 누리는' 경지까지 다다르는 동안에, 필수품인 이 아들은 그 환자를 파주에서 일산으로, 그리고 아름다운 정원을 가진 이천의 '세종너싱홈'으로 이동시키며 고생했다. 보는 이들이 경탄할 만한 한결 같은 애정으로 그는 어머니를 지켜드렸다.

그 과정에서 아들은 어머니에 대한 미움을 씻어내는 작업을 하면서 어머니와 화해한다. 그것은 어머니에게 있어서도 자신을 미워하는 마음을 털어내는 과정이었고, 아들에게 있어서도 자신과 화해하는 과정이었다. 아들은 그 일을 통하여 세상과도 화해하는 편안한 마음 자리에 이른다.

기억력이 부실해져서 며느리도 못 알아보는 어머니를, 아들은 고통스런 기억에서 해방되어 '제2의 인생'을 누리는 행복한 노인으로 받아들인다. 걷지도 못하고, 의치도 못 끼면서 이 선생님은, 요즘 모든 말을 노래로 하는 새 재주를 얻으셨다. 선생님은 목소리가 아주 고우시다. 누워 계시니 피로가 싹 가셔서 얼굴도 맑고 고운데, 종일 종달새처럼 노래를 부르고 있으니 보는 이들이 모두 즐거워한다.

이따금 간병인에게 욕설을 퍼붓는 묘기도 부리신다는데, 그것도 나쁠 것이 없다. 쌍욕을 마음 놓고 하는 것은 교수였던 분에게는 하나의 특혜라고 할 수 있다. 모르는 것이 용납되는 것도 마찬가지다. 손님 앞에서 소리 내어 가스를 방산하는 노대통령에게 어느 장관이 "각하! 시원하시겠습니다."라고 했대서 우스개가 된 일이 있었다. 나는 지금 이 선생님에게 그 말을 해드리고 싶다. "선생님! 정말 시원하시겠습니다."

대체로 어버이에 대한 글을 쓰는 사람들은, 지나치게 부모를 미화하는 효도 콤플렉스에 걸리기 쉽다. 그런데 《아흔 개의 봄》에는 그것이 없다. "나는 어머니를 자랑스럽게 생각한다. 그 결점까지도 포함해서 말이다."라고 저자는 말한다. 그 말대로 이 책에는 어머니의 장점이 과대 포장되는 일도 없고, 결점이 감추어지는 일도 없다. 감정이 격하면 쉽게 막말을 하는 것, 며느리마다 못살게 구는 것 등을 통하여 기협 씨는 정확한 '이남덕론'을 쓰고 있다. 깊은 통찰과 절제된 표현을 통하여 그는 어머니를 한 인간으로 부각시키는 데 성공한 것이다.

지금은 어머니를 부모처럼 돌보게 된 아들, 어머니와 같이 있는 시간을 즐기고 올 때마다 뽀뽀를 해드리는 다감한 아드님을 통하여 선생님은 김 서방(남편)에게서 미처 받지 못한 사랑을 보상받으실 것 같아 보기 좋고, 늘 어머니의 사랑에 허기져 있던 기협 씨도, 어머니를 3년간이나 독점해서 좋다. "너밖에 믿을 사람이 없다."는 고백을 드디어 끌어냈다니 선생님의 투병 생활은 모자분 모두에게 두루 의미가 깊다. 우리에게도 마찬가지다.

다음 생애에 다시 만나고 싶은 사람
남지심_소설가

이남덕 선생님, 이렇게 존함을 적고 나니 가슴속에서 진동이 인다. 사람 이름을 떠올리면서, 사람 모습을 떠올리면서 가슴속에서 진동을 느끼는 경우가 얼마나 될까? 그만큼 선생님은 내게 있어 각별하시다.

선생님은 국문과 교수였고 나는 그 학교의 졸업생으로 소설을 쓰고 있기 때문에 주위 사람들은 나를 선생님의 직계 제자로 아는 경우가 많다. 하지만 대학을 다닐 때는 물론이고 대학을 졸업한 한참 후까지 나는 선생님을 모르고 지냈다.

선생님과 내 연(緣)이 맺어진 것은 선생님이 정년을 1년 앞둔 때였으니 선생님이 60대 중반쯤 되었을 때였다. 국문과를 졸업한 친구로부터 이남덕 선생님이 불교에 심취해 계신다는 말을 듣고 학교로 찾아간 것이 선생님과의 첫 만남이었다. 교수실로 들어섰을 때 선생님은 한복을 입고 계셨고, 철재 캐비닛 위엔 연등이 놓여 있었다. 이화여대 교수실에서 연등을 본다는 것은 너무도 특이한 일이라서 나는 선생님의 당당함에 미소를 지으며 자리에 앉았다. 그날 한 시간 정도 선생님과 이야기를 나눴는데 지금도 머릿속에 남아 있는 기억은 선생님의 어원 설명이었다. 선생님은 많은 낱말의 어원을 설명하시면서 "말의 어원을 찾다보니 우리말의 상당 부분이 불교에 뿌리를 두고 있는 것을 알게 됐다."고 하셨다. 당신이 불교에 관심을 가지게 된 배경을 설명하신 것이었다.

그리고 1년 후 선생님과의 재회가 태안사에서 이루어졌다. 그 당시 태안사에는 청화 스님이 주석하고 계셨는데 선생님은 청화 스님을 친견한 순간 "내가 일생

동안 찾고 있던 스승을 드디어 만났다."고 하시면서 그 절에서 바로 하안거 결제에 들어가셨다. 그로부터 20여 년 후 선생님이 대자암에서 내려오실 때까지 줄곧 절에서 생활하셨으니 청화 스님과의 만남은 선생님의 3막 인생을 연 역사적 순간이었다.

선생님은 크게 세 개의 산봉우리를 그리면서 사셨다는 생각이 든다. 그 하나는 10살 이내의 4남매를 혼자 키우면서 산 어머니로서의 삶이고, 또 하나는 교수로서 후학들을 키우며 산 학자의 삶이고, 나머지 하나는 부처님 제자로 귀의해 구도자로 산 삶이다.

내가 선생님과 인연을 맺은 것은 세 번째 산봉우리를 그릴 때였기 때문에 내 기억 속에 있는 선생님은 언제나 불교와 연결되어 있다. 그 중에서도 빼놓을 수 없는 일은 인도 성지순례를 선생님과 함께한 21일간의 기억이다. 한국교수불자회에서 인도 성지순례를 갔는데 나는 회원은 아니지만 그분들과 많이 교류하고 있었기 때문에 자연스럽게 그 성지순례에 동참하게 되었다. 그때 나는 이남덕 선생님과 룸메이트가 돼서 모든 시간을 함께했다.

새벽 5시쯤 호텔 밖으로 나와서 넓은 대지를 바라보며 선생님과 함께 예불문과 천수경을 외웠던 기억, 영취산과 기원정사에 갔을 때 부처님 체온이 그대로 느껴져 함께 눈물 흘렸던 기억, 어느 날 아침 침대에서 일어난 선생님이, 꿈에 어머니가 나타나셔서 "이제 그만 고생하고 같이 가자."고 하셨을 때 "영이는 어떻게 하고요?" 반문하는 순간 잠에서 깨어나셨다는 꿈 얘기, 기억 뒤편에 숨어 있는 선생님과의 얘기 보따리를 풀어놓자면 한이 없다.

선생님이 대자암에서 쓰러지셔서 일산 병원으로 옮겼다는 말을 지인을 통해 듣고 병원으로 달려갔을 때 선생님은 의식을 차리고 계셨다. 선생님은 나를 보는 순간 "당신이 어떻게 알고 왔수?" 하며 반기셨다.
그런 며칠 후 선생님의 셋째 아드님인 김기협 선생님으로부터 선생님이 파주에 있는 요양병원으로 옮기셨다는 연락을 받았다. 그때부터 선생님은 그렇게 좋아하시던 산책도 당신 힘으로 할 수 없는 환자가 되어서 침대 생활을 시작하셨다. 금강경을 외우며 산책하실 때의 그 낭랑한 음성, 듣는 사람까지도 행복감에 젖어들게 했던 그 산책을 선생님은 다시 하지 못하게 되신 것이다.
파주 요양병원에서 점점 기력을 잃으신 선생님은 다시 일산 시내 요양병원으로 옮기시게 되었다. 의식을 잃고 누워 계신 어머님을 보며 김기협 선생님은 장례 방법을 의논하셨고, 나는 마지막 입고 가시는 옷인 수의만은 제자들이 해드려야 되지 않나, 하는 생각 때문에 직계 제자들에게 전화를 하기도 했다. 그러던 선생님이 조금씩 깨어나기 시작해 음식물을 드실 수 있을 만큼 빠른 속도로 건강을 되찾아가셨다. 자세한 내용은 시병일기에 있으므로 그 모든 과정을 내가 여기서 언급할 필요는 없을 것이다. 다만 한 가지 꼭 말하고 싶은 것은 '지극한 마음으로 간병하는 사람이 옆에 있으면 사람이 다시 살아나기도 하는구나.' 하는 감동이다. 이남덕 선생님의 네 번째 생은 아드님인 김기협 선생님이 선사하신 것이라고 나는 믿고 있다.

여주에 있는 세종너싱홈으로 옮기신 후 선생님은 마치 음유시인처럼 모든 대화를 노래로 하시게 되었다. 그런 선생님을 보고 있으면 로켓이 대기권을 뚫고 올라가듯이, 선생님은 인간들이 살고 있는 삶의 궤도를 뚫고 저 피안의 세계로 나아가셨다는 생각이 든다.

세종너싱홈에 처음 가던 날, 그때가 9월 중순쯤 되었을 것 같다. 나는 화창한 가을 하늘과 맑은 강물을 한 번 더 보여드리고 싶어서 선생님을 휠체어에 태워가지고 몰래 요양원 밖으로 모시고 나왔다. 그리고 강가에 휠체어를 세워놓고 억새와 강물을 선생님 눈으로 보게 해드렸다. 그날 선생님과 나는 함께 동요를 부르며 아이들처럼 즐겁게 놀다가 "선생님 우리 다음 생애에 다시 만나요." 하고 청을 드렸다. 그랬더니 선생님은 박수를 치시며 선생님 특유의 노랫가락으로 "그래 다시 만나자. 우리 꼭 다시 만나자." 하며 화답하셨다.

수많은 사람과 관계를 맺고 살지만 다음 생애에 다시 만나고 싶은 사람이 몇이나 될까? 이남덕 선생님과 나는 여주 강 언덕에서 다음 생애에 다시 만나기로 한 의식을 은밀히 치렀다. 언제 어디서 어떤 모습으로 어떻게 만나게 될까? 선생님과 나는.

기억이 사라진 자리에서, 선생님!

이문숙 _제자, 목사

이남덕 선생님을 1년에 한 번 정도나마 뵙던 일도 대학 졸업 후 10년여 지나면서 여의치 않게 되었다. 선생님은 주로 절에 머무시거나 지방에 계셨고 나는 직업 기독교인으로 종로 한복판을 생활 무대로 분주하게 지내다 보니 접촉점이 없어졌다. 그래도 바람결엔 듯 선생님 소식을 간간이 접했다. 1995년 여름엔가 전남 광주에 볼일 있어 갔다가 서울로 돌아오는 길에 곡성 태안사를 들른 것도 그 즈음 누군가를 통해 선생님께서 거기 계시다는 것을 들었기 때문이다. 마지막으로 통화한 것이 15년은 더 됐고 뵌 지는 10년쯤 지났을 때였다.

태초같이 깊고 적막한 숲 속 길을 걸어가다 만난 한 스님에게 이남덕 선생님에 대해 물으니 방금 대웅전에서 기도하는 것을 보았다고 하셨다. 스님 말대로 선생님은 법당 안 왼편 문 쪽에 하얀 모시 적삼을 입고 앉아 계셨다. 기도삼매에 드신 듯 다가서서 기척을 내도 미동조차 않으셨다. 지나가는 바람도 선생님을 흔들기는커녕 그 앞에서 멎거나 빨려 들어갈 것 같았다. '기도 마치실 때까지 기다리자.' 생각하고 숲 그늘에 물러나 앉아 있었지만, 한 시간이 족히 지났는데도 선생님은 그림처럼 요지부동이셨다. 나는 다녀간다는 쪽지만 선생님 곁에 가만히 놓고 돌아왔다.

아쉬움이 아주 없진 않았지만, 제자는 이렇게 스승의 뒷모습을 보는 자일 거라고 스스로를 타일렀다. 그러고 보니 이전에 본 선생님 뒷모습들이 떠올랐다. 대학 시절, 명륜동 선생님 댁에 가면 근처 산을 함께 오르곤 했는데 그때마다 선생님 뒤에서 발뒤꿈치를 보며 걸었다. 나란히 걷지 못한 것은 선생님이 어려워서가 아니라 산행에 이력이 나신 선생님을 따라잡을 수가 없어서였다. 나는 힘이 펄펄 나야 할 20대 초반이었는데.

숨이 멎을 듯한 강렬한 뒷모습을 마지막으로 기억에서 멀어졌던 이남덕 선생님을 다시 마주하게 될 줄은 몰랐다. 그것도 거동 못하는 치매 노인으로. 연초 근대사와 관련된 글들을 인터넷에서 찾던 중 김기협 선생님의 글을 읽게 되었고 이러구러 이분 블로그에까지 들어갔다가 '시병일기' 속에서 이남덕 선생님을 만났다. 한동안 선생님을 찾지 않고 지냈으면서, 마치 주야장창 기다리고 그리워했던 양 반갑다 못해 가슴이 쿵쿵 뛰었다. 불현듯 선생님을 만나야겠다는 마음이 간절해져 나는 곧장 김기협 선생님 연락처를 알아내 전화를 했고 며칠 후 김 선생님과 함께 이천 요양원을 찾았다.

"선생님, 저 문숙이에요. 이문숙!"
"내가 기억을 못해요."
내가 선생님을 만난 기간은 선생님 연세 56세 때부터 한 10년여 동안이다. 통상 기억력이 급격히 쇠퇴할 시기의 일이니 선생님께서 날 기억 못하실 것은 각오했다. 그래도 10수 년 사귄 사람을 감쪽같이 망각의 주름 속에 접어두시다니, 게다가 미안한 빛도 당황하는 빛도 없으시다니. 당연히 그러실 줄 알았으면서도, 잠깐 가슴이 휭해지는 것은 어쩔 수 없었다.

과거가 사라져 선생님에게 초면이나 한가지인 나를 선생님은 노랫가락으로 맞으셨다. 당신이 '기억을 못한다'는 뚜렷한 현실 인식이 있으시니까 상대와 소통하기 위해 조율하시는 건가 했는데, 그날은 헤어질 때까지 노래로 말씀하셨다. 선생님은 이 제자를 깡그리 세월의 강물에 흘리셨지만, 그 옛날 연구실과 댁 안방에서 그랬던 것처럼 명쾌하고 절묘하게 이야기를 이어가시고, 직설법과 에두르는 말과 유머를 섞어가며 대화를 즐기셨다. 아드님 글에서 병중에도 염렵하시다는 것을 알고 있었지만, 직접 뵈니 감탄이 절로 나왔다. 소리쳐 여쭈고 싶을 정도였다. "선생님 치매 맞으세요?"

치매에 대해 잘 알지 못해도 치매 노인 앞에서 무력하고 황폐해진 가족들을 종종 접해온 터라 '치매' 하면 '절망'과 한 짝으로 떠오른다. 치매에 걸리셨다는 선생님을 처음 뵙고 정신없이 탄성을 지르고 웃어대며 나는 치매란 단어가 무턱대고 어둠을 가리키게 놔두어선 안 된다고 생각했다.

선생님과의 새로운 만남이 어디로 인도될지 궁금하고 기대됐지만 4월 말에야 두 번째로 찾아뵈었다. 이번에는 옛일들을 들춰야겠다고 마음먹었다. 지난번엔 옛날 얘기 꺼냈다가 당신이 기억 못하시면 마음이 불편해지실까봐 삼갔는데, 돌이

켜보니 어쭙잖게 선생님을 배려했던 것 같았다. 선생님은 이미 기억 여부에 연연하시지 않는데 내 쪽에서 선생님을 자유롭게 대하지 못했던 것이다.

서사시 〈단군탄생〉 쓰신 일을 말씀드리니, "그걸 네가 알고 있었냐." 하시고, 어원 연구에 힘쓰신 일을 말하니까 반색하시며, "그것만 하고 살았는데 모르겠냐." 신다. 나와 관련된 일들은 전혀 기억 못하셨다. 휴학하겠다며 빌빌거릴 때 다독여 앉혀주신 일, 댁에서 함께 지압받던 일, 아기 낳을 때 자연분만 하라고 주치의를 바꿔주신 일, 그날 걸치고 간 스카프가 선생님이 주신 선물이라는 것 등등을 줄줄이 늘어놓았지만 하나도 못 건졌다. 그런데 이렇게 주섬주섬 과거사를 꺼내놓자 "너는 깍쟁이였구나!" "내가 정말 그랬단 말이야?" "우리가 가까웠는데 왜 그렇게 오랫동안 안 찾아왔어?" 하시며 호기심과 흥미를 크게 보이셨다. 이야기 하나마다 선생님 안의 등불이 하나씩 켜졌다.

환해지신 선생님과 노래를 부르기 시작했다. 가사나 곡을 모르셔도 쿵짜자작작 추임새를 넣으시고 손으로 배를 두드리시며 좋아하시니 뽕짝에서 동요, 가곡까지 쉬지 않고 불렀다. 주로 내가 부르고 선생님은 가사를 조용히 음미하시기도 하고, 노래마다 "그건 우리 아들들이 좋아하겠다."고 품평하시는가 하면, "소름 끼친다."며 전율도 하셨다. 누우신 채로이지만 한동안 얘기하고 노래하며 박자 맞추시느라 지치셨을 것 같아, "선생님 고단하시지요. 이제 좀 쉴까요." 하니까

"이런 건 재미있어 힘든 줄 몰라. 하루 종일 해도 좋다." 하신다. 오래전 어느 늦가을 황혼 무렵 학교 풀밭에 앉아 〈단군탄생〉을 읽으시며 충만하게 달아오르시던 선생님이시다. 우리말 어원 연구의 일단을 시간 가는 줄 모르고 신명나게 들려주시던 꼭 그 선생님이시다.

그날 푸른 색 카디건을 사 가지고 갔다. 선생님 입으시라고 가져왔다며 펴 보이자, "곱기도 하다. 이걸 새로 사 왔단 말이야? 뭘로 만들었길래 이렇게 곱지? 봄 여름 계속 입겠구나." 탄복하며 좋아하신다. 선생님이 주신 스카프 이야기를 할 땐 "나는 물건을 사지도 않고 옷 하나 생기면 닳을 때까지 그것만 입는 사람이었다."고 하셨다. "이만하면 족하다."고도 하셨다. 자족은 이렇게 작은 것을 호사로 만끽하고, 타인과 소리와 빛깔에 감응하며 충만해지는 능력일 것이다.

선생님을 모시고 앉아 있다는 사실이 갑자기 벅차게 느껴져, "선생님은 굉장한 생명력이 있으세요. 많이 편찮으셨다고 하던데 이렇게 피어나셨네요." 하니까, 선생님은 기다렸다는 듯 "생명!" 하고 받으신다. 그리고 바로 앞에 꽃 한 송이라도 있는 양 허공 어디쯤을 그윽한 눈길로 매만지신다. 선생님의 절수행이 몸과 맘의 통일, 분단된 민족의 통일, 파괴된 생태계의 회복에 대한 기원을 담고 있었다는 것을 나는 대충이나마 알고 있다. 선생님은 지금 무릇 생명의 평온을 위해 혼신을 다해 드리셨던 기도를 계속하시는 것이다.

또 다른 날 선생님을 뵈었을 때 "선생님 예전에 태안사에서는 무슨 기도를 그렇게 뜨겁게 하셨어요?" 여쭈었다. 선생님은 "기도는 무슨 개뿔을!" 하고 물을 타셨다. 선생님께서 날 이리저리 보살펴주신 일을 떠올려드리면서 내가 그걸 '사랑'이라고 하자 선생님은 그건 '사랑'이라기보다 '인연'이라고 하셨다. 당신이 매진하신 일과 베푸신 일에 대해 그 의미의 중력을 털어버리는 서늘함 때문에, 멀찌감치서라도 이남덕 선생님을 늘 내 마음 한 자리에 모시고 있었던 것 같다. 웬만한 내공으로 따라갈 수 없는 경지라는 것을 알지만, 자주 뵈어 선생님 뒤꿈치라도 놓치지 않으면 조금씩 진도를 낼 수 있지 않을까.

연보

김기협子

1950	서울에서 출생.
1968. 3	서울대 문리대 수석 입학.
1969. 3	물리학과에서 사학과로 전과.
1972. 2	경북대에서 중국 고대 천문학 연구로 석사학위.
1993. 8	연세대에서 마테오 리치 연구로 박사학위.
1981-1990	계명대 사학과 교수.
1991-2001	중앙일보 객원 활동. 해외 북리뷰, 분수대 등 집필.
2001 이후	소속 없이 역사평론 작업과 번역 및 칼럼니스트로 활동.
2008	《밖에서 본 한국사》, 《뉴라이트 비판》 출간.
2010	《김기협의 페리스코프_10년을 넘어》, 《망국의 역사, 조선을 읽다》, 《소설 장건》(옮김), 《공자 평전》(옮김) 출간.
2010. 8 이후	〈프레시안〉에 역사칼럼 '해방일기' 연재 중.
2007. 6-현재	어머니 시병생활 중.

김성칠父

1913. 6	경북 영천군에서 출생.
1927	대구고보 입학.
1928. 11	독서회 및 동맹휴학 사건으로 검거.
1929. 10	징역 2년(집행유예) 언도를 받고 1년간 미결수 복역 후 출옥.
1932	동아일보 "농촌구제책" 공모에 1등 당선.
1933-1934	규슈 모지門司시의 도요쿠니豊國중학에서 수학.
1934-1937	경성법전에서 수학.
1937-1941	조선금융조합 근무.
1942-1944	경성제대 법문학부 사학과에서 수학.
1944 봄	금융조합 복직. 이남덕과 결혼.
1945. 12	금융조합 연합회에 발령받아 서울로 이사.
1946. 3	《조선역사》 출간. 경성대학 졸업. 경성대학 사학과 조수 취임.
1947 봄	서울대 사학과 전임강사 취임. 정릉리 아랫마을로 이사.
1948 봄	《역사 앞에서》의 주 무대인 정릉리 윗마을로 이사.
1951. 10	고향 방문 중 괴한에 피격 사망.

이남덕母

1920. 9	충남 예산군에서 출생.
1926경	부친이 자리 잡고 있던 함경도 문천군 천내리 (지금은 강원도 천내군)로 거처를 옮김.
1940-1941	검정시험으로 전문학교 입학 자격을 얻은 후 이화여전에서 수학.
1941-1945	경성제대 법문학부 조선어문학과에서 수학.
1944 봄	김성칠과 결혼. 충북 봉양에서 결혼생활 시작.
1945. 4	장남 기봉 출생.
1947 가을	차남 기목 출생.
1950. 2	삼남 기협 출생.
1950. 12	다섯 가족이 부산으로 피난.
1951. 10	김성칠, 고향 방문 중 괴한에 피격 사망.
1952. 4	유복녀 영이 출생.
1952-1955	무학여고와 동아대학에서 강의.
1955 봄	숙명여대 국어국문학과에 취임. 다섯 가족이 서울로 이사.
1959 봄	이화여대 국어국문학과에 취임.
1972 봄-1974 봄	일본, 프랑스, 스웨덴 체류.
1981 봄-1982 봄	제주대학 교환교수.
1986 봄	이화여대에서 정년퇴임. 《한국어 어원 연구》 4책 출간.
1987-1991	경기도 포천군 마명리(말구리)의 차남 집에 거처.
1991. 10	수필집 《두메산골 앉은뱅이의 기원》 출간.
1991-1994	제주도의 수양딸 내외(고순옥-지기훈) 집에서 주로 거처.
1994-1995	1987 이래 안거를 행해오던 전남 곡성군 태안사에서 거처.
1996-2007	계룡산 갑사 대자암에서 거처.
1999. 8	수필집 《여든 살의 연꽃 한 송이》 출간.
2007. 6-2008. 7	경기도 파주시 자유로요양병원 입원.
2008. 7-2009. 6	경기도 고양시 현대요양병원 입원.
2009. 5-현재	경기도 이천시 세종너싱홈에서 거처.